LES PRÉCURSEURS

DE

LA RÉFORME

AUX PAYS-BAS

BRUXELLES, LIBRAIRIE C. MUQUARDT.

LES PRÉCURSEURS

DE

LA RÉFORME

AUX PAYS-BAS

PAR

J.-J. ALTMEYER

PROFESSEUR A L'UNIVERSITÉ DE BRUXELLES

———o———

TOME II

<table>
<tr><td>

PARIS

FÉLIX ALCAN, ÉDITEUR

SUCC^r DE GERMER BAILLIÈRE & Cie

108, BOULEVARD SAINT-GERMAIN

</td><td>

BRUXELLES

LIBRAIRIE EUROPÉENNE C. MUQUARDT

MERZBACH ET FALK, ÉDITEURS

LIBRAIRES DU ROI ET DU COMTE DE FLANDRE

</td></tr>
</table>

1886

BRUXELLES
P. WEISSENBRUCH, IMP. DU ROI
45, RUE DU POINÇON

CHAPITRE VIII.

Les abus que poursuivait Érasme avec tant d'énergie s'étaient principalement enracinés dans les écoles de son temps. C'était de là surtout qu'il fallait bannir la routine et la barbarie qui y régnaient en souveraines. Rien généralement de plus pitoyable que les ouvrages élémentaires dont on faisait usage en Belgique jusqu'au xviᵉ siècle, et qu'on parvint d'autant plus difficilement à arracher des mains des maîtres et des élèves que le temps semblait leur avoir imprimé une sorte de consécration. Sous ce rapport encore, Érasme donna le signal du progrès en publiant sa traduction de la grammaire grecque de Théodore Gaza ; aussitôt après, plusieurs écrivains de mérite imitèrent son exemple en produisant d'excellents ouvrages élémentaires, dont quelques-uns ont conservé une réputation honorable jusqu'à nos jours. Tels furent surtout Despautère et Clénard (¹). J'ai déjà parlé de Despautère, qui enseigna les belles-lettres à Louvain, à Bois-le-Duc, à Bergue-Saint-Winoc, à Commines et fut enveloppé dans un fâcheux conflit avec Massé.

Chrétien Massé (*Massæus*), surnommé de Cambrai (*Cameracensis*), à cause du long séjour qu'il fit dans cette ville, naquit à Warneton en 1469. Il entra dans la congrégation des clercs de la vie commune, enseigna les humanités à Gand et, de là, se rendit à Cambrai, où il exerça la même fonction, de 1509

(¹) NAMÈCHE, p. 47 et 48. — Conf. DE REIFFENBERG, *Troisième mémoire sur l'université de Louvain*, p. 24 et 25.

à 1546, date de sa mort. Nous avons de lui une grammaire latine (1), pour laquelle Despautère l'accusa d'avoir pillé la sienne. A la manière acerbe dont il fut traité par son compatriote, Massé répondit avec autant de modération que de force. En 1540, il publia une chronique fort estimée de l'Ancien et du Nouveau Testament (2), à laquelle il avait travaillé cinquante ans et qui s'ouvre par un calendrier égyptien, hébraïque, macédonien et romain, qui montre que l'auteur était versé dans les mathématiques aussi bien que dans l'histoire et les belles-lettres (3).

Despautère avait trouvé un adversaire plus violent dans le Brugeois Pontanus ou Pierre Du Pont, surnommé l'Aveugle (il avait perdu la vue à l'âge de trois ans). Cette disgrâce de la nature ne l'empêcha pas de devenir un savant grammairien et d'enseigner à Paris les belles-lettres avec réputation (4).

J'ai hâte d'arriver à Clénard.

Nicolas Clénard (Cleynaerts) était né à Diest le 5 décembre 1495; il fit ses études à Louvain, embrassa l'état ecclésiastique et se livra passionnément à l'étude des langues anciennes. Il professa avec distinction le grec et l'hébreu au collège d'Houterlé (5). Le désir d'apprendre l'arabe le porta plus tard à faire un voyage en Orient. Le hasard lui avait mis dans les mains le psautier de Nébio (*Psalterium Nebinese*) (6); à l'aide de cette faible ressource, il parvint à lire les lettres arabes, à décomposer les mots et à se former un dictionnaire. On ne peut mieux, du reste, faire connaître cet écrivain qu'en analysant ses lettres (7). Elles sont adressées à des illustrations contem-

---

(1) Anvers, 1536, in-4°.

(2) *Chronicorum multiplicis historiæ utriusque Testamenti*, lib. XX, Anvers 1540. — Conf. *Johannis Wolfii rerum memorabilium tomus secundus*, f. 454-456.

(3) *Biographie universelle*, art. *Massæus*, reproduit par Delvenne, *Biographie du royaume des Pays-Bas*, t. II, p. 131.

(4) Molanus, t. I, p. 602. — *Biographie universelle*, articles *Clénard* et *Despautère*.

(5) A Louvain.

(6) C'était l'œuvre d'Alphonse Giustiniani, évêque de Nebio, en Corse.

(7) *Clenardi epistolarum libri duo*. Antv., Plant., 1566, 2 vol. in-8°.

poraines, à Jacques Latomus, à Joachim Politès (¹), à Rutger Rescius et à quelques autres. Ce sont des chefs-d'œuvre de simplicité et d'élégance. Si l'on en donnait une traduction, le public y admirerait l'urbanité de Cicéron et la grâce de Mme de Sévigné.

« Voici, écrit-il en parlant du psautier de Nébio, comment je m'y suis pris, et apprenez ainsi ce que les Grecs entendaient par une éducation *autodidactique.* »

« S'il me souvient de mon Salluste, dès qu'on est attentif, tout va bien. Vous avez là, Clénard, mon ami, le psautier complet de David; il est inutile d'attendre les pages qu'on doit vous envoyer de Venise et les effets des promesses de Bomberg (²). — Allons, lisez. — Impossible. — Lisez, vous dis-je. — Et comment, s'il vous plaît? Je n'ai encore vu de ma vie une lettre d'arabe, et je pourrais être comparé à Mahomet dont on fait ce conte, c'est-à-dire cette histoire très véridique : L'ange Gabriel descendit vers lui, et tenant ouvert le Coran qu'il avait apporté du ciel, il lui commanda de le lire. — Lire, je ne sais, répondit Mahomet; mais l'ange le prit à la gorge et derechef lui enjoignit de lire. Gabriel ne le lâchait pas et peu s'en fallut que le bon Mahomet n'étouffât... Si je suis tout autrement fin que lui, il faut lui pardonner, il n'avait point vu le psautier de Nébio, ce bienheureux psautier qui m'a servi d'ouverture à l'étude de l'arabe. Voici comment : Je n'ignorais pas que les noms propres d'hommes et de femmes, de montagnes, de fleurs, de villes, etc., s'écrivent chez les Hébreux et les Chaldéens avec le même nombre de syllabes et les mêmes lettres, quoique les Septante, comme l'observe très bien Josèphe, aient tâché, dans leur version, d'adoucir l'âpreté de l'hébreu en se rapprochant de la délicatesse de la langue grecque, et que Onkelos et Jonathan aient imité jusqu'à un certain point ces

---

(¹) Célèbre jurisconsulte du temps.

(²) David Bomberg, né à Anvers et établi à Venise, mourut en 1549. Il se rendit célèbre par ses éditions de la Bible et des rabbins.

altérations de mots, même dans la traduction chaldéenne, ainsi qu'on le voit dans la Bible de Pagnini. Si, par exemple, l'hébreu dit : Salemo, Mosé, ils écrivent, en chaldéen, Sélomé, Mosé, et non, comme les Grecs, Salomon, Mosès. Ils n'usent pas non plus de ces tropes si communs parmi diverses nations. Car, pour ne parler que de la Flandre et du Brabant, on y affecte une certaine aphérèse, en coupant, sans façon, la tête aux mots Johannes, Jacobus, Bartholomæus, dont on fait Hennen, Coppen, Meeus, métamorphose de noms qui ne se rencontre pas dans la traduction chaldéenne. Il ne me vint pas à l'esprit qu'elle pût être fort désespérante dans l'arabe, parce que je soupçonnais que cette langue s'écrivait à peu près comme l'hébreu, et qu'on la lisait également de droite à gauche, chose dont je n'étais pas sûr, tant, malgré ma grande curiosité, était grande mon ignorance. Ainsi, pendant qu'un écolier commence ordinairement par des principes fixes, je ne débutais point par apprendre la vraie prononciation et l'alphabet; mais, marchant de conjecture en conjecture, je me mis à la découverte des caractères arabes. »

Ce que nous raconte ensuite Clénard est plus curieux encore. Il dit que, par une comparaison réitérée de l'hébreu, qu'il ne savait pas, il parvint d'abord à trouver les lettres arabes dans les noms propres, puis, par une attention toujours soutenue et par un travail infatigable, il saisit les mots entiers qu'il lisait, non de bouche, mais mentalement, leur véritable son étant pour lui un mystère; peu à peu, il se forma un vocabulaire, devina la grammaire et même une partie des règles de la syntaxe.

C'est la pure méthode Jacotot : on sait, en effet, qu'une volonté et un travail opiniâtres, ainsi qu'une traduction interlinéaire, en étaient tout le secret. Aussi Jacotot disait-il que les langues sont faites pour être devinées.

Remarquons que chez Clénard une pensée de prosélytisme présidait, autant que l'amour de la science, au dévouement

qu'il manifestait dans son enseignement et dans ses études :
« Il faut qu'on encourage l'étude de la littérature hébraïque,
non seulement pour que l'on comprenne mieux le texte de
l'Ancien Testament, mais aussi afin que, parmi les chrétiens,
on trouve au moins un certain nombre d'hommes connaissant
assez bien l'hébreu pour combattre, par la parole et par la
plume, les superstitions du Talmud et les leçons de la synagogue. » Mais ce prosélytisme généreux n'avait rien de l'intolérance brutale et sanguinaire qui régnait alors dans quelques
parties de l'Europe. Le jeune professeur blâmait et raillait les
inquisiteurs espagnols, qui forçaient les juifs à se faire chrétiens et qui ensuite les brûlaient parce qu'ils n'aimaient pas le
christianisme. Il leur disait : « Éclairez l'intelligence de vos
adversaires. Ne brûlez ni les juifs ni leurs livres. Rendez les
juifs chrétiens à l'aide de l'enseignement, et si leurs livres
sont dangereux, ils sauront bien les brûler eux-mêmes. Les
apôtres ne faisaient violence à personne. »

La fortune seconda les talents et les veilles de Clénard par
l'arrivée de Fernand Colomb aux Pays-Bas (1531). Ce noble
fils de celui qui avait découvert les Indes occidentales faisait
la chasse aux livres dans toute l'Europe pour former sa riche
bibliothèque de Séville. Les circonstances l'ayant amené à
Louvain, il n'eut pas plutôt entendu parler du mérite de
Clénard qu'il rechercha son amitié et le persuada de le suivre
en Espagne. Clénard accepta cette proposition avec d'autant
plus d'empressement qu'il avait éprouvé, à Louvain, quelques contrariétés d'intérêt privé et qu'il espérait trouver en
Espagne des moyens efficaces pour se livrer à ses études favorites.

Pour y arriver, il devait traverser toute la France; il
revit Paris, où il fit la connaissance de Guillaume Budé.
« J'ai passé, dit-il, deux ans à Paris, sans cesser d'y être
étranger à mes propres yeux ; c'était le temps où François Ier
cultivait les lettres et introduisait la galanterie à sa cour.
Je visitai ensuite l'Aquitaine avec le plus grand plaisir.

L'heureux pays que la Touraine et toutes ces belles provinces qui s'étendent jusqu'aux Pyrénées! En traversant les Cantabres, j'ai bien senti la vérité de cet adage vulgaire qu'en France, bon gré mal gré, on dépense son argent et qu'en Espagne on ne pourrait se procurer ce plaisir. C'est là qu'on peut apprendre à jeûner. Si quelque jour je fais des dialogues, je me promets bien d'y peindre les hôtelleries d'Espagne avec les couleurs qui leur conviennent. Un certain soir, arrivés bien las dans une de ces curieuses auberges, nous n'avions qu'un seul verre pour mes compagnons et pour moi : mon ami Vasée (de Bruges) l'ayant brisé en le laissant maladroitement tomber, nous fûmes tous réduits à l'état de Diogène et obligés de boire dans le creux de nos mains. »

A Salamanque, on honora Clénard d'une chaire de littérature grecque. Il y trouva des livres arabes et, au bout de six mois, il s'était tellement familiarisé avec cette langue qu'il eût été capable de l'enseigner publiquement. Sa réputation se répandit : il fut appelé par le roi de Portugal, Jean III, pour achever l'éducation de son frère, depuis roi, sous le nom de Henri Ier (1555). Le docte Clénard, qui aimait la solitude, quitta sans regret sa bruyante carrière de Salamanque,—dont cependant il se souvint avec plaisir dans la suite, — pour suivre un train de vie si opposé à son caractère flamand, à ce caractère rond, franc et le moins fait du monde pour les fastueuses allures d'un palais. Aussi, en arrivant à Evora, où résidait alors la cour de Portugal, s'écria-t-il : « Ah! ce n'est pas là ma patrie; ce ne sont pas l'attention, les soins et l'élégance de nos bonnes ménagères flamandes. Néanmoins, dans le désir extrême de voir, je me fais aux mœurs portugaises. Je trouve quelques hommes qui sont venus s'établir ici au temps du roi Emmanuel. Oh! pour ceux-là, ce sont des citoyens du monde; avec eux, on ne croit jamais être hors de sa patrie. »

Clénard trouva dans la ville d'Evora ce qu'il avait vainement cherché à Salamanque : des loisirs pour se livrer au

culte des Muses et une vie paisible dans sa maison au milieu
des agitations de la cour. Aussi, du fond de la Belgique, ses
amis le félicitaient de sa nouvelle position et lui conseillaient
de revenir dans sa patrie chargé d'or pour y couler sa vieil-
lesse dans l'aisance et le repos. Clénard recevait ces marques
touchantes d'amitié avec reconnaissance ; mais comme il
n'aspirait ni aux grandeurs ni à l'opulence, et qu'il s'estimait
assez riche de sa vertu, il leur répondit « que, l'esprit se
refroidissant à mesure qu'on s'échauffe à l'acquisition des
richesses », il souhaitait seulement pouvoir retourner plus
vertueux et plus riche des biens de l'esprit. Que s'il n'avait
pas le bonheur de vivre dans son pays natal, il mourrait dans
l'exil, « pour apprendre dans un pèlerinage continuel que le
ciel est notre véritable patrie ».

Comment ne pas admirer cette franchise d'amitié, cette
naïveté dans les regrets, cette innocente vanité et cette
suave gaieté qui éclatent dans la lettre suivante, adressée
d'Evora à Rutger Rescius ?

« Me voilà donc devenu seigneur, de chétif écolier de
Louvain que j'étais. Il ne tenait qu'à moi de briller comme
tant d'autres, de fréquenter les bals, les tournois, de me
livrer aux amours (ce qui passe ici pour une vertu), de courir
la chasse, de me bien démener pour ne rien faire, et d'effleurer, en m'ennuyant, tous les plaisirs usités à la cour des rois.
J'ai été assez sot pour ne pas suivre ces goûts si enviés et pour
en détourner mon frère, qui les aime si fort. Je me recueille
au milieu des grandeurs et je regrette les bons maîtres de
Salamanque. Jugez de mes sentiments pour vos doctes assemblées, ô mes chers compatriotes de Louvain, pour ces con-
versations instructives que nous avions devant la boutique
de Jaspar, pour nos délicieuses promenades et pour le bonheur que nous avions de nous trouver ensemble. Si je n'étais
si loin de ma patrie, je serais le plus heureux des mortels.
Mon état est tranquille et brillant ; le royal enfant que j'élève
m'aime beaucoup, et je le quitterais avec peine. C'est le sang

des héros et le précieux rejeton de ces grands rois qui, maîtres d'un si petit État, se sont acquis tant de gloire. Il est du même pays que ces hommes qui, fiers rivaux des Espagnols, ont osé, sous le magnanime Albuquerque, braver tous les feux de l'Orient, pénétrer dans l'Éthiopie, doubler le détroit de Mozambique, et qui ont assujetti tant de peuples nombreux et puissants, cachés à l'extrémité du globe...

« ... Avant moi, mon auguste élève n'a pas connu le malheur, bien meilleur maître que moi. Je le prends sur la pourpre, je le reçois des bras de la mollesse. En retournant la tête, il voit la bassesse qui se prosterne devant lui ; il entend la flatterie mensongère répéter ses éloges ; la molle indulgence soupire ; l'intérêt personnel, sous le masque du dévouement, s'attendrit. Faites alors écouter les mâles accents de la vérité, la voix sévère de la vertu, les grands principes de la morale ; semez l'érudition dans un champ si négligé, si gâté et peut-être déjà si dénaturé !

« Voilà pourtant ma tâche. D'ailleurs, la paresse est poussée à un point incroyable dans ce pays : seulement pour obtenir de me faire raser, il faut que j'aie trois valets ; celui qui fait chauffer l'eau n'a pas le droit de la mettre dans le bassin ; celui qui tient le bassin serait coupable s'il touchait le rasoir, et celui qui rase est un seigneur qui commande à ses subalternes, comme Gonzalve de Cordoue à ses capitaines...

« Je crois qu'il y a, dans Lisbonne, plus de Maures et de nègres que de blonds, et ces noirs sont, en vérité, pires que des brutes. O respectable humanité ! on accouple ici ces malheureux, hommes et femmes, comme on accouple les pigeons de notre patrie ; ils peuplent d'une manière incroyable, et l'on trouve des pépinières d'esclaves dans toutes les maisons.

« La licence est ici à son comble. On dit que jadis, à Thèbes, *Vénus était commune.* Elle l'est bien autant en Portugal. Et mon imprudent frère n'en est pas fâché.

« Les nouvelles découvertes aux Indes orientales, l'appât

de l'or qui reflue ici des plages de Nabathée, la dissolution des mœurs et autres causes encore offrent sans cesse à Lisbonne des fortunes brillantes et des chutes rapides. C'est un tableau vivant qui vous représente, à chaque pas, un homme de néant au haut de la roue et des Crésus précipités dans la fange.

« Tout ce que je vois m'affermit dans la sagesse plus que tout ce que j'ai lu, et je n'ai jamais tant méprisé l'or que depuis que j'en possède. Jugez-en par l'aveu qui suit. O mes amis, je n'ai jamais tant soupiré après vous. Quand pourrai-je revoir mon cher Latomus, notre bon abbé Blosius, vous embrasser tous, ingrats, qui oubliez peut-être le pauvre Clénard, relégué au bout du monde, tandis que vous devriez tomber aux genoux d'un des plus brillants seigneurs des rives du Tage? »

Après trois années de séjour à Evora, le prince-cardinal Henri ayant été appelé à l'archevêché de Braga, Clénard l'y accompagna, et y professa dans une école fondée par son royal élève.

Nous avons vu plus haut la marche que suivit Clénard pour s'instruire lui-même. Dans le morceau qu'on va lire, il explique comment il instruisait les autres : « Voulant faire un essai de l'intelligence des enfants, j'entrepris d'enseigner publiquement quelques marmots tellement étrangers à la langue latine qu'ils n'en avaient jamais ouï une syllabe. Bientôt, j'eus la satisfaction de voir que, grâce à un exercice journalier, on m'entendait assez couramment et que les plus petits même babillaient en latin, eux qui n'en étaient pas encore à l'alphabet. Du reste, je me gardais bien d'offrir à mes jeunes élèves rien qui pût leur causer le moindre dégoût; ce n'était pas par antiphrase que mon école se nommait *ludus,* attendu que je m'y jouais véritablement... J'avais trois esclaves... Tant s'en faut que ce fussent de profonds grammairiens; seulement, ils avaient contracté chez moi l'habitude de me comprendre quand je parlais latin et de me répondre dans cet idiome, encore qu'ils péchassent contre les règles de Priscien. Je les menais dans ma classe, je les faisais dialoguer devant mes élèves et causer d'une multitude de sujets; mon auditoire ne perdait pas une parole et regardait comme un prodige un Africain parlant latin. — « Allons, Longue-Dent, disais-je, saute. » — Lui aussitôt de faire deux ou trois gambades, et les spectateurs de rire. — « Toi, Noiraud, rampe. » Il se mettait à quatre pattes, et les rires ne finissaient pas. — Charbon, ayant reçu l'ordre de courir, obéissait à l'instant. Ainsi j'enseignais mille choses, moins de la voix que du geste, et les mots, à la faveur de ce badinage, se gravaient d'eux-mêmes dans la mémoire des enfants. *Au commencement, le moindre de mes soucis était de leur jeter à la tête les règles de la grammaire, très peu récréatives par elles-mêmes.* Je m'appliquais plutôt à ne faire sortir de cette foule que des mots latins et à imiter les marchands qui apprennent par l'usage les langues des différentes contrées qu'ils visitent. Durant les premiers jours, je ne dictais rien. Les yeux attachés sur leur maître, les écoliers accoutumaient leurs oreilles à entendre ses paroles. Se rencontrait-il quelque sentence, quelque adage susceptible d'être contenu en quelques lignes, il circulait aussitôt parmi mes disciples comme un objet qui passe d'une main dans l'autre. Pendant ce temps-là, j'exprimais la chose du geste, car j'avais bien résolu d'éviter la solennité, le faste dans l'enseignement, et de ne rien préparer d'avance : tout ce qui s'offrait à moi servait de texte à mes leçons. »

Quand on compare ces procédés avec les méthodes barbares qui régnaient alors et qu'on n'a point entièrement extirpées, on ne peut trop admirer le bon sens de Clénard.

Il le prouvait davantage encore en ne donnant pas sa méthode pour une panacée universelle, et en ne promettant pas d'infuser la science ou de la communiquer comme par attouchement, sans avoir égard aux lois de notre intelligence, à la nature des choses enseignées ou à la différence des capacités. Car si le désir d'améliorer luttait déjà contre les préjugés, les prétentions exorbitantes du charlatanisme leur fournissaient une force nouvelle. L'essentiel est moins, en littérature comme en politique, de faire courir l'esprit humain que de l'aider à s'avancer d'un pas ferme et sûr, et Bacon eût voulu qu'on pût attacher à la pensée, non des ailes, mais du plomb. Du temps de Clénard, on débitait déjà que la science véritable est le prix de la course. Dans un discours intitulé *Ars notoria,* le sage Erasme avait attaqué ce travers.

A Braga comme à Salamanque, Clénard eut de nouveau quelque envie de revoir son pays. Cependant, toujours dévoré par un insatiable désir d'approfondir l'arabe, il ne songeait qu'aux moyens de se perfectionner dans cette langue. Il est impossible de dire tous les efforts qu'il fit pour rencontrer quelqu'un qui la connût bien et qui pût la lui enseigner. Enfin, le vice-roi de Grenade lui facilita les moyens de recevoir des leçons d'arabe d'un prisonnier more qui était à Alméria et qu'il fit venir à Grenade, sous la condition que notre compatriote leur enseignerait le grec, à lui et à son fils. Mais, au lieu de recevoir son arabe en cadeau, comme le gouverneur le lui avait promis, Clénard fut forcé de l'acheter : il lui coûta 180 ducats. Il ne réussit pas mieux à soustraire aux bûchers de l'inquisition les manuscrits et les livres qu'il avait amassés à Grenade.

Le vice-roi l'encouragea à faire ce qu'il avait résolu depuis longtemps — à écrire contre la religion de Mahomet. — « Nul chrétien, que je sache, » dit Clénard, « n'a encore enseigné l'arabe. Le psautier de l'évêque de Nébio n'a formé jusqu'ici aucun élève. Les livres classiques de ces infidèles ne nous sont pas assez connus pour que nous puissions rien affirmer de certain sur leurs principes ; et assurément nous n'avons pas, en Europe, un homme versé dans la langue arabe, comme nous en avons des milliers instruits en grec. Puis, si cette grande idée qui m'absorbe n'est pas un songe pareil à ceux des rois, j'irai encore plus loin.

« Les livres hébreux que Bomberg imprime maintenant à
Venise passent en Afrique, en Ethiopie, dans l'Inde, partout
où les juifs ont des domiciles. Pourquoi mon Alcoran latin
et arabe n'aurait-il pas le même avantage et ne se répandrait-
il pas chez toutes les nations musulmanes ?... *J'ouvrirai une
nouvelle carrière aux connaissances humaines et à l'éloquence.
Même à Louvain, vous ne faites plus que vous répéter. Moi, je
révélerai les fruits inconnus de l'imagination des Arabes, je vous
ferai connaître le piquant délire de la Sunna.* »

En 1540, Clénard s'embarqua pour l'Afrique ; il raconte
avec beaucoup de grâce et d'ingénuité les dangers de sa navigation. Il fit son voyage dans les règles, fut exposé à une
tempête, et, brave comme Horace et Démosthène, il eut
peur.

« La mer fut si orageuse que je n'eus plus besoin d'autre
commentaire qu'elle pour entendre ce vers de Virgile :

Præsentemque viris intentant omnia mortem.

« Pendant deux heures entières, mes oreilles furent excé-
dées de la voix rauque du patron, qui ne prononçait que ces
mots : *Ariba, A vela,* dont le son avait la force de faire voler
les matelots à l'instant d'un bout du navire à l'autre. Je ne
me pare pas d'une vertu qui me manque : je mourais de peur,
je suais à grosses gouttes ; j'eus l'incommodité de la mer, qui
pensa me faire rendre l'âme.

« Mon premier valet, Guillaume, pleurait en criant : « Pourquoi ne me suis-je pas fait frère mineur ? Si j'étais encore à
terre, on ne m'engagerait jamais à m'embarquer, quand on
me proposerait un canonicat d'Anvers ». Puis il s'en prenait à
moi : « Votre littérature va nous faire périr ; comment a-t-on
pu imaginer d'aller à Fez, à travers tant de dangers, pour
l'Alcoran ? » Un Français qui était avec nous acheva de nous
faire perdre la tête, en disant, selon le génie de sa nation,
qui n'a seulement pas l'idée du danger, qu'il était ravi de

voir enfin une bonne tempête, ce qui ne lui était pas encore arrivé, quoiqu'il eût navigué sur toutes les mers. Un Portugais ne cessait de faire des signes de croix, et notre patron se remettait à la merci du ciel. »

En Afrique, il se conduisit en philosophe qui sait respecter les usages des peuples parmi lesquels il se trouve. Il avait la politesse de la cour de France en même temps que l'obligeance et la cordialité flamandes. Quand on l'interrogeait sur la religion, il disait qu'il était venu pour s'éclairer et non pour disputer. Cachant soigneusement son caractère sacerdotal, il se présenta aux Juifs et aux Mores comme un grammairien voyageur venu en Afrique pour se procurer des livres et se perfectionner dans la connaissance de l'arabe, afin de pouvoir enseigner cette langue dans les collèges chrétiens, où l'on enseignait déjà toutes les autres. « Grand fut l'étonnement de ces hommes, écrivait-il à Latomus, lorsqu'ils entendirent un Flamand citer des fragments du Coran et parler leur langue plus correctement qu'eux-mêmes, parce que je l'avais apprise dans les livres. Le fait merveilleux d'un Flamand lisant, écrivant et parlant l'arabe, me valut un tel concours de visiteurs que j'en fus importuné outre mesure. On m'amena même un jeune homme qui avait obtenu de grands succès dans les écoles de Fez. J'entrepris avec lui une dispute sur certaines difficultés grammaticales, et je remportai la victoire. »

Les détails que l'illustre voyageur donne sur Fez, ainsi que sur la religion, les mœurs et les écoles des Arabes sont du plus haut intérêt. Ce qu'on y prise surtout, c'est que les jugements ne sont point altérés par ce faux zèle qu'inspire une piété mal entendue.

Mais, en dépit de sa tolérance et de sa sagesse, Clénard courut d'assez grands dangers parmi les musulmans. Ceux-ci, croyant qu'il travaillait à les convertir au christianisme bien plus qu'à comprendre leurs dogmes, conspirèrent contre ses jours. Un renégat portugais l'accusa auprès du roi de Fez.

Ce prince, qui l'avait aimé autrefois, commença à le haïr;
et s'il n'avait pas su que son hôte possédait des protecteurs
puissants en Espagne et en Portugal, Clénard, peut-être,
n'aurait jamais repassé la frontière. Voyant que sa vie n'était
plus en sûreté, il quitta ce pays au mois d'août 1541, plus
affligé de la perte de ses manuscrits que de tous les autres
objets dont on l'avait dépouillé en route [1].

J'ai donné des extraits des lettres de Clénard à Latomus;
celles qu'il écrivit à Politès et à un autre homme célèbre,
François Hovérius, ne sont pas moins remarquables.

En quittant l'Afrique, Clénard s'était retiré à l'Alhambra
de Grenade; il y écrivit, le 15 janvier 1542, à Charles-Quint,
une lettre élégante contenant des plaintes amères sur la mauvaise foi du roi de Fez. Puis, reprenant le projet qu'il avait
conçu jadis de joindre l'enseignement de l'arabe aux autres
enseignements des universités de l'Europe, il composa une
grammaire arabe qu'on a trouvée écrite de sa main chez le
savant espagnol Jean Perez, de Valence, son ami. Plusieurs
personnes distinguées de l'Espagne et du Portugal l'invitèrent
à établir les premières écoles d'arabe dans ces États, mais il
accorda la préférence à sa patrie, et la ville de Louvain aurait
eu, avant toutes les autres, une chaire de cette littérature très
peu connue alors, si la mort de ce grand philologue n'avait
empêché l'exécution de ce dessein. La ville de Grenade fut le
dernier terme de ses pérégrinations littéraires (1543). Il fut
enterré dans l'Alhambra et laissa un de ses disciples, connu
sous le nom de Jean Patin, si bien versé dans la bonne littérature qu'il a composé un magnifique poème sur le vainqueur
de Lépante.

Je mentionnerai particulièrement, de Clénard :

1° *Tabulæ in grammaticam hebraïcam* (Louvain, 1529, in-8°).
Cette grammaire, quoique très imparfaite, eut une vogue
immense à cause de l'esprit méthodique qui y règne. Cinq-

[1] Conf. un article de M. Nève dans le *Messager des sciences historiques de
Belgique*, 1845, p. 352-367.

Arbres, professeur d'hébreu au Collège de France, en a donné une édition corrigée et enrichie de notes, en 1564 ; elle a été réimprimée plusieurs fois ;

2° *Institutiones linguæ græcæ* (Louvain, 1530). Vossius et d'autres savants en donnèrent des traductions annotées. La grammaire grecque de Clénard, plus ou moins corrigée et augmentée, fut suivie, dans les collèges, jusqu'au moment où Turquault publia la sienne, et encore soutint-elle quelque temps la concurrence (¹). Les auteurs de la *Méthode de Port-Royal* la reconnaissent comme une des meilleures, et Hallam nous apprend qu'elle est encore suivie dans plusieurs collèges d'Angleterre (²).

Clénard n'a pas publié d'ouvrage élémentaire sur le latin (³) ; et s'il n'a pas toujours été lui-même observateur des règles de l'éloquence latine dans ses écrits, il a du moins jugé sainement la querelle à l'ordre du jour, de son temps, sur l'imitation de Cicéron. Il blâmait ouvertement les cicéroniens de rejeter, d'un esprit exclusif, tout ce qui n'était pas de leur incomparable modèle et de vouloir annuler par là des écrivains comme Pline et Tite-Live ; il disait fort sagement que Cicéron ayant composé des ouvrages à jamais perdus, on y trouverait peut-être bien des locutions blâmées par des modernes dans les autres auteurs. Il blâmait surtout les poètes qui ne voulaient admettre dans leurs vers que des

---

(¹) L'honneur d'avoir, le premier, bien fait connaître Clénard revient à de Reiffenberg, auquel je dois ce chapitre. Voy. ses *Archives philologiques*, t. IV, p. 87, 97, 198 et 208 ; le *Mercure belge*, t. VII, p. 188-197, et les *Nouveaux Mémoires de l'Académie de Bruxelles*, t. IV, p. 23 et suiv. (quatrième mémoire sur l'université de Louvain). Je me suis servi aussi de l'excellent article de la *Biographie universelle* consacré à notre célèbre compatriote, d'une étude du marquis du Roure, dans son *Analectabiblion*, t. I, p. 448-470 ; d'une autre étude publiée dans l'*Annuaire de l'université de Louvain*, 1846, p. 129-158, et d'une troisième de M. le professeur Thonissen, dans les *Bulletins de l'Académie de Bruxelles*, t. XIII, p. 539-576. — On peut encore consulter avec fruit un travail inséré, en 1785, dans les *Variétés littéraires, historiques, galantes*, etc., et reproduit par l'*Esprit des journaux*, septembre et octobre de la même année.

(²) Van Hulst, *Revue belge*, t. I, p. 180.

(³) Une grammaire latine est restée inédite parmi ses manuscrits.

mots employés par Cicéron, comme si l'illustre orateur avait été aussi un poète fécond, et il conseillait de ne pas perdre, à l'exemple de tant de sots, beaucoup de temps dans l'étude des lettres de Cicéron. Clénard semble avoir partagé sur tous ces points les idées d'Érasme, dont il connaissait, sans doute, le *Ciceronianus* ([1]).

Enfin, Clénard fut un de ceux qui rendirent l'inappréciable service de débarrasser l'enseignement littéraire de l'argumentation et des formules scolastiques; car on discutait alors dans les classes de grammaire, comme dans une école de philosophie.

Après les lettres de Clénard, rien n'est plus remarquable que celles de Busbecq, ambassadeur de Ferdinand Ier auprès de Soliman II, empereur des Turcs, lettres pleines de choses curieuses et de solides pensées. Les quatre premières révèlent dans Busbecq toutes les qualités d'un diplomate : la prudence, la persévérance, les sages précautions, la fermeté, l'activité, la vigilance, un secret impénétrable, et, ce qui est plus rare, le désintéressement personnel.

Où trouver un plus sûr modèle pour entreprendre de grandes choses, et pour les exécuter, que dans son projet de guerre contre les Turcs? C'est encore aujourd'hui l'art militaire le plus complet, la discipline la mieux détaillée; c'est l'école du général d'armée; celle de l'officier subalterne et du simple soldat, et tous peuvent y puiser d'excellentes leçons.

Jusque dans les affaires les moins importantes, la politique de Busbecq était toujours fondée sur la raison et le christianisme; son but était toujours la gloire et le bonheur du pays qu'il était chargé de représenter; et ce fut dans ces nobles sentiments qu'il trouva l'art de conduire à bonne fin les négociations les plus épineuses.

« Busbecq, dit Jean Hotman, doit être la principale étude d'un ambassadeur : il contient les meilleures leçons et les

______

([1]) *Annuaire* cité, p. 141 et 142.

leçons plus complètes pour ceux qui sont employés dans ces grandes fonctions. »

Beaucoup de vieux auteurs ont écrit sur le gouvernement de la Turquie. Les bibliothèques sont pleines de ces faiseurs de relations, qui donnent souvent des ouï-dire pour des faits certains. Aucun n'en a parlé comme Busbecq; il a vu de près les Turcs, il a étudié leurs coutumes, leurs principes de gouvernement, leurs lois, leur administration, leur police intérieure; personne n'a dépeint au naturel, comme lui, leurs mœurs dans la paix et dans la guerre; lui seul a bien développé les avantages et les défauts de leurs institutions. On sent, en le lisant, qu'il a percé les plus profonds mystères de leur tortueuse politique.

Les ouvrages de Busbecq contiennent ce que l'on cherche souvent en vain dans les meilleurs livres : un air simple et naturel, un enjouement heureux, mille anecdotes curieuses, mille histoires amusantes, mille détails ingénieux et toujours variés; successivement il instruit, il occupe, il charme l'esprit et il traite les grandes choses avec dignité et sans affectation.

Aussi les premiers écrivains et les plus illustres historiens se sont-ils disputé l'honneur d'être ses panégyristes. « C'était un grand homme », dit le célèbre de Thou, « il avait une connaissance profonde des affaires; il était d'une candeur et d'une probité rares; il s'est acquitté, d'une manière à éterniser sa mémoire, de deux ambassades à la Porte ottomane. Les relations qu'il en a écrites sont d'un beau style et d'une charmante lecture. »

Ange-Ghislain de Busbecq naquit, en 1522, à Commines, village de la châtellenie d'Ypres, aujourd'hui arrondissement de Lille. On donna d'abord peu de soins à son éducation, parce qu'il n'était qu'un enfant de l'amour; mais comme il montra de bonne heure une grande application et une intelligence très ouverte, son père, Georges Ghislain, écuyer, seigneur de Busbecq, l'adopta, le fit légitimer et reconnaître

pour héritier de tous ses biens, par l'empereur Charles-Quint.
Il commença alors ses études au collège du Château, à
Louvain; mais le désir de s'instruire le conduisit bientôt en
Italie, où il suivit les leçons d'éloquence d'un célèbre professeur de Venise; de là il se rendit à la fameuse école de
droit de Bologne, puis à Pavie et à Paris. Rentré en Flandre,
il vécut un moment très retiré auprès de son père, dans le
château de Busbecq ([1]). Puis les connaissances profondes et
variées qu'il avait acquises attirèrent sur lui l'attention de
quelques amis de sa famille, qui étaient attachés à la cour et
parmi lesquels il faut mettre au premier rang le Brabançon
Van der Aa, secrétaire de Ferdinand, roi des Romains, et en
très grande faveur auprès de ce prince. A peine âgé de
trente-deux ans, Busbecq fut adjoint comme secrétaire à
l'ambassadeur du même Ferdinand, don Pedro Lasso, pour
présenter les félicitations de ce roi à l'infant d'Espagne,
Philippe II, à l'occasion de son mariage avec Marie d'Angleterre (25 juillet 1554).

Ayant donné, dans cette circonstance solennelle, des
preuves de ses aptitudes pour la diplomatie, il reçut, à son
retour en Belgique, les ordres de Ferdinand, qui, le
5 novembre, l'appelait de Lille à Vienne. Il se mit aussitôt en
route, s'arrêta, en passant, à Busbecq pour embrasser son
père et quelques amis, arriva ensuite à Bruxelles, où il
trouva des chevaux tout frais, et, en peu de temps, il était à
Vienne. Dans cette ville, il eut une audience de Ferdinand,
et après y être resté douze jours, il se dirigea sur Bude pour
traiter d'une délimitation territoriale avec le pacha de cette
antique cité, qui, à l'exemple de presque toute la Hongrie,
gémissait sous la domination ottomane; il ne négligea pas
d'aller trouver, chemin faisant, Jean-Marie Malvezzi, son pré-
décesseur, qui était mourant à Comorn et qui l'aida de ses
conseils.

Busbecq était accompagné de son médecin, Guillaume

([1]) Aujourd'hui Boesbecq, dans le département du Nord (France).

Quackelbeen, de Courtrai, qui avait été successivement professeur à Louvain et à Vienne. Ce médecin eut le bonheur de guérir le gouverneur de Bude d'une maladie grave, ce qui semblait devoir favoriser sa négociation. Mais, lorsque le pacha se trouva assez bien rétabli pour recevoir l'ambassadeur, celui-ci n'eut pas lieu d'être satisfait de cette entrevue, car le gouverneur turc le renvoya au Sultan lui-même. Ce jour-là, 7 septembre, Busbecq s'embarqua pour Belgrade, où la première chose qui attira son attention fut une collection de médailles antiques et de pièces d'argent que les Romains avaient fait frapper pendant leurs quartiers d'hiver en Mœsie. Il n'y resta que juste le temps nécessaire pour faire préparer ses équipages et, se dirigeant vers Constantinople, il arriva dans la jolie petite ville de Nysse, où il passa la nuit dans un caravansérail. « Ces auberges, dit-il à cette occasion, sont en grand nombre dans toute la Turquie ; tout le monde y est reçu, comme les pauvres dans nos hôpitaux ; elles s'appellent *cans* (caravansérails). Leurs bâtiments sont très vastes, plus longs que larges, et elles ont toutes de grandes cours dans lesquelles on met les chevaux, les chameaux, les carrosses, enfin tous les équipages. »

De Nysse, Busbecq alla à Sophie, en traversant les vallées de la Bulgarie ; il donne des détails curieux sur l'origine et l'extension des populations bulgares. Il voit Philoppopolis et Andrinople et parle avec enthousiasme de ces contrées délicieuses qu'embaume, au cœur de l'hiver, le parfum des hyacinthes et des narcisses et où il put admirer pour la première fois des tulipes en fleurs ; aussi en acheta-t-il quelques oignons, qu'il rapporta en Occident.

Busbecq fait remarquer à cette occasion le goût extrême des Turcs pour les fleurs ; c'est pour eux, dit-il, une véritable passion ; ils aiment surtout les roses. « Les Turcs imitent en cela les anciens païens ; ceux-ci croyaient que cette fleur avait pris naissance dans le sang de Vénus, et ceux-là disent que c'est dans la sueur de Mahomet. »

Au moment de son arrivée à Constantinople (¹), Soliman II dirigeait sa troisième expédition contre les Perses et tenait ses quartiers d'hiver à Amasieh. On lui expédia un courrier pour l'informer de la venue de l'ambassadeur. En attendant, Busbecq parcourt avec une avide curiosité la vieille capitale des Césars byzantins : « La situation de Constantinople est des plus belles, dit-il; il semble que la nature ait destiné le lieu où elle est bâtie pour commander au reste du monde : elle a devant elle l'Asie et l'Égypte; à sa droite, elle a l'Afrique, avec laquelle elle est, pour ainsi dire, contiguë par la facilité de la navigation sur la mer qui les sépare; à sa gauche, elle a le Pont-Euxin et les Palus Méotides... D'un côté, la mer de Marmara baigne ses murs, et de l'autre, le Pont-Euxin : entre les deux mers est son port, le plus beau du monde; enfin, elle a de si grands avantages que Strabon dit qu'autrefois on l'appelait la *Corne d'or*. »

Busbecq ne se montre pas moins ravi des splendeurs de la nature des rives du Bosphore : « Rien ne me paraît plus beau, dit-il, que les promenades du prince; ce sont des vallées charmantes que la nature a pris soin d'embellir bien plus que l'art; je fus si enchanté de ces lieux si agréables que je m'écriai : Oui, c'est là le séjour des dieux, la demeure des muses! C'est là cette terre heureuse qui ne devrait être que pour les hommes qui pensent, pour les vrais philosophes. Hélas! quel dommage qu'une si belle contrée ne soit pas habitée par des peuples civilisés! je le répète encore, elle semble en porter le deuil; mais ce n'est pas seulement le Pont qui frémit sous la barbare domination des Turcs, c'est Constantinople elle-même, ou plutôt c'est toute la Grèce, ce pays autrefois si florissant, qui joignait, au plus beau climat qui soit sous le ciel, ces grands hommes dont la postérité doit à jamais vénérer la mémoire... La nature entière ne devrait-elle pas être sensible aux gémissements que ce pays

______

(¹) 20 janvier 1555.

semble pousser, et le délivrer de la férocité de ceux qui le tiennent captif? Mais c'est en vain qu'il fait entendre ses soupirs : les princes chrétiens qui seuls pourraient le secourir sont sourds à ses cris... » Et quelle élévation dans les paroles qui suivent : « Que nos pères pensaient différemment! Ce n'était pas l'amour du gain, la passion des richesses qui les faisait courir au loin, les armes à la main; ils laissaient ces sentiments aux âmes communes, aux marchands; c'était l'envie d'acquérir de la vertu, et partout où ils pouvaient donner des secours aux malheureux et exercer leur charité, ils y volaient; l'honneur était la seule récompense qu'ils cherchaient dans les entreprises les plus difficiles. En fut-il jamais un qui, après une campagne, retournât chez lui chargé d'or et d'argent? »

Ce que Busbecq raconte de la vénalité du clergé grec a été confirmé par les plus illustres voyageurs modernes : « Ils font argent de tout, dit-il, ils ont pour les différents péchés un tarif, etc. »

Déjà du temps de Busbecq, les préceptes hygiéniques de Mahomet n'étaient plus scrupuleusement observés. Voici, à ce sujet, une anecdote drôlatique racontée par notre illustre compatriote : « J'ai vu à Constantinople un jeune Turc tenant dans sa main une coupe pleine de vin et qui, avant de la boire, se mit à pousser des hurlements affreux. Je demandai à quelques-uns de ses amis ce qu'il voulait par là; ils me répondirent qu'il avertissait son âme du péché qu'il allait commettre, et, afin qu'elle n'en fût pas souillée, il la priait de se retirer dans la plus petite partie de son corps, ou de le quitter tout à fait pour un instant. » Cela n'a pas empêché Busbecq de vanter l'extrême sobriété des Turcs : « S'ils ont du sel, du pain, de l'ail ou un oignon avec un peu de lait aigre, ils ne demandent rien de plus. Je crois que, sans blesser la vérité, je peux assurer que la dépense journalière d'un Flamand suffirait pour faire vivre un Turc pendant douze jours. »

Le 7 mars, Busbecq quitta Constantinople pour se rendre à Amasich, auprès du Sultan; il toucha d'abord à Scutari, située dans l'Asie mineure, en face de Byzance, puis il prit par Gébise, l'ancienne Lybissa, célèbre par le tombeau d'Annibal. En passant à Nicomédie, il aperçut, parmi des ruines et des colonnes, une longue muraille de marbre récemment découverte, qui appartenait vraisemblablement à la résidence des anciens rois de Bithynie; puis il arriva, en franchissant l'Olympe, couvert de neiges éternelles, jusqu'à Nicée, où il s'installa dans le bâtiment où s'était tenu l'un des deux conciles généraux. Ce fut dans cette ville qu'il entendit pour la première fois le hurlement que les Turcs appellent *ciacales*. La description qu'il fait du chacal (*Hyœna striata*) est si fidèlement tirée de la nature, qu'aujourd'hui même on ne pourrait en donner une meilleure.

A Nicée, Busbecq put voir des débris de bains romains, dont les Turcs employaient les pierres à bâtir leurs maisons. Dans une vaste plaine appelée Chianada, il vit les chèvres (*Cervus hircus angorensis*) avec les poils desquelles on fait la laine turque, dont il apprit à Ancyre le mode de préparation en camelot. Il décrivit aussi le premier la brebis à queue grasse (*Ovis steatopyra*). Ces masses de graisse étaient souvent si pesantes qu'on était obligé de les placer sur une planche avec deux roues. Pendant plusieurs jours d'un voyage pénible, notre ambassadeur eut l'occasion d'examiner des monceaux de colonnes et de vieilles pierres. Presque dans tous les villages qu'il parcourut, il trouva des médailles frappées sous les derniers empereurs romains. Les Turcs s'en servaient pour faire des poids et des chaudrons. Il arriva enfin à Ancyre (aujourd'hui Angora), capitale de la Galatie, qui avait atteint son apogée sous le règne d'Auguste, comme centre de la grand'route commerciale de Byzance vers l'Orient. Là, une riche moisson s'ouvrit aux investigations de Busbecq. Outre une grande collection de monnaies, il découvrit parmi les nombreuses inscriptions romaines, malheureusement en partie indéchiffrables, une colonne d'airain sur laquelle étaient relatées les actions mémorables de ce prince.

Il fit transcrire soigneusement cette inscription et la communiqua plus tard à son ancien condisciple André Schott et au savant Jean Gruter, qui la publièrent sous le nom de *Monument d'Ancyre*. « J'ai fait écrire avec soin, dit-il, tout ce que nous avons pu en lire : les premières lignes sont tout entières et très lisibles, celles du milieu sont interrompues par des lacunes. Quant à celles du bas, il n'est pas possible d'y rien reconnaître, on y a donné des coups de hache et de pieu qui ont tellement mutilé les caractères qu'il ne paraît presque plus rien d'écrit. Quelle perte pour les belles-lettres!... Cette inscription est attachée à la porte d'un vieil édifice, qui était, à ce que je crois, le prétoire ; ce bâtiment est entièrement ruiné et n'a plus de couverture ; les murs en sont de marbre ; il est partagé en deux moitiés avec tant d'égalité qu'en entrant on en trouve l'une à droite, l'autre à gauche. »

Suétone avait parlé de cette inscription : c'était un commentaire de tous les hauts faits d'Auguste, que ce prince ordonna, par son testament, de faire graver sur des tables d'airain pour être placées dans son mausolée.

Enfin, le 7 avril au soir, trente jours après son départ de Constantinople, notre ambassadeur fit son entrée solennelle dans Amasich, capitale de la Cappadoce.

La première nuit qu'il y passa fut signalée par un vaste incendie que les janissaires, suivant leur louable habitude, n'éteignirent qu'après avoir pillé la maison où il s'était déclaré, ce qui entraîna la ruine des habitations voisines.

Quelques jours après, Busbecq était présenté à Soliman, « le grand, le magnifique, le conquérant, le législateur! » Mais il n'eut guère à se louer de la manière dont il fut reçu, car tout ce qu'il put obtenir du Sultan fut le prolongement de la trêve pour six mois. Il repartit en conséquence pour l'Allemagne au mois de juillet 1555.

En route, il rencontra des bandes de chrétiens, chargés de

chaînes, attachés les uns aux autres, comme des chevaux. Après bien des fatigues et exténué par la fièvre, il était de retour à Vienne le 1ᵉʳ septembre. Mais Ferdinand le chargea aussitôt d'une seconde mission en Turquie, pour obtenir du Sultan un traité définitif, et nous le retrouvons à Constantinople dans les premiers jours de janvier 1556.

Soliman revenait de Perse avec une armée innombrable; il était rayonnant de gloire et de puissance. Les pachas turcs conseillaient à notre ambassadeur de ne pas se présenter devant lui; il risquerait, disaient-ils, d'être renvoyé le nez ou les oreilles coupés.

De sinistres pressentiments l'accablaient; Soliman, en effet, le traita fort mal et le retint prisonnier avec sa suite, dans l'hôtel qu'il habitait. Il était là enfermé dans une vraie bastille, en société de mille belettes, couleuvres, lézards, scorpions, tous plus hideux les uns que les autres, et n'ayant pour toute récréation que la petite guerre de ces animaux entre eux.

Pour se distraire, il changea lui-même sa tour en ménagerie. Ours, chevreuils, cerfs, lynx, rats d'Inde, zibelines, porcs, aigles, corbeaux, chouettes, canards de Barbarie, grues de Majorque, animaux hurlants, bramants, sifflants, grognants, gazouillants, grignotants, grimpants, pépiants, piaulants, venaient tour à tour charmer ses ennuis! Sa prison ressemblait à l'arche de Noé. Ceux qui connaissent les curieux chapitres de Plutarque et de Montaigne sur l'intelligence des animaux liront avec intérêt ce que Busbecq dit de la rare sagacité des siens.

Trois ans de séjour sans résultat parmi les Turcs avaient fait perdre aux compagnons de Busbecq tout espoir d'arriver à une solution favorable. Après bien des pourparlers, ils obtinrent du Sultan de pouvoir retourner à Vienne. Ils partirent à la fin d'août 1557; mais, comme il importait aux intérêts de Ferdinand qu'il n'y eût point rupture complète, Busbecq se dévoua et resta en Turquie, tout en faisant sentir au divan qu'il prenait moins ce parti par ordre de son souve-

rain que pour prouver au Sultan qu'il avait le sincère désir
de ménager un arrangement définitif. Dans cette circonstance, l'habile diplomate déploya tant de finesse qu'il fit
accroire aux vizirs que c'était uniquement pour céder à leurs
désirs qu'il demeurait à Constantinople.

Ce système lui réussit, et il parvint à conclure une nouvelle trève de sept mois.

Ayant obtenu plus de liberté, grâce à l'amitié qui lui était
témoignée par le nouveau grand-vizir, le Dalmate Ali pacha,
l'ambassadeur de Ferdinand en profita pour se livrer plus
utilement à ses goûts scientifiques et littéraires. Or, il avait
appris que, dans la Chersonèse taurique (Crimée), vivait une
population qui parlait un idiome fort semblable à celui de sa
patrie, le flamand. Cette tribu avait envoyé des ambassadeurs
à Soliman. Busbecq saisit cette circonstance pour s'assurer
de la vérité du fait : il les invita à sa table et en arriva à considérer ces peuples soit comme des descendants des anciens
Saxons, qui avaient été disséminés en différentes contrées
par Charlemagne, et dont les tribus les plus sauvages avaient
peut-être été bannies jusque dans la Chersonèse, où elles
avaient conservé longtemps leur nouvelle religion, soit comme
des Goths qui s'étaient établis entre les îles de Gothie et de
Procope.

Avant de quitter Constantinople, Busbecq eut à déplorer
une perte cruelle : Quackelbeen lui fut enlevé par la peste.
Ce savant médecin avait entamé une correspondance avec
Pierre-André Matthioli, de Sienne, professeur de médecine
et de botanique à Prague, et lui avait envoyé une caisse de
semences et de plantes jusque-là entièrement inconnues,
parmi lesquelles il faut citer le *Calamus aromaticus*, que l'on
rencontre maintenant partout à l'état sauvage dans les
endroits marécageux. Ce *Calamus* fut d'abord répandu par
une culture progressive au moyen d'un procédé analogue
à celui qu'on emploie pour l'*Erigeron canadense*. Matthioli
donna le premier la description et le dessin de la racine et

des feuilles du *Calamus* dans son célèbre *Traité de botanique*. L'empereur Maximilien II prit un soin particulier de cette plante, tenue pour très efficace contre la peste, et il la cultiva dans son propre jardin. Comme elle se multiplia extraordinairement, l'intendant du jardin impérial, Charles de l'Escluse, la propagea dans celui de la reine Élisabeth d'Angleterre; elle arriva bientôt ainsi en Belgique, car l'Escluse la communiqua à tous ses amis qui s'occupaient de botanique.

Quackelbeen était particulièrement versé dans la numismatique. Busbecq assure que cette science perdit par sa mort une grande quantité de notes précieuses qu'il se proposait de publier; il en avait envoyé plusieurs à Matthioli. Il avait aussi activement secondé son chef dans ses études d'histoire naturelle; et si l'on doit à Busbecq la tulipe, décrite pour la première fois en 1559 par Conrad Gessner, le Pline de l'Allemagne, les botanistes ont de l'obligation à Quackelbeen d'avoir expédié à Matthioli le beau platane d'Asie qui fait l'ornement de nos jardins.

Ce fut dans les derniers jours du mois d'août 1562 que Busbecq quitta la Turquie, emportant avec lui une trève dont la durée était fixée à huit ans et qui assurait à Ferdinand la possession de la Hongrie. Il avait obtenu de plus la liberté de milliers d'Espagnols qui avaient été battus et capturés par les Turcs dans une tentative de descente sur le col de Tripoli. Au mois de septembre, il était à Vienne, d'où il se rendit à Francfort, auprès de Ferdinand (devenu empereur en 1558), qui s'y trouvait pour faire couronner roi des Romains son fils Maximilien. Sa mission était accomplie; il ne désirait plus que de quitter la diplomatie et les grandeurs des cours pour se retirer dans ses terres flamandes.

Sept années passées au sein d'une population ennemie et redoutée de toute l'Europe avaient eu pour résultat d'arrêter pendant quelque temps la lutte entre l'Orient et l'Occident. Ce résultat inespéré, le monde en était redevable à son génie diplomatique. Mais si les services rendus à la politique par le célèbre ambassadeur sont dignes des plus grands éloges, ceux qu'il rendit aux sciences et aux lettres n'offrent pas moins d'intérêt. Lorsque nous nous reposons à l'ombre des gigantesques marronniers d'Inde (*Æsculus hippocastanum*), nous devons nous rappeler que ce fut Busbecq qui le premier les envoya en Europe.

Quoi de plus délicieux encore que le parfum du lilas, à l'ombre duquel Bernardin de Saint-Pierre voulait ériger un monument à Busbecq, qui l'apporta dans sa patrie sous le nom turc qu'il a gardé. Un botaniste a proposé de donner au lilas le nom de *Busbecquia*. Un observateur remarquable, qui, comme Busbecq, occupa plus tard la place de bibliothécaire impérial à Vienne, Étienne Endlicher, qualifiait de *Busbecquia nobilis* un arbuste de l'île de Norfolk, genre de plantes de la famille des câpres. De Martins appela également *Busbecquia* l'*Atropa rhomboïdea*. Busbecq introduisit encore dans sa patrie, sous le nom turc d'*Elissoth*, le *Gladiolus communis*, cette belle fleur rouge dont les tubercules sont entourés d'une écorce réticulaire qui les rend invulnérables, et qui était particulièrement recommandée en Orient pour la guérison des blessures. Il fit venir d'Égypte des médicaments parmi lesquels nous citerons la racine de zédoaire (*Radix zedoariæ*), remède familier dans les Indes orientales, ainsi que les semences du grand et du petit *Cardamomum*, qui sont prescrites aujourd'hui par la science. Busbecq avait acheté, en outre, pour une forte somme d'argent, des bézoards, autrefois en très grande considération à cause de leur prétendue action contre les poisons.

En parlant des trésors qu'il avait recueillis en Turquie, Busbecq dit, entre autres choses : « J'ai rapporté beaucoup de médailles antiques dont je ferai présent à l'Empereur ; j'ai aussi beaucoup de manuscrits grecs, au nombre à peu près de deux cent quarante. Mon dessein est d'en enrichir la bibliothèque impériale. Il y en a quelques-uns de fort rares et d'un grand prix. J'ai ramassé avec grand soin, quand j'étais à Constantinople, tout ce qui s'y trouvait de ces sortes d'antiquités. Je n'y ai laissé qu'un manuscrit de Dioscoride, fort usé, écrit en lettres majuscules, dans lequel il y a certaines plantes gravées, avec des verres ou des coupes, et à la fin un petit traité des oiseaux. Ce livre appartient au juif Hammon, fils du médecin de Soliman ; j'aurais fort souhaité de l'avoir, mais il me l'a fait un prix si excessif que je n'ai pu l'acheter : *cent ducats*. La somme n'est pas trop considérable pour l'Empereur ; aussi ferai-je tous mes efforts pour l'engager à acquérir un ouvrage si précieux. » Et, en effet, il fut acquis par Ferdinand. C'est un manuscrit en parchemin, enluminé, très vieux et très rare, car il date du vi⁰ siècle de notre ère et il fut composé par ordre de la princesse Julienne-Anicie, fille de l'empereur Flavius Anicius Olybrius. Encore aujourd'hui,' après treize siècles, on reste frappé d'admiration à la vue des dessins des plantes usitées en médecine de ce codex, supérieurement coloriés et exécutés d'après nature.

Outre l'inscription d'Ancyre, Busbecq avait découvert un manuscrit de Tite-Live, inconnu jusqu'alors, qu'il fit connaître à Nicolas Nikaultem, son ancien condisciple à Paris et, plus tard, ambassadeur impérial à la cour de Lisbonne.

Le troisième volume des lettres de notre ambassadeur renferme un projet de guerre contre les Turcs, alors la terreur et le fléau de la chrétienté. C'est un discours plein de science, de feu et d'enthousiasme.

Malgré ses humbles projets de retraite, Busbecq était trop remarquable et trop remarqué pour rester dans l'obscurité de la vie domestique. Après avoir été appelé, en 1565, à la direction de la bibliothèque de la cour impériale, il se vit chargé d'une autre mission : Ferdinand lui confia l'éducation des jeunes archiducs, fils du roi des Romains, et Busbecq fit partie de la suite de Maximilien lorsque ce prince alla se faire couronner roi de Hongrie à Presbourg ; là, il fut créé chevalier en présence et aux applaudissements de tous les ordres de l'État. L'année suivante, Ferdinand le décora à son tour du même titre, qui fut ajouté à celui de conseiller de l'Empereur dont il avait été gratifié à son retour de Turquie. En 1570, les deux plus jeunes fils de Maximilien, Albert et Wenceslas, partirent pour l'Espagne avec l'archiduchesse qui allait épouser Philippe II, devenu veuf pour la troisième fois; Busbecq les y accompagna en qualité de gouverneur et de maître d'hôtel. Ils allaient remplacer à la cour de Madrid leurs frères aînés, les archiducs Rodolphe et Ernest, qui s'y trouvaient depuis le commencement de 1564. Ceux-ci reprirent le chemin de l'Allemagne au mois de mai 1571; Busbecq, qui y devait retourner avec eux, se démit de la charge qu'il remplissait auprès de leurs frères, et, à cette occasion, comme pour reconnaître les soins qu'il avait donnés à l'éducation de ses neveux, Philippe II lui assura six cents écus de pension viagère. Le duc d'Albe cherchait alors à l'attirer à Bruxelles, où il l'aurait placé à la fois au conseil d'État et au conseil privé; mais Busbecq refusa. L'empereur Maximilien ([1]), qui depuis plusieurs années déjà l'avait nommé conseiller d'État, venait de l'attacher à la maison de ses fils. L'archiduchesse Élisabeth avait épousé, en 1570, le roi de France Charles IX; ce prince étant mort en 1574, elle retourna l'année suivante à Vienne, où Busbecq devint le grand maître de sa maison. Il fut dans la suite envoyé en France pour administrer les domaines sur lesquels avait été assigné le douaire d'Élisabeth.

La plupart des biographes de Busbecq ont avancé qu'en 1582 il avait été désigné, par l'empereur Rodolphe II, pour son ambassadeur à la cour de Henri III; cela n'est guère probable : les lettres de notre célèbre diplomate, des années 1582 à 1585, sur lesquelles on s'appuie, paraissent être plutôt d'un nouvelliste que d'un diplomate revêtu d'un caractère officiel. Ces lettres sont, du reste, un tableau intéressant du

([1]) Il fut élevé à cette dignité en 1564.

règne de Henri III. Busbecq resta en France tant que vécut la reine Élisabeth. Cette princesse étant morte en 1592, il sollicita et obtint de l'Empereur l'autorisation d'aller finir ses jours dans sa patrie. Il s'y rendait par la Normandie au moment où cette province était, comme le reste de la France, en proie aux discordes civiles et religieuses des ligueurs et des huguenots. Des ligueurs l'assaillirent dans le village de Cailly, à trois lieues de Rouen. Après s'être emparés de sa personne, ils l'emmenèrent en l'attachant à un cheval. Ils le relâchèrent lorsqu'ils eurent constaté sa qualité d'ambassadeur ; mais cette agression brutale porta une grave atteinte à la santé d'un vieillard que tant de rudes travaux avaient éprouvé. Le 18 octobre 1592, il succomba à une fièvre violente, au château de Maillot, à Saint-Germain, près de Rouen, dans lequel on lui avait donné l'hospitalité. Sa dépouille mortelle fut déposée avec une grande pompe dans l'église du village, et son cœur porté à Bousbecque pour y être conservé dans le caveau de sa famille, en l'église de Saint-Martin.

Cette seigneurie, située dans l'ancienne châtellenie de Lille, fut unie à plusieurs fiefs, et érigée en baronnie par lettres patentes de l'archiduc Albert, du 30 septembre 1602, en faveur de Charles d'Ydeghem, chevalier, seigneur de Bousbecque et de Wiese, grand bailli d'Ypres (¹).

Busbecq n'était pas seulement un diplomate de premier ordre ; il était encore un des hommes les plus savants du xvie siècle ; il parlait sept langues : le latin, l'italien, l'espagnol, le français, l'allemand, le flamand, l'esclavon ; et aucune des branches des connaissances humaines ne lui était étrangère. Il avait tout appris et tout approfondi. Comme écrivain, la pureté, l'élégance de son style lui assignent un rang distingué parmi les hommes marquants de son siècle. On a de lui : — I. Quatre lettres où il fait le récit de son ambassade en Turquie ; elles sont adressées à Nicolas Micault, seigneur

______

(¹) DALLE, *Histoire de Bousbecque*, 1880, 1 vol. in-8º.

d'Indevelde, conseiller au conseil privé des Pays-Bas. Les deux premières, consacrées à son premier voyage, furent publiées, sans sa permission, à l'imprimerie plantinienne, à Anvers, en deux éditions différentes, 1581 et 1582, in-8°, sous ce titre : *Itinera Constantinopolitanum et Amasianum, et de re militari contra Turcos instruenda consilium.* Sept années plus tard, elles parurent ensemble à Paris, sous les yeux et par les soins de l'auteur ; elles étaient intitulées : *A.-G. Busbecquii legationis Turcicæ Epistolæ IV,* in-8°. Hotman les cite comme des modèles et Scaliger en parle avec de grands éloges. Aussi eurent-elles plusieurs éditions et furent-elles traduites en allemand, en français, en hollandais et en anglais. — II. Lettres à l'empereur Rodolphe II sur les affaires de France ; elles parurent à Louvain en 1630, sous ce titre : *Epistolæ ad Rodolphum II Imp. à Gallia scriptæ, editæ a J.-B. Houwaert,* in-8°, et à Bruxelles, en 1631, in-8°, sous le titre de *A.-G. Busbequii Cæsaris apud regem Gall. legati epistolæ ad Rudolphum II, Imperat. e Bibliotheca J.-B. Houwaert,* etc. L'abbé Buchet, chanoine d'Usez, en donna une traduction française, Amsterdam, 1718, in-12, et *Continuation des mémoires de littérature et d'histoire,* t. XI, 2e partie, 1731. Ces lettres jettent une vive lumière sur le caractère de Henri III, de Catherine de Médicis, du duc d'Anjou, du roi de Navarre, de Marguerite de Valois et sur les événements du temps. Une édition complète de ces deux ouvrages, comprenant aussi l'opuscule *De re militari* et une allocution de Busbecq adressée à Ferdinand Ier en 1562, a été traduite en français par Louis-Étienne de Foy, chanoine de Meaux, avec de nombreuses notes historiques et géographiques. Je m'en suis constamment servi.

Busbecq laissa en manuscrit deux ouvrages qui ne sont pas parvenus jusqu'à nous ; l'un portait pour titre : *De vera nobilitate ;* l'autre : *Historia Belgica trium fere annorum quibus dux Alenzonius in Belgio versatus est.* On doit surtout regretter la perte du second [1].

[1] Outre les sources originales sur Busbecq, j'ai consulté : 1° les remarquables

Nous ne devons pas oublier, en terminant cette revue des humanistes de la Renaissance aux Pays-Bas, Arnould Manilius, ou De Man, qui, né à Gand vers 1530, s'appliqua avec ardeur à l'étude des lettres grecques et latines. Après avoir été se perfectionner à Paris (1561), Manilius devint l'ami de Charles de Rym, Gantois et ambassadeur de Maximilien II auprès de Sélim II et d'Amurat III. Il le suivit à Constantinople, où il approfondit davantage encore la langue grecque. De retour en Allemagne, il s'occupa de la collation d'un grand nombre de manuscrits dont il avait fait l'acquisition et qu'il se proposait de publier, lorsqu'il en fut empêché par la mort (¹).

A la tête des jurisconsultes de la même époque, nous devons placer le nom d'un homme modeste déjà recommandé par l'estime d'Érasme et de Clénard, et à qui la science du droit en Belgique a les plus grandes obligations, celui de Mudée, le premier réformateur de l'éloquence judiciaire dans notre pays. Si les plus savants traités composés par les élèves qui sortirent de son école sont encore des guides pour la magistrature et le barreau, le souvenir du maître avait disparu, et chacun pouvait se demander, non sans raison, qui fut Mudée, quand il vécut et ce qu'il fit pour mériter qu'on le tirât de l'oubli (²). C'est ce que nous allons rappeler sommairement.

Gabriel Mudée (*Van der Muyden*) naquit à Brecht, près d'Anvers, en 1500 (³). Envoyé très jeune à l'université de Louvain, il sut se faire connaître tout d'abord avantageusement de Clénard et d'un autre philosophe également remarquable, Alard, d'Amsterdam (⁴). Il s'acquit aussi l'amitié

---

articles de Bayle et de la *Biographie universelle*; 2° ceux de de Reiffenberg, dans les *Archives philologiques*; 3° de Heffner, dans les *Bulletins de l'Académie de Bruxelles*, annexe de 1853-54, p. 121-146; 4° de Saint-Genois, dans les *Voyageurs belges*, t. I, p. 5-35; 5° de M. Gachard, *Biographie nationale,* t. III, 1, p. 181-191.

(¹) Van der Aa, lettre M, p. 144.

(²) Spinnael, *Trésor national,* t. II, p. 281.

(³) Il mourut en 1560.

(⁴) Mort à Louvain en 1544.

d'Érasme au même collège du Lis, où ce philosophe avait l'habitude de loger pendant qu'il séjournait à Louvain (¹).

Après avoir fréquenté plusieurs universités de France et s'être fait entendre en diverses causes au parlement de Paris, Mudée obtint (1547) à Louvain la chaire primaire de droit, et telles furent la profondeur de sa science et l'élégance de sa diction que plus de 2,000 étudiants vinrent de toute part assister à ses leçons. Charles-Quint, que son despotisme n'empêchait pas de distinguer les hommes de valeur qu'il voulait s'attacher, appela Mudée au conseil d'État (²).

Ce jurisconsulte introduisit en Belgique la nouvelle méthode d'enseignement qui consistait à joindre, pour l'intelligence et l'interprétation des textes du Digeste et du Code, les secours plus particulièrement appropriés que peut fournir la connaissance des lettres anciennes et l'étude de l'antiquité aux lumières de la philosophie, ce flambeau de toutes les sciences libérales. Cette méthode si pleine de rénovation et de goût (³) mit un terme à la méthode obscure et barbare des glossateurs que leurs successeurs plus récents, tels que Barthole, Balde, Paul de Castro, Alexandre et d'autres avaient déjà notablement améliorée, sans cependant la dégager de ses vices essentiels, c'est-à-dire de ce dédale de citations, faites sans discernement, de toutes les opinions controversées ; de cette application outrée d'une dialectique plus subtile que sensée ; de cette manie de distinctions, divisions et subdivisions sans fin et sans fond (⁴).

C'est cette méthode diffuse qu'Alciat avait entrepris avec succès de faire cesser en Italie et en France ; toutefois, l'honneur de faire l'application et le développement de la méthode

---

(¹) PAQUOT, *Fastes Academici Lovanienses*, t. I, f. 269. (Manuscrit de la bibliothèque de Bourgogne, n° 17567.) — SPINNAEL, p. 284.

(²) PAQUOT, *l. c.* — SPINNAEL, p. 284 et 285.

(³) « Ut erat politioribus literis et antiquitatis notitia probe imbutus, jurisprudentiæ amœniusque tractandæ ac docendæ Lovanii cum J. Hoppero auctor fuit. » (PAQUOT, f. 269.)

(⁴) PAQUOT, *l. l.* — SPINNAEL, p. 285.

nouvelle fut réservé à Cujas, qui s'acquitta de cette tâche difficile avec toute la supériorité qui lui a valu le glorieux titre de prince des jurisconsultes modernes. Pour la Belgique, Gabriel Mudée fut le premier professeur qui eut le talent de s'émanciper de l'analyse stérile et décharnée des lois des Pandectes et du Code. Il se hâta d'abandonner cette sorte d'exégèse dépourvue de tous les moyens nécessaires d'éclaircissement, pour la méthode synthétique que les trésors, généralement trop peu appréciés encore de la littérature, de l'histoire et de la philosophie, dans leurs rapports avec la jurisprudence romaine, étaient seuls capables de produire [1].

Ce n'est pas que l'université de Louvain renonçât tout à coup à la dialectique d'Aristote. Il est vrai qu'elle eut le bon esprit de retrancher les criants abus qu'on en avait faits ailleurs; mais la fameuse maxime : *Qui bene distinguit bene docet,* juste sous beaucoup de rapports, resta la base de l'enseignement de l'*Alma Mater*, et les élèves de Mudée ne la répudièrent pas tout à fait [2].

A l'exemple de la nouvelle école qui venait de se faire jour avec éclat dans les universités de France et dont il avait suivi les premiers interprètes à Bourges et ailleurs, Mudée adopta pour son enseignement la forme des commentaires et des traités complets sur chaque matière distincte des titres du Digeste et du Code.

Ce qui fait plus d'honneur à Mudée que sa science, c'est sa tolérance : il avait en horreur les édits sanguinaires de Charles-Quint contre les protestants et il ne se faisait pas faute de prêter aide et assistance à ceux que ces édits atteignaient. En tout état de cause, il conseillait de les appliquer avec modération. Aussi n'était-il pas en odeur de sainteté auprès des *théologastres* de l'époque [3].

Parmi ses premiers disciples, il faut particulièrement dis-

[1] Spinnael, p. 285 et 286.
[2] Paquot, f. 269. — Spinnael, p. 286.
[3] *Melch. Adami vitæ germanorum jurisconsultorum et politicorum,* f. 66.

tinguer l'Anversois Mathieu de Wesenbeke, qui, docteur à
l'âge de dix-neuf ans (1550), alla à son tour visiter les universités de France. Il eut occasion d'entendre à Paris le fameux
Ramus, l'adversaire le plus décidé de la philosophie d'Aristote, toujours en grande vénération à Louvain. Les opinions
novatrices de Ramus, partisan aussi de la réforme religieuse,
exercèrent une si forte influence sur Wesenbeke, qu'il adopta
tout à la fois ses principes de philosophie et de protestantisme; de sorte que, revenu en Belgique, il fut obligé d'en
sortir presque aussitôt pour n'y plus rentrer, compromis
qu'il était par son changement de religion. Il se retira alors
en Allemagne, où il obtint d'abord, à Iéna (1556), une chaire
de droit qu'il occupa avec distinction jusqu'en 1569, puis il se
rendit à l'université de Wittenberg, où il enseigna avec non
moins de succès. La réputation qu'il acquit dans toute la
Germanie attira sur lui les faveurs de l'électeur Maurice de
Saxe, qui le nomma membre de son conseil privé, et de l'empereur Maximilien II, qui non seulement lui confirma la
noblesse dont il jouissait en Belgique, mais encore le nomma
noble d'Empire (1571) ([1]).

Dans toute cette carrière ([2]), Wesenbeke enseigna d'après
la méthode de Mudée, déjà en vogue dans les meilleures
écoles de France, tandis que les universités d'Allemagne
continuaient à se traîner servilement dans la vieille ornière
d'Accurse et de Bartole et ne purent s'en dégager que vers la
fin du xviie siècle, malgré les efforts de Wesenbeke et de
quelques-uns de ses disciples ou de ses imitateurs dans ces
régions hyperboréennes ([3]).

A certains égards, la doctrine que Wesenbeke y avait introduite différait de celle de Mudée en ce qu'il avait emprunté à
Ramus la forme de sa dialectique, dont le critérium consistait dans une classification de causes absolues. Appliqué aux

([1]) Voir *Biographie universelle*, art. *Wesenbeke*, et SPINNAEL, p. 288.
([2]) Wesenbeke mourut le 5 juin 1586.
([3]) SPINNAEL, p. 288.

sciences exactes, ce système aurait pu être plausible jusqu'à un certain point; mais il devenait essentiellement vicieux dans son application aux sciences morales. Quel secours intellectuel pouvait, en effet, tirer la jurisprudence civile de la distinction des causes matérielles, formelles, efficientes et finales, quand l'intelligence parfaite du système de législation romaine semblait désormais devoir se puiser dans la méthode historique et philosophique, qui fut la grande idée d'Alciat, qui devint celle de Mudée, et dont le perfectionnement devait faire la gloire de Cujas?

C'étaient les raisons déterminantes des jurisconsultes de l'ancienne Rome qu'il fallait connaître, son histoire littéraire, ses antiquités civiles et politiques, ses différentes écoles de droit; c'était l'appréciation véritable du dogme de la philosophie stoïcienne, qui exerça une si grande influence sur les doctrines juridiques. Mais ce n'était que substituer un abus nouveau aux nombreux abus des glossateurs que de chercher, comme Wesenbeke, ces motifs dans une classification arbitraire de causes métaphysiques, auxquelles les jurisconsultes romains n'ont jamais songé. Mudée, de son côté, était resté fidèle à la dialectique d'Aristote, autant que le permettait et que l'exigeait la méthode encore peu affermie de l'école nouvelle, laquelle resta privée, jusqu'à l'avènement de Cujas ([1]), de la connaissance et de l'emploi de beaucoup de matériaux historiques grecs qui devaient servir à une plus complète intelligence des textes ([2]).

La méthode de Wesenbeke, en Allemagne, devint celle d'une école particulière, qui n'était plus celle de Mudée, mais qui en resta un démembrement auquel fut attachée la dénomination spéciale d'école des Ramistes. L'utile commentaire de Wesenbeke sur les Pandectes fut même conçu dans la forme des Paratitles de Cujas; mais les éditions qui en ont

---

([1]) Cujas commença à professer les *institutes* en 1547 et mourut en 1590.
([2]) SPINNAEL, p. 288-290, et l'article cité de la *Biographie universelle*.

été publiées en Belgique ont été corrigées dans tout ce qui pouvait y avoir trait au protestantisme ([1]).

Quoi qu'il en soit, par son enseignement, Wesenbeke dota la Belgique d'un véritable titre à la reconnaissance de l'Allemagne, car ce fut ce disciple de Mudée qui révéla à deux grandes universités de ce pays la méthode de rénovation adoptée par son premier maître de Louvain ([2]).

Un autre élève de Mudée, non moins remarquable que Wesenbeke, François Baudouin, d'Arras, embrassa comme lui le protestantisme, durant son séjour en France, où il connut Budé, Bèze et Charles Dumoulin. Pendant son professorat, il introduisit la nouvelle méthode d'enseignement du droit civil et continua à suivre, dans ses leçons, les traces de l'illustre Gabriel ([3]).

A l'exemple de Mudée, de Wesenbeke et de Baudouin, d'autres Belges visitèrent avec succès les universités de France. Les nombreuses pérégrinations de ce genre contribuèrent, sans doute, à faciliter l'introduction en Belgique de la méthode nouvelle et à familiariser bientôt les auditeurs de Mudée avec son genre d'enseignement.

Le plus considérable de ces visiteurs belges dans les universités de France fut, sans contredit, le fameux Viglius de Swichem ab Aytta, qui fut élevé par Charles-Quint aux plus hautes dignités. Né au château de Barrahuis, en Frise (19 octobre 1507), Viglius vint en 1522 à Louvain, apprendre le grec au Collège des Trois-Langues et les premiers éléments du droit à l'Université.

Après y avoir passé quatre ans, il alla à Dôle, ouvrit une correspondance avec Érasme, qui le mit en rapport avec Alciat, et se rendit, en 1529, à Avignon, où enseignait ce grand jurisconsulte; de là, il fut à Bourges, et enfin il reçut le bonnet de docteur à Valence, en Dauphiné. Après le rappel

([1]) SPINNAEL, p. 290.
([2]) ID., *ibid*.
([3]) ID., p. 290 et 291.

d'Alciat en Italie, Viglius occupa sa chaire à Bourges, y enseigna pendant deux ans, visita ensuite les universités d'Allemagne et d'Italie et s'arrêta à Padoue, où il fit pendant un an des leçons sur les Institutes de Justinien. Ce fut alors qu'il songea à revenir dans sa patrie, en y rapportant un des monuments les plus précieux de la jurisprudence, qu'il fit, le premier, connaître en Belgique : c'était la paraphrase des Institutes de Théophile, dont le manuscrit avait été trouvé dans la bibliothèque du savant cardinal Bessarion, à Venise. Pour suppléer aux lacunes que présentait ce *Codex* dans son état de vétusté, il s'en était procuré une autre copie plus complète. Ces deux copies ont été longtemps conservées à Louvain, dans le collège érigé par la munificence et sous le nom de Viglius. La paraphrase, publiée en 1534 à Bâle, fut réimprimée en 1536 avec des notes de l'humaniste Nannius. Un peu après, le jurisconsulte brugeois Jacques Curtius (De Corte) en donna une nouvelle traduction latine. Viglius a laissé également des commentaires sur les titres X à XIX du second livre des Institutes de Justinien (Bâle 1534)([1]). Ces commentaires eurent un grand succès et furent vendus en peu de temps dans les principales villes d'Europe. Tout porte à croire que si Viglius, à son retour dans sa patrie, n'avait pas été appelé aux plus hautes fonctions et, dans la suite, absorbé par les premières charges de l'État, il aurait disputé au modeste Mudée la gloire qu'il s'est acquise seul dans le professorat de la nouvelle école. Ce qui augmenta cette gloire, ce fut la foule de noms que Mudée concourut à rendre illustres, parmi lesquels celui d'André Éloi De Backer (Baccherius) à qui Poperinghe doit un monument. Après avoir été reçu docteur à Louvain et après avoir exercé comme avocat au Conseil de Flandres, il alla se fixer à Bourges, où il brilla à côté de Cujas et sans être éclipsé par celui qui est,

---

([1]) *Commentaria in X Titulos Institutionum juris civilis. Quibus omnia pene testamentorum jura eleganter ac dilucide explicantur.* — BASIL., 1534, in-folio.

([2]) GOETHALS, *Lectures*, etc., t. III, p. 67.

avec Dumoulin, le plus grand jurisconsulte que la France ait produit (¹).

Jacques Revard de Lisseweghe, près de Bruges, que Juste-Lipse se plaisait à désigner sous le nom de Papinien belge, et dont les savants ouvrages sur le droit historique ont devancé de près de deux siècles les travaux de même genre de Bynkershoek, s'était aussi formé à l'école de Mudée ; il fut appelé à une chaire de droit dans l'université de Douai, créée par Philippe II (²).

Mais entre tous les résultats de l'enseignement de Mudée, le plus brillant fut, sans contredit, la promotion au doctorat de quatre de ses élèves devenus des hommes célèbres : Hoppers, Wamèse, Vendeville et Peck (³).

Joachim Hoppers (Hopperus) était né d'une très ancienne famille à Sneek, en Frise, le 11 novembre 1523. Ses premières fonctions publiques furent le professorat dans la faculté de droit de cette même université de Louvain, où il coopéra puissamment à étendre et à affermir la méthode de Mudée, dont il suivit toutes les traces (⁴). Il écrivit des traités divers sur la jurisprudence, consacrés pour la plupart à l'exposition didactique de la méthode nouvelle, dont l'application et les progrès n'étaient sortis, jusqu'à lui, que de la chaire du professeur. Il n'abandonna l'enseignement que pour de plus impérieux devoirs, en entrant au conseil souverain de Malines et dans le conseil privé du roi Philippe II (⁵).

Le Liégeois Jean Wamèse (Wamesius) (⁶) se voua tout entier à l'enseignement du droit civil et du droit canon à l'université de Louvain, où il mourut en 1590, l'année même où la

---

(¹) Spinnael, p. 291-294.

(²) Id., p. 294.

(³) Id., *ibid.*

(⁴) « Hopperus juvenum studia, ad puriorem veterum juris rationem inflexit, quod Gab. Mudaeo, quamquam eruditissimo, hactenus difficile fuerat, obstantibus barbarorum decretis. » (Paquot, f. 276.)

(⁵) Paquot, f. 275 et 276. — Spinnael, p. 294 et 295.

(⁶) Né en 1504.

France perdit Cujas. A un esprit prompt et facile, à un jugement sain, à une mémoire prodigieuse, à un travail infatigable, à des connaissances profondes, il avait joint la pratique du barreau et s'était fait remarquer par une rare éloquence, ce qui lui avait valu cet éloge qu'il était le plus grand jurisconsulte de tous les orateurs de son temps, comme il était le plus éloquent de tous les jurisconsultes; double louange que n'avaient méritée que séparément, dans l'ancienne Rome, Crassus comme orateur, et Scevola comme jurisconsulte (¹). Également capable de manier les affaires publiques, il vit souvent le gouvernement recourir à ses lumières pendant les orages de la révolution. Deux ouvrages remarquables de Wamèse furent le fruit de sa pratique consommée des affaires du barreau; ils contiennent ses avis et ses consultations, l'un en matière de droit canonique, l'autre en matière de droit civil, et peuvent encore servir à faire connaître l'état de la jurisprudence des cours de justice de l'époque dans les questions usuelles et pratiques relatives aux traités de donations entrevifs, aux testaments et aux contrats anténuptiaux. Ils constituent, pour ainsi dire, le second recueil de décisions judiciaires que nous ayons en Belgique après le volume de conseils judiciaires du président Everard, qui appartient plutôt au xvᵉ siècle (²).

Les recueils de Wamèse ne furent publiés qu'après sa mort, par ses deux neveux qui, à leur tour, occupèrent le premier rang comme jurisconsultes, savoir : Gérard de Courselle, de Liége, et Étienne Weyms, de Voerda, son neveu par alliance; l'un et l'autre étaient des élèves distingués de son école, dans l'université de Louvain. L'ouvrage de jurisprudence le plus remarquable de Gérard est son cours ou ses prélections sur le code de Justinien, monument aussi estimé que le code d'Antoine Fabre, vrai trésor de droit romain. Weyms ensei-

---

(¹) « Ut unus esset et Crassi instar eloquentiam jurisperitissimus et instar Scœvolæ jurisperitorum eloquentissimus. » (PAQUOT, f. 275.)

(²) PAQUOT, f. 275 et 276. — SPINNAEL, p. 295 et 296.

gna, lui aussi, avec distinction dans la même université. On a
de lui un traité curieux comme ouvrage de droit public, sans
forme d'analyse des dérogations apportées par le concile de
Trente aux anciennes constitutions impériales ([1]).

Jean Vendeville était né à Lille le 24 juin 1527. Ce fut
après avoir déjà pratiqué comme avocat au conseil d'Artois
qu'il vint prendre le titre de docteur sous Mudée. Après la
mort de sa femme, qui était d'une famille patricienne de
Louvain, il se fit prêtre et devint évêque de Tournai en 1588.
Ce fut lui qui provoqua la création de l'université de Douai
et qui, par sa munificence, sauva le collège du Faucon, à
Louvain, d'une ruine imminente. Il avait écrit sur le droit,
mais sa promotion à l'épiscopat le dissuada de livrer ses écrits
à la presse ; on cite parmi eux une *Conférence de l'édit perpétuel de Salvius Julien et du Code de Théodose avec le corps de
lois de Justinien* ([2]). Il est à regretter qu'une telle œuvre n'ait
pas vu le jour ([3]).

Faut-il ajouter que la grande science et les grandes vertus
privées de Vendeville ne l'empêchèrent pas d'être un des plus
serviles adorateurs de Philippe II, à qui il ne rougit pas de
débiter cette nauséabonde flagornerie : « Sire, il n'y a parmi
les prédécesseurs de Votre Majesté aucun qui puisse vous
être comparé, et il faut, pour trouver un souverain d'un
aussi grand mérite devant Dieu, remonter jusqu'à saint
Louis ([4]). »

Pierre Peck, de Zierickzée, devint le collègue de son
maître dans l'enseignement du droit. Il professa avec distinction pendant près de quatre ans et devint conseiller de
Brabant en 1586, après avoir donné, dans différents traités de
jurisprudence qu'il publia, des preuves multipliées de son

([1]) PAQUOT, f. 281-283. — SPINNAEL., p. 296 et 297.

([2]) PAQUOT, f. 533 et 534. — SPINNAEL, p. 297.

([3]) On n'a publié de Vendeville que le *Commentaire sur le droit canonique*.

([4]) ZOËS, *De Joannis Venduillii, episcopi Tornacensis, juris utriusque doctoris,
consiliarii Regis catholici in consilio privato, vita*, Duaci, 1598, p. 20. — Conf.
PAQUOT, f. 533 et 534.

savoir. Outre des commentaires sur divers titres des Pandectes, et du Code relatifs à la loi rhodienne et à d'autres matières de droit maritime, — que Vinnius illustra de ses savantes notes, plus d'un siècle après, — il s'occupa de questions pratiques se rapportant à notre jurisprudence coutumière, telles que les saisies, les amortissements et les testaments de gens mariés. A propos de cette dernière partie, on a conservé le souvenir d'une anecdote singulière, laquelle est bien propre à faire voir que l'homme le plus capable de donner d'excellents conseils sur les affaires d'autrui est sujet à l'erreur dans l'appréciation et le règlement de ses affaires personnelles : le testament de Peck, ayant fait après sa mort l'objet d'un procès, fut annulé par le grand conseil de Malines pour les vices dont il était entaché ; l'ouvrage de l'auteur ne put aider à faire valider son propre acte ; peut-être même fut-ce l'omission ou l'oubli des sages prescriptions du livre qui fit anéantir le testament. Les œuvres du savant jurisconsulte ne perdirent rien, toutefois, de la juste considération qu'elles méritaient. — Peck laissa un fils qui ajouta à la splendeur de son nom par les charges importantes dont il fut successivement revêtu dans la robe et dans la diplomatie, et par la dignité de chancelier de Brabant (¹).

De la même école sortirent encore deux autres savants du plus grand mérite, qui fondèrent tout d'abord la réputation de l'université de Douai : le Gantois Baudouin Vanderpiet, dont on disait : *Propter unum Vanderpietum floret Duacum,* et le Louvaniste Pierre Van der Aa, qui devint, après son professorat, conseiller de Brabant. On a de lui un excellent traité sur les créances privilégiées (²).

La carrière professorale de Mudée ne fut malheureusement pas aussi longue que celle de Cujas ; mais les seize années qu'il y consacra furent l'aurore d'une ère de splendeur pour l'école de la première université de nos provinces, dont

---

(¹) SPINNAEL, p. 298 et 299.
(²) ID., p. 299.

l'éclat ne devait se ternir qu'au bout de deux siècles de succès ([1]).

Albert de Leeuw, plus connu sous le nom de Leoninus ([2]), succéda à la chaire de Mudée et continua d'y professer avec la même distinction. Deux des principaux ouvrages de jurisprudence qu'il a laissés prouvent qu'il était un profond jurisconsulte : c'est une centurie de *concilia* et quatre livres *emendationum.* Leoninus fut, en outre, un homme politique, et il prit une très grande part aux affaires publiques dans la révolution du xvie siècle ([3]).

([1]) Spinnael, p. 301. — Je renvoie, du reste, aux divers articles de la *Biographie universelle,* que j'ai mis à profit.

([2]) Il naquit vers 1520 à Bommel, en Gueldre.

([3]) Paquot, f. 272 et 273. — Spinnael, p. 301.

CHAPITRE IX.

LOUIS VIVÈS.

Je reviens aux belles-lettres et à la philosophie pour m'occuper d'un des plus illustres amis d'Érasme, Jean-Louis Vivès, né à Valence en 1492.

C'est en Italie que les humanistes espagnols avaient cherché leurs inspirations, dès la fin du xvie siècle. « Antoine de Lebrixa est le précurseur le plus remarquable de cette classe de penseurs et d'érudits. A leur approche, la vieille scolastique frémit. Vivès raconte qu'à Valence, son vieux maître, voué à la routine de l'école, faisait déclamer ses élèves contre les novateurs; lui-même avoue avoir composé ainsi contre Lebrixa des déclamations détestables, mais vivement applaudies. Des succès de ce genre ne pouvaient séduire un homme tel que Vivès, l'esprit le plus judicieux de son temps », et à qui l'avenir réservait une place entre Érasme et Budée dans ce glorieux triumvirat où il brille par le jugement autant que ses deux rivaux par l'éloquence et l'invention. Aussi accusait-il particulièrement les Espagnols d'être les défenseurs de la vieille citadelle de l'ignorance (¹).

Jeune encore, Vivès quitta sa patrie pour aller étudier la dialectique à Paris, dont l'université était regardée comme le foyer de la philosophie et de la théologie, mais dont, en réalité, l'enseignement était déplorable. Lorsqu'il s'y présenta, on lui dit que la grammaire et les langues étaient l'école de toute impiété, et le Gantois Dullaert, qui était rec-

<hr>

(¹) Guardia, *Revue des Deux Mondes*, 1860, t. XXVIII, p. 464. — Ritter, *Geschichte der Philosophie*, t. IX, p. 438.

teur de cet établissement, se hâta d'ajouter : « Plus vous serez bon grammairien, moins vous serez bon jurisconsulte [1]. »

D'autres écrivains de ce temps dépeignent Paris sous les traits les plus sinistres : ils parlent de l'ignorance, de l'arrogance et du charlatanisme de ses professeurs [2], de la cherté de ses vivres [3], de la fourberie de ses habitants, de la cruauté de ses juges et de ses bourreaux, qui n'avaient pas besoin des ordres du duc d'Albe pour arracher la langue à leurs victimes et pour la leur jeter à la face [4].

Vivès regrettait le temps précieux qu'il y avait perdu dans les subtilités de la scolastique; il aurait désiré pouvoir acheter à prix d'argent l'art de débarrasser sa tête des choses sans goût et sans valeur qu'il y avait accumulées dans cette triste école, et plus tard il remercia Dieu d'avoir appris à connaître la véritable science et d'être sorti de ces ténèbres cimmériennes [5].

Dès lors, l'université parisienne ne fut, à ses yeux, qu'une vieille femme qui, après un âge de huit siècles, ne faisait plus que conter des sornettes et approcher de la mort. Il n'avait que du dédain pour les chicanes de mots et pour ce latin barbare qu'on lui avait appris dans la capitale de la France. Aussi, quel ne fut pas son enthousiasme pour l'antiquité classique, la Bible et les Pères! « Je ne puis me taire, disait-il, sur les torts irréparables que l'on fait aux âmes, en inculquant toutes ces absurdités aux prêtres et aux moines. J'en ai connu un qui, ayant appris que saint Augustin était un bon dialecticien, se jeta avec fureur sur ses œuvres et fut vivement contrarié qu'il ne s'y trouvât une syllabe des *ânes*, *des instances, des cas, des réduplicatifs*, et qu'un si grand théologien, en traitant de la Trinité, n'eût pas dit un mot de la

---

[1] MEINERS, *Vergleich der Sitten und Verfassung des Mittelalters*, t. II, p. 737.

[2] BERTIUS, *Illustrium et clarorum virorum epistolæ selectiores*, Lugd. Bat, 1617, p. 60 et 61.

[3] ID., *l. c.*, p. 61.

[4] ID., *l. c. Ex lutetia, anno* 1842, *die* 18 *julii*, p. 41.

[5] *E tenebris istis cimmeriis.*

distinction complète et incomplète, de la particularisation, de la sin-gularisation, etc. Comment Augustin avait-il pu écrire sur le baptême, sans résoudre les questions que voici : *Aqua requiritur ad baptizandum et ad baptizandum requiritur aqua. An detur minima aqua quæ exigitur, minima quæ non exigitur, maxima quæ requiritur, maxima quæ non requiritur...?* etc. » Vivès ajoutait que saint Augustin n'avait pas voulu répondre à ces questions, parce qu'il écrivait le latin et qu'une langue aussi pure ne pouvait pas être employée pour de telles absurdités[1].

Toutes les sciences cultivées pendant le xve siècle avaient été devancées par la philologie, qui, grâce à la renaissance des lettres grecques et latines, avait produit une heureuse et spirituelle imitation des anciens, mis en circulation une masse étonnante d'idées nouvelles et arraché à l'oubli une infinie variété de connaissances, tellement que dans le cours du xvie siècle il n'y avait plus ni science, ni art sur lesquels la philosophie n'eût exercé son influence, que cette influence fut telle que l'Église et l'État se virent dans la nécessité de la reconnaître et que la philosophie dut suivre ce mouvement, dont elle avait à attendre sa rénovation [2].

Comme tous les peuples civilisés de l'Europe avaient pris part à ces immenses efforts de la philologie, son action sur la philosophie donne l'idée la plus générale de la civilisation à cette époque. Aussi, la France, l'Italie, l'Espagne, l'Allemagne, les Pays-Bas produisirent-ils des hommes qui cherchèrent à donner une forme nouvelle à la philosophie [3].

On le voit, elle était loin d'être terminée, cette lutte ardente contre la scolastique, dont les humanistes étaient les adversaires les plus acharnés. Vivès l'attaqua avec une logique formidable, et, sous ce rapport, il fut le continuateur de Laurent Valla, un des savants du xve siècle qui ont le plus

---

[1] J.-L. Vivis, *Opera*, Basil, 1555, t. I, f. 280. — Francken, *Johannes Ludovicus Vives, de vriend van Erasmus*, Rotterdam, 1853, p. 9-11.

[2] Ritter, *l. c.*, p. 437.

[3] Id., *ibid.*

contribué à la Renaissance; il osa attaquer les Bartole et les Accurse, « ces oies succédant aux cygnes de la jurisprudence romaine » : aux Scœvola, aux Paul, aux Ulpien; au péril de sa vie, s'était prononcé contre Rome avec autant d'audace que de force. Vivès, il est vrai, quoiqu'il fût le continuateur de l'illustre philosophe de Pavie, blâmait la fougue de son tempérament, la légèreté de quelques-unes de ses assertions et la versatilité de son caractère. Il pensait que les défauts de Valla avaient empêché ses doctrines de faire des prosélytes, bien qu'il s'y trouvât d'excellentes choses. Lui-même, du reste, maniait la plaisanterie avec autant de succès que Valla, et c'est l'arme qu'il employait habituellement contre ses adversaires [1].

Il est probable que ce fut la lecture des écrits d'Érasme et un voyage qu'il fit dans la ville si littéraire de Bruges, en 1512, qui donnèrent à ses études et à ses idées une direction plus salutaire. Mais la belle antiquité grecque et latine ne lui fut dévoilée que lorsqu'en 1518 il se fixa à Louvain et vécut dans des rapports intimes avec le philosophe de Rotterdam, dont il avait peut-être fait la connaissance à Bruxelles en 1516 [2].

Quoique alors l'université de Louvain suivît encore la vieille ornière de celle de Paris, cependant les lumières de la Renaissance y avaient pénétré, et il y éclata entre les défenseurs de l'ancien et du nouveau système des querelles tellement violentes que Vivès crut devoir quitter un moment ce séjour pour faire une excursion à Paris (1519) : il craignait de se compromettre par un amour trop vif de la littérature classique et d'être, pour cela, accusé de luthéranisme; il était d'ailleurs d'une telle modération de caractère et d'une nature si pacifique que toute espèce d'éclat lui répugnait [3].

Ce n'est pas cependant sans regret que Vivès s'éloigna de

[1] RITTER, p. 438 et 439.
[2] FRANCKEN, p. 11 et 12.
[3] ID., p. 13 et 14.

Louvain, car non seulement il y avait étudié, mais encore il y avait enseigné avec succès. Ses explications de Virgile, de Cicéron, de Pline et de Pomponius Méla (¹) lui avaient attiré un nombreux auditoire et d'éminents élèves, parmi lesquels brillait Guillaume de Croy, successeur de Ximénès sur le siège épiscopal de Tolède (²). Ce n'est pas que, dans le principe, il n'y eût rencontré de grands obstacles ; car, lorsqu'il voulut interpréter le *Songe de Scipion* par Cicéron, le recteur lui fit remarquer que l'Université n'avait point de faculté à laquelle appartînt l'art d'interpréter les songes (³). Mais ses *Déclamations* (⁴) ou discours sur divers sujets de l'histoire sainte et profane lui avaient valu les applaudissements de Morus et d'Érasme. On doit leur préférer sa dissertation sur l'origine des sectes et les mérites de la philosophie (⁵), où il prouve que toutes les branches des connaissances humaines, astronomie, musique, géométrie, jurisprudence, morale, théologie, histoire, grammaire, dialectique, lui étaient également familières, quoique ce travail manque d'ordre et de netteté (⁶).

(¹) Soit aux halles, soit dans une maison particulière située rue de Diest. On y voit encore au-dessus de l'ancienne porte d'entrée une inscription qui atteste le fait et que voici :

« *Hic gemini fontes græcus fluit atque latinus. Sic eos appellat Ludov. Vivès Valent. in linguæ exercitatione ad Philippum Hispan. et Angliæ Regem. Anno 1536.* »

Il y avait alors, dans cette maison, deux fontaines, l'une près de la porte, appelée par Vivès la *fontaine grecque*; l'autre, dans le jardin, nommée la *fontaine latine.* L'inscription a été renouvelée en 1767. La maison appartient actuellement à M. de Ryckman de Spoelberg. (NAMÈCHE, *Mémoire sur la vie et les écrits de Jean-Louis Vivès*, dans les *Mémoires couronnés de l'Académie de Belgique*, t. XV, p. 22.)

(²) On fixe au mois de février 1519 le commencement de son enseignement public à Louvain. Il y a quelques doutes à cet égard, d'autant plus que Croy était un de ses élèves privés, dont la direction lui avait déjà été confiée en 1518. (Voy. NAMÈCHE, p. 18, 19, 21 et 103.)

(³) Cette anecdote, vraie ou fausse, est rapportée par Paquot, t. I, p. 117.

(⁴) Elles étaient au nombre de sept, dont les cinq premières portent la date de Louvain 1520, les deux autres celle de Bruges 1521.

(⁵) Louvain, 1521, chez Thierry Martens.

(⁶) Voy. les ouvrages suivants de Vivès :

1° *Christi Triumphus*, Parisiis, 1514.

2° *De Initiis, sectis et Laudibus Philosophiæ*, Lovanii, 1518, opp. II, 3-14.

3° *Meditationes in VII Psalmos Pœnitentiæ*, Lovanii, 1518, opp. II, 145, seqq.

Quant au style de Vivès, Érasme et Morus en ont fait le plus grand éloge; peu de savants leur paraissaient avoir pénétré si profondément dans l'esprit de l'antiquité (¹).

Lorsque Érasme continua ses éditions latines des ouvrages des Pères de l'Église, Vivès, sur sa demande, se chargea, en 1521, de la *Cité de Dieu* par saint Augustin. L'année d'après, il l'acheva et la dédia au roi Henri VIII d'Angleterre. « Dans son discours sur les anciens interprètes de ce livre, il parle des *Gesta Romanorum moralisata*, *l'épée de chevet* des moines et des prédicateurs du temps, avec le *Dormi secure*, le livre du disciple *Vademecum*, le *Catholicon*, le *Floretum*, etc., que leur rareté seule fait rechercher aujourd'hui. Heureusement, il y avait des hommes qui avaient conservé le goût de la véritable érudition, des génies assez élevés pour vaincre les difficultés et les préjugés, pour se mettre au-dessus de la crainte très fondée qu'inspiraient les persécutions des moines, car ces derniers ne manquaient jamais de s'élever contre ceux qui voulaient déchirer le bandeau. » Les commentaires que Vivès avait joints à la *Cité de Dieu* renfermaient des passages trop hardis ou trop libres pour ne pas être censurés par les docteurs de Louvain. Selon leur louable habitude, les moines et surtout les Jacobins le décrièrent avec beaucoup d'amertume. « On avait bien affaire, disaient-ils, de ces nouveaux commentaires! Leurs Pères, Thomas Valloes, Nicolas Trevech ou Trivet et Jacques Passavant, n'avaient-ils pas dit tout ce qu'on pouvait dire d'utile et de bon sur la *Cité de Dieu?* Il fallait être leur écho ou se taire. »

« Vivès répondit à ces objections dans son discours sur les anciens interprètes de la *Cité de Dieu* et le fit d'une façon à imposer silence à ses ennemis. Alors ils eurent recours à la

---

4° *Virginis, Dei parentis, Oratio; de tempore quo natus est Christus,* etc., Lovanii, 1519, opp. II, 120, seqq.

5° *Declamationes,* etc., opp. I, passim.

6° *Prælectiones in Virgilium, Ciceronem, Isocratem,* etc., opp. I, passim.

(¹) FRANCKEN, p. 14-18. — NAMÈCHE, p. 94-96.

ressource ordinaire, aux reproches d'impiété, d'athéisme et d'hérésie, qui ont toujours fait fortune auprès des masses ignorantes. Vivès signalait en abrégé les défauts grossiers, les inepties et la sorte de stupidité qui règnent dans les commentaires de Valloes ou Vallois, de Trivet, de Passavant, et leur méthode impertinente dans la prétendue exposition du texte ; exposition dont toute la finesse consiste à répéter en *gros latin*, c'est-à-dire en latin *monacal*, ce que saint Augustin disait avec force, précision, élégance et politesse ; et à déshonorer les vérités historiques par un mélange impur de mensonges et de contes de vieilles, puisés dans des entretiens de cloîtres ou dans les *Gesta Romanorum moralisata* et telles autres sources bourbeuses. » Tous les efforts de l'auteur ne purent empêcher ses commentaires d'être mis à l'index, avec la clause, toutefois : *donec corrigantur*, jusqu'à ce qu'ils soient corrigés. La préface de cette œuvre est un modèle de bon sens et de fine raillerie. On y voit mise à nu l'ignorance prétentieuse de la scolastique monacale. Les franciscains et les dominicains y sont cruellement tournés en ridicule ; on y bat avec leurs propres armes ces infatigables ergoteurs ; on les y confond avec des citations empruntées à leurs propres ouvrages [1].

Jamais Érasme n'avait porté de tels coups. Vivès aimait et vénérait comme un maître l'auteur de l'*Éloge de la Folie ;* nul plus que lui ne contribua à répandre ses écrits en Espagne. Cette propagande ne dura guère cependant. Les moines détestaient Érasme, ils abhorraient Vivès. Ce dernier était plus particulièrement l'objet de la haine des ordres mendiants, les dominicains et les franciscains, dont il avait démasqué la crasse ignorance et l'insatiable avidité. Vaincus un moment, les moines ressaisirent le sceptre de la scolastique et rentrèrent dans les chaires des universités. Quant aux jésuites, ils n'avaient pas attendu, pour mettre Érasme et Vivès hors

[1] Dreux du Radier, *Récréations historiques*, La Haye, 1768, t. I, p. 321-323. — Guardia, p. 464. — Namèche, p. 27.

de leurs bibliothèques, que le Saint-Office en eût interdit la lecture ; ils les rangeaient parmi les suspects ([1]).

« Plus libéral et plus instruit que le clergé régulier, le clergé séculier en vint à s'indigner de ces rancunes monacales. On a conservé d'un chanoine de Salamanque un mot qui est passé en proverbe : *Quien dice mal de Erasmo, o es fraile, o es asno.* Ce qui n'empêcha pas les moines, insensibles à ces épigrammes, d'avoir raison des humanistes en proscrivant leurs écrits. Telle est la ténacité des préjugés que, lorsqu'à la fin du siècle dernier, la munificence d'un prélat ami des lettres permit enfin de donner une édition des œuvres de Vivès, les *Commentaires sur la Cité de Dieu* furent exclus de la collection. « Notre temps, disait Vivès, ne manque pas de vils parasites et d'insignes flagorneurs, dont les douces adulations fomentent des énormités. » Ces courtisans sans vergogne, instigateurs de tant de crimes et de tant de sottises, n'étaient autres que les moines ; ils avaient l'oreille des rois, qu'ils gouvernaient par la confession ; et diriger la conscience des princes, c'était exercer la puissance suprême ([2]). »

En 1523, Henri VIII, flatté de l'hommage que Vivès lui avait fait de son livre, l'appela à sa cour et le combla de faveurs. Il ne resta cependant pas toujours à Londres ; car il donna des leçons publiques à l'université d'Oxford, où il venait de prendre le bonnet de docteur en droit. Mais, ayant osé désapprouver le divorce dont Henri menaçait Catherine d'Aragon, il fut arrêté par ordre du prince, passa six semaines en prison et n'en sortit (1528) que pour quitter Londres et l'Angleterre.

Pendant son séjour en Angleterre, Vivès avait fait d'assez longues excursions à Bruges et il y avait composé plusieurs ouvrages, parmi lesquels nous devons en signaler un bien remarquable, parce qu'il touche à une des plaies sociales les

---

([1]) DREUX DU RADIER, p. 323. — GUARDIA, p. 464 et 465. — NAMÈCHE, p. 27, 94-96. — FRANCKEN, p. 14-18. — *Biographie universelle*, article *Vivès*.

([2]) GUARDIA, p. 465.

plus profondément enracinées : c'est celui qu'il publia le 6 janvier 1526 dans cette ville (¹), où il s'était marié en 1524, et qui a pour titre : *De subventione pauperum, sive de humanis necessitatibus.*

Dans ces bons vieux temps, chez nous, et particulièrement dans la plus riche de nos provinces, la Flandre, la mendicité était une profession. Ceux qui s'y livraient avaient le gîte et le couvert assurés, et, pour mieux faire des dupes, ils recouraient à des moyens incroyables; ils savaient imiter les plaies et les accidents, contrefaire les démoniaques et les possédés; puis ils allaient consommer dans les tavernes ce qu'ils avaient extorqué à la crédulité ou à la bienfaisance du public. Souvent, leurs filles étaient des prostituées; souvent eux-mêmes des boute-feux dans les émeutes, et tout en prononçant les noms de Jésus et des saints, ils ne croyaient pas en Dieu. Chose étrange, les savants de l'époque leur venaient en aide : ils donnaient des recettes pour feindre les maladies, les blessures et les ulcères. Les imaginations de Victor Hugo dans *Notre-Dame de Paris,* et la *Cour des miracles* du bibliophile Jacob, sont dépassées par la réalité. Ici, c'étaient des Bohémiens disant la bonne aventure, aussi habiles à exploiter la bourse d'un public crédule qu'à fermer la leur sur le bien d'autrui; là, des Grecs ruinés par la prise de Constantinople; ailleurs, des pèlerins se rendant, qui à la Terre-Sainte, qui à Saint-Jacques de Compostelle ou à Notre-Dame de Rochemadour et ne songeant qu'à se loger le soir, d'hospice en hospice; bien mieux, à s'habiller comme des gentilshommes, à se parer d'épées, à se munir de grands couteaux, à se faufiler avec des libertins et à courir les mauvais lieux (²).

On ne sera donc pas surpris de lire, dans le préambule d'une ordonnance du 22 décembre 1515, ce qui suit : « Pareil-

(¹) Chez Hubert de Croock.

(²) Conférences de M. Auguste Orts à l'université de Bruxelles, dans l'*Observateur belge* du 22 février 1854. — FRANCKEN, *Johannes Vives,* p. 156.

lement, les bélîtres, truans, etc., avec leur garces de legière vie et leur suite, se retirent aussi bien souvent vers le soir, les aucuns ès hôpitaux et aultres ès tavernes et lieux deshonnêtes, où ils font grosse chière, jouent, s'enivrent, estrivent et combattent, menans vie dissolute et deshonnête; à cause de quoy advient chascun jour que plusieurs compagnons de mestier, se mettent à ladite bliterye, habandonnans et délaissant leurdit mestier, en manière que les censiers et aultres ne savent recouvrer varlets, meschines, ni ouvriers, pour labourer leurs terres, ni en temps d'esté, aider à mettre les foings, bleds, avoines et aultres grains en grange ». En conséquence, l'Empereur ordonnait de les battre de verges, de leur couper les cheveux jusque par dessus les oreilles, de les dénoncer publiquement par leurs noms [1]. A la vue de cette plaie hideuse, l'opinion publique s'était vivement émue : une réforme radicale fut sollicitée de toutes parts avec une unanimité qui prouve que le mal était profond et qu'il exigeait l'emploi de remèdes prompts et vigoureux [2].

Déjà le duc de Bourgogne Philippe le Bon avait ordonné, le 14 août 1459, de prendre au corps tous les fainéants valides, pour les tenir au pain et à l'eau pendant deux mois et les renvoyer ensuite au lieu de leur domicile. Par une ordonnance du 22 septembre 1506, Philippe le Beau avait statué que ceux qu'on appelait « ribaux, coquins ou truants *non affolés de leurs membres et qui vivaient de bliterie et truandise*, devaient quitter le pays dans la huitaine, sous peine d'être *pilorisés, l'espace de quatre heures et après battus et fustigés et bannis à toujours*. » Ils ne pouvaient être reçus en nul cabaret, taverne ou hôpital sous peine de dix livres d'amende pour ceux qui les recevraient, *saulf toutefois que les vrais pélerins et autres pauvres aveugles débilités ou affollés de leurs membres, passant le pays, pourraient être logés ès dits hôpitaux seulement et non ès tavernes, en apportant pour chaque fois de l'offi-*

[1] Carton, *Bulletin de la Commission centrale de statistique*, t. IV, p. 52.
[2] Van der Meersch, *Annales de la Société royale, etc , de Gand*, t. IV, p. 16.

cier du lieu congé et enseignement souffisant. Ils devaient être *tondus à pilette* afin que, par ce, chacun les pût d'autant mieux connaître et les appréhender pour en faire justice en cas de récidive (¹).

« Le déplacement de certaines industries, telles que la draperie, qui nourrissait naguère des milliers d'ouvriers; de fréquentes interruptions du commerce, d'incessants chômages dans les ports et dans les ateliers, l'enchérissement des vivres, les guerres désœuvrant une foule d'artisans, l'accroissement des impôts, le défaut de garantie pour les fruits du travail, constituaient autant de causes de nature à étendre la misère publique. Or, la misère engendre toujours la paresse; là où elle domine, on trouve la singulière anomalie du manque de travailleurs à côté du développement de la mendicité et du vagabondage. Ainsi, en 1506, le procureur général de la Flandre, en réclamant des mesures répressives de la mendicité, exposait les difficultés éprouvées par les fermiers à se procurer des ouvriers pour l'agriculture. Ainsi encore, vingt ans plus tard, la plupart des industriels se plaignaient de la pénurie de bras; les fabricants de soieries, à Bruges, offraient en vain un salaire et la nourriture aux enfants qui voudraient s'employer à tourner leurs rouets : « Ils nous rapportent davantage en mendiant, » disaient leurs parents (²). »

Dans de telles extrémités, il est aisé de comprendre l'importance du livre de Vivès (³), dont la préface révélait déjà un fait significatif : l'auteur y déclarait que Jean, seigneur de Praet, bailli de Bruges, l'avait, alors qu'il était encore en Angleterre, sollicité d'écrire sur les moyens de secourir la

---

(¹) H. DE KERCHOVE, *Législation et culte de la bienfaisance en Belgique*, Louvain, 1852, p. 98 et 99.

(²) HENNE, *Histoire du règne de Charles-Quint en Belgique*, t. V, p. 194 et 195.

(³) Je préviens le lecteur que, pour lui faire connaître ce livre, je me servirai de la traduction et de l'analyse qui en ont été faites par MM. de Bosch-Kemper : *Johannes-Ludovicus Vives*, Amsterdam, 1851, et Francken (ouvrage cité), mais surtout par M. Orts, dans le second volume (1854) de la *Revue trimestrielle*.

misère, et de lui proposer, dans l'intérêt de la ville, un plan d'organisation charitable. Cette initiative explique l'insistance que met Vivès à proclamer si souvent que l'exercice de la bienfaisance est un devoir des autorités communales, une sorte de fonction publique.

L'ouvrage même est divisé en deux livres, composés l'un de onze, l'autre de dix chapitres. Le premier livre, purement dogmatique, recherche les causes de la misère. Vivès les trouve dans les imperfections de l'homme et de la société. Quelle est, se demande-t-il, la meilleure manière de corriger cet état de choses? D'abord, répond-il, la vertu; puis l'instruction; enfin, l'argent. Il discute les causes qui écartent certaines personnes de la bienfaisance : l'ingratitude de ceux qui la reçoivent, par exemple; puis d'autres motifs, plus personnels aux riches : l'orgueil, l'envie, le luxe, l'avarice. Il y a plus : on veut mourir comme on a vécu, on veut se perpétuer dans l'or, l'argent et le marbre. Au moyen de richesses amassées de toutes parts, on ordonne de chanter Dieu sait combien de psaumes et de dire Dieu sait combien de messes. Hélas! pourquoi ne fait-on pas attention que les biens qui nous viennent de Dieu ne sont pas notre propriété, que nous n'en sommes que les rentiers. « J'appelle voleur, s'écrie-t-il, celui qui prodigue son argent au jeu; qui l'enfouit dans ses coffres, le dépense en fêtes, en festins et en vêtements trop précieux, en vaisselle dont il surcharge ses buffets; qui laisse pourrir le linge trop nombreux que sa maison renferme, qui emploie son argent à des choses inutiles ou superflues. J'appelle voleur, enfin, quiconque n'applique pas au soulagement des pauvres tout ce qui, parmi ses ressources, dépasse un emploi utile. Il n'y a pas de christianisme là où n'existe pas la charité mutuelle. On doit faire autant de bien que l'on peut et à qui l'on peut. Jésus n'a fait aucune différence entre le Juif et le Samaritain. »

Cette première partie, on le voit, est une justification de la charité au point de vue moral, de la charité considérée comme obligation de conscience, de droit naturel, autant que comme bonne œuvre au point de vue religieux. Aussi Vivès ne se fait pas faute d'invoquer pêle-mêle, à titre d'autorité, Platon et la Bible, Homère et saint Mathieu, Sénèque, Cicéron et Térence, à côté de saint Paul et des apôtres ; c'est le même écrivain qui, commentant saint Augustin, n'a pas craint de placer dans le ciel Caton, Numa, Camille et qui, pour cela, encourut les colères de l'*Index*.

Parmi les thèses de Vivès, on en remarque une qui frise le communisme, ce qui est assez surprenant de la part d'un homme qui, neuf ans après, écrivit un traité spécial consacré à défendre la propriété contre les idées communistes des paysans allemands insurgés.

Dès le premier chapitre du second livre, Vivès s'attache à montrer combien il importe que le gouvernement de la cité prenne soin des pauvres : ceux-ci, oubliés par une autorité qui ne gouverne que pour les riches, murmurent et s'indignent lorsqu'ils voient ici le superflu de l'opulence nourrir des bouffons, des chiens, des courtisans, des mules, des chevaux, voire des éléphants ; et là le nécessaire manquer aux malheureux pour nourrir les petits enfants qui ont faim. De là les séditions, les guerres civiles dont les riches ont été les premières victimes, depuis les Gracques et Catilina jusqu'à nos jours.

La misère des classes inférieures engendre les contagions et les maladies graves qui frappent, sans distinction de fortune, tous les habitants. Des magistrats sages, soucieux du bien public, ne peuvent tolérer qu'une grande partie de l'État demeure inutile et même nuisible à soi et aux autres.

La responsabilité des vices qu'engendre la misère ne doit pas retomber sur le pauvre, mais sur les magistrats qui le négligent. L'autorité comprend mal son devoir et sa mission lorsqu'elle croit avoir tout fait en jugeant les différends d'intérêt pécuniaire et en punissant les crimes. Il importe bien plus de rechercher les moyens de rendre les citoyens bons que ceux de contenir ou de réprimer les méchants. Les châtiments deviendront d'autant moins nécessaires que l'on aura plus complètement pris ce premier soin.

L'interdiction de la mendicité et l'intervention de l'autorité dans l'administration des secours à l'indigence sont aujourd'hui passées à l'état d'axiome. Aussi peut-on trouver maintenant fort simple la plupart des idées énoncées par Vivès; mais, au moment où il les publia, elles étaient neuves, et pour les concevoir, il fallait un esprit d'une trempe vigoureuse; car la pensée de confier aux magistrats civils la distribution des secours, de leur attribuer la surveillance ou l'administration d'établissements charitables, voire d'interdire la mendicité, était attaquée au xviᵉ siècle, comme une proposition hérétique, digne de la peine de mort.

Or, le plan d'administration des pauvres conçu par Vivès repose sur les principes suivants : Le gouvernement doit veiller sur tous les hospices et maisons d'orphelins pour empêcher la dépense inutile des fonds qui y sont consacrés. Les mendiants sans domicile fixe ou connu seront, s'ils sont valides, obligés de faire connaître leur nom et la cause de leur mendicité, devant tout le conseil communal, mais dans un lieu ouvert, par exemple sur une place, afin d'éviter que cette lie, par sa malpropreté, ne souille la maison communale. Les malades seront inspectés par deux ou quatre magistrats escortés d'un médecin. On leur demandera de produire des témoins certifiant quelle est leur vie.

Comment, ensuite, pourra-t-il être pourvu à tous ces besoins? L'assistance, d'après Vivès, doit être le prix du travail : aucun pauvre ne peut demeurer oisif. Il rappelle les paroles de saint Paul : *Si quis non vult operari, non manducet.*

Toutefois, on doit tenir compte de l'âge et de la santé, et, pour y parvenir, instituer une inspection médicale chargée de découvrir les infirmités feintes. La fraude reconnue est un délit punissable.

Les mendiants étrangers à la localité seront renvoyés dans leur domicile d'origine, munis, toutefois, de l'argent nécessaire pour le voyage. Car les chasser sans secours, c'est les contraindre à voler sur la route. L'humanité exige que l'on excepte de la mesure les étrangers appartenant aux villes ruinées par la guerre. Ceux-là, sans distinction de culte ni de nationalité, doivent être mis sur la même ligne que les indigènes.

A ces derniers, on demandera, avant de les secourir, s'ils savent un métier quelconque. Ceux qui n'en connaissent aucun, s'ils ont l'âge convenable, seront instruits dans la besogne qu'ils diront la plus conforme à leurs aptitudes, ou, si la chose n'est pas possible, dans une besogne analogue. Celui qu'on ne peut employer à coudre des habits pourra coudre des haut-de-chausses. Les moins intelligents s'appliqueront à des travaux faciles et que tout le monde peut apprendre sans peine : à creuser la terre, à puiser de l'eau, à balayer, à traîner une brouette, à servir d'appariteur ou de messager aux magistrats, à porter des lettres, à conduire les chevaux.

Cependant, le jeu, le luxe, la débauche plongent dans la misère les victimes de leurs propres fautes. Un secours leur est-il dû, comme à ceux que frappe un malheur immérité? L'accorder c'est encourager l'imprévoyance et l'inconduite. Que faire? Vivès répond à l'objection d'une manière aussi sage que chrétienne : « Personne ne doit périr de faim : il faut nourrir ces pauvres avec les autres; pour qu'ils servent d'exemple, on les emploiera aux travaux les plus pénibles et leur nourriture sera moins abondante. »

Si, malgré cet état de choses, la demande de bras était insuffisante, l'autorité pourrait obliger d'office certains industriels à recevoir et à occuper ceux qui, capables de travailler, ne trouvent point d'ouvrage. En récompense, on donnerait à ces industriels la clientèle des travaux qui se font pour le compte de l'autorité et des hôpitaux. Les évêques, les abbés et les corporations religieuses devraient imiter cet exemple. Ceux qu'on ne parviendra pas à placer de cette manière seront nourris dans un lieu charitable où l'on donnera le dîner et le souper aux voyageurs valides, et le viatique nécessaire pour atteindre la ville la plus proche. « Je ne souffrirais pas même, continue Vivès, d'aveugles oisifs, s'asseyant ou se promenant. Il y a plus d'un métier que l'aveugle peut faire. Les uns sont lettrés : qu'ils étudient; nous avons constaté, chez plusieurs, des progrès d'érudition dont il y a lieu de se féliciter. D'autres connaissent la musique : qu'ils chantent ou qu'ils jouent de quelque instrument. Ceux qui ne savent rien peuvent tourner les roues et les manivelles; qu'ils poussent le pressoir ou qu'ils agitent le soufflet des forges. Les aveugles savent confectionner des corbeilles, des paniers, des boîtes, des cages. Les femmes privées de la vue peuvent coudre et filer. »

Abandonnant les aveugles, Vivès aborde un sujet plus délicat : le soin des aliénés. « Rien, dit-il, n'est plus précieux dans le monde que l'homme, et dans l'homme, ce qu'il y a de plus précieux, c'est l'intelligence. Il faut donc s'occuper principalement des aliénés pour leur rendre et leur conserver la raison. Dès qu'un individu à l'esprit malade sera conduit à l'hospice, on commencera par rechercher si sa folie est naturelle ou accidentelle, s'il y a espoir de guérison ou s'il faut désespérer. On se gardera soigneusement ensuite de tout ce qui pourrait augmenter ou entretenir sa démence; ce qui arrive surtout par les railleries, les provocations, les insultes adressées aux furieux, et, chez les imbéciles, par l'approbation et les applaudissements donnés à leurs actes et à leurs paroles déraisonnables, pour les engager à déraisonner davantage. Les remèdes ne sont pas uniformes; ils doivent être propres à chaque spécialité. Parmi les aliénés, les uns ont besoin d'adoucissements, de bons traitements et d'égards; il faut les apprivoiser à la longue comme des animaux sauvages. D'autres ont besoin d'éducation; il en est même qui exigent la coercition et les liens; mais il ne faut employer ces moyens extrêmes qu'en évitant de rendre le malade plus furieux encore. *Tous réclament la tranquillité de l'âme, si propre à ramener le jugement et la santé de l'esprit :* paroles remarquables, que la science moderne est obligée d'adopter comme le programme de ses progrès actuels ([1]). »

Après avoir paré aux nécessités de toutes les infirmités humaines, Vivès prévoit le cas d'insuffisance des hospices et des hôpitaux existants. Que faire si les locaux manquent à ceux que l'on veut secourir? Il conviendra de bâtir une ou plusieurs maisons en proportion du nombre des mendiants invalides. Ces maisons auront un médecin, un apothicaire, des domestiques de l'un et de l'autre sexe. Aussitôt guéri, le malade sera renvoyé au travail, à moins qu'il ne veuille employer utilement son métier aux besoins de l'établissement.

« Les pauvres demeurés chez eux recevront, de l'autorité, des secours à domicile ou un supplément de salaire. Partout les commissaires examineront avec douceur les besoins de l'indigent. Ils n'useront de rigueur qu'à l'égard des réfractaires et des détracteurs de l'autorité. »

Les philanthropes modernes s'accordent à ranger, parmi les questions les plus délicates, celle des enfants abandonnés. Vivès ne craint pas de l'aborder de front : « Les enfants exposés auront un hôpital pour les recueillir. Les enfants dont la mère est connue seront nourris par elle, jusqu'à l'âge de six ans; ils entreront ensuite aux écoles publiques pour y recevoir la nourriture, y apprendre les lettres et la morale. La direction de ces écoles doit être confiée à des hommes instruits et bien pensants, propres à déverser leurs principes sur ceux qu'ils sont chargés de diriger. Le plus grand danger pour l'enfant du pauvre, c'est l'absence d'éducation. Que l'autorité n'épargne rien pour trouver des instituteurs; car, à peu de frais, ils procureront un grand bien.

([1]) DE DECKER, *Études historiques et critiques sur les monts-de-piété,* Bruxelles, 1844, p. IV.

Les enfants apprendront à vivre sobrement, mais proprement. On leur enseignera non seulement à lire et à écrire, mais encore et en premier lieu, la piété chrétienne et la juste appréciation des choses. Aux filles, on apprendra à coudre, à filer le lin, à faire de la toile et de la tapisserie, la cuisine et le ménage. Les enfants doués d'une aptitude particulière pour les lettres seront conservés dans l'école afin qu'on en fasse peu à peu les instituteurs de ceux qui leur succéderont, ou bien ils formeront une pépinière d'ecclésiastiques. Les autres seront envoyés aux métiers d'après leurs dispositions naturelles.

« Très bien! s'écrie l'auteur, très bien! Mais d'où tirerez-vous l'argent que tout cela exige? » Il répond en regrettant d'abord qu'à la suite des temps, le clergé, premier dispensateur des aumônes, les ait détournées de leur destination. « Dans l'origine du christianisme, les fidèles venaient déposer leurs trésors aux pieds des apôtres. Le zèle s'est refroidi peu à peu; l'Église a commencé à lutter avec le monde en richesse et en luxe. Déjà saint Jérôme se plaint que les gouverneurs des provinces dînaient mieux dans les couvents que dans leurs palais. Pour de telles dépenses, il fallait beaucoup d'argent. C'est ainsi que les évêques et les prêtres ont fait de ce qui était aux pauvres leur chose et leur bien. Que l'Esprit-Saint les touche, qu'ils se rappellent d'où vient leur opulence, qu'ils se souviennent qu'ils sont devenus puissants avec la subsistance des faibles! Eux, les abbés et les autres ecclésiastiques de haut rang, pourraient, s'ils le voulaient, soulager la plus grande partie des indigents. S'ils ne le veulent pas, Dieu vengera ses pauvres! »

D'un autre côté, Vivès recommande au peuple le calme et la patience; il l'invite à fuir les discordes civiles et l'émeute, maux plus grands que la détention injuste du bien de l'indigent.

Vivès prêche la bonne comptabilité des hôpitaux, dont les revenus, bien administrés, doivent offrir un excédent disponible pour les besoins du dehors. Les hospices riches secourront les moins bien dotés, et le surplus servira aux pauvres honteux. On implorera la générosité des mourants pour qu'ils ordonnent des distributions de pain ou d'argent à leurs obsèques. Il convient de laisser ces distributions libres aux exécuteurs de la volonté du défunt, le jour des funérailles et au premier anniversaire. Enfin, si tout cela ne suffit pas, on créera une caisse de charité alimentée par des troncs placés dans les églises. Qui ne préférera jeter dix sous au tronc plutôt que d'en donner un aux mendiants à la porte? Ces collectes ne se feront pas toutes les semaines, mais à mesure des besoins. Pas de placements en rentes : ils sont un prétexte pour les administrateurs d'hospices qui veulent retenir l'argent des pauvres. On prendra garde que les prêtres n'appliquent cet argent à leur profit, sous prétexte de piété ou de messes; on a suffisamment pourvu à leurs besoins : il ne leur faut pas autre chose.

Après avoir établi les pouvoirs et les devoirs de l'autorité civile dans cette importante matière, l'auteur demande que tous les établissements charitables soient visités par deux magistrats communaux, assistés d'un greffier.

Il est remarquable qu'un homme pénétré, comme Vivès, de la plus profonde vénération pour l'Église, fût aussi vivement indigné de l'ignorance et de l'incurie du clergé pour ce qui concernait les intérêts des classes pauvres et fît appel à l'intervention de l'État comme à une nécessité. Pendant tout le moyen âge, et principalement au commencement du xvi⁰ siècle, la misère et le nombre des indigents avaient été considérablement augmentés par la famine et par la guerre. Les Flandres mêmes, dont la prospérité était alors presque proverbiale, n'étaient pas exemptes de ce fléau. La splendeur de cette province semble même y avoir attiré beaucoup de malheureux, et le contraste choquant qu'y présentaient l'opulence et la misère, la richesse d'un clergé doté de gros monastères et l'abandon de milliers de personnes, paraît avoir vivement impressionné tous les hommes de cœur et d'intelligence. Parmi ceux-là, Vivès fut au premier rang. La philosophie et le christianisme se réunissaient, chez lui, pour préparer l'amélioration intellectuelle, morale et religieuse des pauvres. Aucun respect humain ne l'arrêta pour accuser le clergé d'avarice et pour réclamer la réforme des institutions de bienfaisance.

Il n'est pas étonnant qu'il ait fait une part trop large à l'intervention de l'État jusqu'à lui assurer une sorte de domaine éminent (¹), d'autant plus qu'il voulait un État chrétien, plus chrétien même que l'Église pour tout ce qui touchait aux hospices et aux hôpitaux.

Les théories de Vivès avaient déjà passé dans la pratique avant leur publication. Le 3 décembre 1525, le magistrat d'Ypres avait pris l'initiative des réformes par un règlement devenu célèbre sur l'institution d'une bourse commune aux pauvres. Ce règlement, qui fut la réalisation de ces théories, peut se résumer en quelques mots (²). Les ressources de la bienfaisance doivent être confiées à huit personnes laïques; on fera un recensement général des pauvres, une bourse commune de toutes les fondations; la mendicité est interdite; des quêtes hebdomadaires auront lieu à l'église et à domicile; des comptes mensuels seront exigés. « Le règlement prescrivait de plus l'envoi des enfants à l'école et aux ateliers pour les former à l'étude des arts mécaniques ou libéraux, suivant les dispositions dont ils feront preuve. Enfin, le concours du clergé était demandé. Et, il faut le dire à l'honneur du clergé de ce temps-là, il débuta par donner franchement son concours. Mais, soit par scrupule de conscience, soit pour d'autres motifs, les réclamations surgirent bientôt de la part

(¹) Il ne peut y avoir dans une ville, dit-il, rien d'assez libre pour échapper à la compétence de ceux qui gouvernent l'État, et la liberté ne consiste pas à refuser aux magistrats communs la soumission et l'obéissance.

(²) Il se trouve dans les *Documents de la Chambre des représentants*, 1853-1854, t. II, annexe C, p. 6 et suiv.

des quatre ordres mendiants, et l'œuvre à l'accomplissement de laquelle on avait loyalement coopéré, que l'on avait même recommandée au prône, fut, quatre ou cinq ans après, signalée comme irréligieuse. Le magistrat d'Ypres insista pour connaître les raisons de cet étrange revirement; le clergé ne refusa pas de s'expliquer ([1]). »

Le 10 septembre 1530, une réunion eut lieu à cette fin au cloître de Saint-Martin, à Ypres, devant le prévôt ; elle était composée des supérieurs des quatre ordres mendiants, du garde des sceaux de l'officialité de Térouanne, de l'avoué d'Ypres, du pensionnaire et des députés du magistrat. Ces derniers, pour laisser plus de liberté au clergé, se retirèrent après avoir déposé l'ordonnance et le règlement avec diverses demandes d'explications relatives aux points contestés. Le 15 septembre suivant, les quatre ordres eurent une nouvelle réunion au couvent des Frères mineurs et ils voulurent bien répondre par écrit, « en vue de Dieu et pour le plus grand soulagement des pauvres ». Le magistrat répliqua à son tour ([2]).

Les pièces originales de cette immense enquête existent encore aux archives d'Ypres([3]). En les parcourant, on peut se convaincre qu'il n'y a pas de reproche formulé aujourd'hui encore contre l'intervention de l'autorité dans l'œuvre de la charité qui ne se soit déjà produit à cette époque et dont le bon sens de nos pères n'ait fait justice.

Pour couper court à toutes les objections, le magistrat crut devoir soumettre la question à un tiers. Il aurait pu consulter l'université de Louvain; mais l'*Alma Mater* et ses docteurs avaient condamné le livre de Vivès. Le magistrat en appela à la faculté de théologie de Paris. Sa lettre, dont Jacques Crocus, dominicain, et Jacques de Pape furent porteurs, est datée du 28 décembre 1530. Les membres du collège com-

---

([1]) Conférences de M. Orts, *Observateur belge* du 25 février 1854.
([2]) Conférences de M. Orts, *l. c.*
([3]) Elles ont été publiées dans les *Documents* que je viens de citer.

munal y représentent que, pour subvenir plus aisément aux besoins des pauvres de leur ville, et pour remédier aux abus et aux fourberies qui se commettent tous les jours sous prétexte de mendicité, ils ont rendu une ordonnance qui défend de mendier publiquement, avec ordre à certains particuliers de recueillir les aumônes et de les distribuer selon les besoins ainsi que selon les prescriptions du règlement; que, depuis cinq à six ans que cette pratique s'observe, les vrais pauvres sont très soulagés et le peuple fort en repos. Et parce qu'ils souhaitent de continuer la même bonne œuvre, les honorables membres prient la Faculté de les aider de ses conseils, d'examiner tous les points du règlement qu'ils ont fait, parce qu'ils ne voudraient rien entreprendre qui pût soulever quelque scrupule ou charger leur conscience [1].

L'illustre sénat d'Ypres expose ensuite à la Sorbonne les raisons qui l'ont porté à prohiber la mendicité. Il rappelle le devoir strict imposé aux princes, ecclésiastiques ou laïques, de prendre soin des pauvres, que la religion chrétienne ordonne à tous de secourir. Il dénonce les vices des vagabonds, qui vivent sans loi, sans foi, sans patrie, sans liens réels avec l'Église qui les nourrit. Il rapporte enfin l'ordonnance impériale qui proscrivait les mendiants valides. Puis, il raconte qu'il a établi une sorte de service ou ministère des pauvres (*ministerium pauperum*), composé de quatre notables, choisis par les magistrats. Ils devront s'adjoindre un certain nombre de coopérateurs. Chaque paroisse de la ville leur en donnera quatre. Ils s'assembleront chaque semaine afin de recevoir les plaintes des indigents et de faire, autant que possible, « qu'aucun d'eux ne les quitte avec tristesse et sans avoir vu son vœu satisfait ». Ils auront pour mission de nourrir, de vêtir, de loger les pauvres et de *fournir du travail aux mendiants valides.* Un chapitre spécial est consacré aux

___

[1] D'ARGENTRÉ, *Coll. jud.*, t. I., dans l'appendice, f. 6, et t. II, f. 76. — FLEURY, *Histoire ecclésiastique*, Paris, 1691 (continuation), p. 272 et 273. — *Documents cités*, p. 31.

pauvres honteux. Les curés de la ville sont particulièrement chargés de les rechercher et de les consoler, « afin, disent les échevins, dans leur admirable langage, qu'on aille frapper aux portes de ceux qui n'osent frapper aux nôtres, que la nourriture prévienne la faim et que l'aumône soit plutôt accordée que demandée (¹) ».

Mais les pauvres étrangers à la ville, qu'en fera-t-on? « Ces malheureux, dans lesquels reluit comme en nous l'image de Dieu, doivent être secourus. » C'est ainsi que s'exprime le magistrat, et il ouvre aux étrangers une maison de refuge, dans laquelle ils seront reçus pour deux ou trois jours, quelquefois plus, selon le besoin; après quoi ils devront chercher un autre gîte, afin de ne pas épuiser les ressources de la cité. D'ailleurs, disent-ils, « il ne faut pas que les autres villes manquent d'occasion pour exercer la miséricorde, tandis que, chez nous, elle dépasserait nos forces (²) ». Rien n'est oublié dans ce règlement de bienfaisance municipale, et pourtant, tout y est large, aisé, exempt de cette sécheresse et de cet esprit tracassier dont les administrations de nos jours savent si rarement se garantir. Dans les dispositions de cette police, on sent la sympathie pour la misère, et c'est là surtout ce qui lui donne un grand caractère de supériorité. Aussi, quelle intelligence des rapports à établir entre celui qui donne et celui qui reçoit! quelle prévoyance et quelle sagesse dans ce soin de fournir du travail à ceux qui sont en état de s'y livrer! quelle délicatesse dans les prescriptions qui concernent les pauvres honteux! Enfin, comment assez faire l'éloge de la charge donnée par la ville aux ministres des indigents de fournir à l'enfant du pauvre les moyens d'éclairer son intelligence et de s'élever par elle dans l'estime de la société (³)!

Le 16 janvier 1531, la faculté de théologie de Paris

(¹) Segretain, dans la *Revue des Revues*, t. I, p. 273, 276 et 277. — *Documents* cités, p. 31-35.

(²) Segretain, p. 277. — *Documents* cités, p. 36.

(³) Segretain, p. 276, 277 et 278. — *Documents* cités, p. 36 et 37.

répondit aux magistrats qu'elle avait reçu leur lettre et écouté les personnes qui leur avaient été apportées de leur part; que leur règlement avait été examiné pendant plusieurs jours et qu'ils recevraient la conclusion de la Sorbonne par les porteurs de leur lettre. Cette conclusion disait que leur entreprise était difficile, mais pieuse, salutaire, utile et conforme à l'Évangile, à la doctrine des apôtres et à l'exemple des ancêtres, pourvu que l'on observât les conditions suivantes : si la bourse commune ne suffit pas pour tous les pauvres, on ne les empêchera point de mendier; les riches ne cesseront pas d'assister ceux qui seront dans une extrême nécessité; on ne défendra à personne de leur faire l'aumône, soit en public, soit en particulier; les laïcs ne prendront pas, sous prétexte de piété ou de soulagement des pauvres, les biens du clergé; on n'interdira point aux religieux mendiants de demander l'aumône, non plus qu'aux pauvres de la campagne [1].

La faculté reconnaissait que le règlement était propre à remédier à beaucoup de maux; seulement, elle fit observer qu'on ne devait pas le regarder comme une loi immobile de sa nature, dont on ne pourrait jamais s'écarter, mais comme une œuvre essentiellement sujette à des interprétations et à des modifications, suivant les lieux, les temps et les circonstances [2].

A cette approbation vinrent se joindre celles du légat du pape et de l'évêque du diocèse. Charles-Quint lui-même demanda une copie authentique du règlement et ne tarda pas d'en appliquer les principes à tout le pays par son ordonnance du 7 octobre 1531, qui portait : « La mendicité est défendue; les hôpitaux ne peuvent être ouverts qu'aux pèlerins; les pauvres ne peuvent se rendre d'un lieu à l'autre; personne ne peut laisser mendier ses enfants; une caisse commune devra, dans chaque localité, pourvoir aux besoins de ceux qui ne

---

[1] D'ARGENTRÉ, t. II, f. 79. — FLEURY, p. 273. — *Documents* cités, p. 38 et 39.

[2] D'ARGENTRÉ, *ibid.* — FLEURY, p. 273 et 274, et pour plus de détails, H. DE KERCHOVE, *Législation et culte de la bienfaisance en Belgique*, p. 113-118. — *Documents* cités, p. 39.

sont pas capables d'y pourvoir eux-mêmes; des quêtes seront faites à cette fin dans les églises; le produit de ces divers quêtes sera administré par des personnes capables, choisies dans chaque localité. Il sera tenu un registre des besoins de chaque ménage pauvre; les malades et les infirmes seront visités et secourus à domicile; les enfants pauvres seront obligés d'aller à l'école et d'apprendre un métier. Ceux qui seront autorisés à mendier devront être munis d'un signe distinctif pour qu'on puisse les connaître; enfin, les personnes déléguées pour administrer la caisse des pauvres pourront elles-mêmes faire le règlement et la distribution des aumônes [1].

L'ordonnance du 7 octobre abandonnant aux administrations locales le soin de régler la nouvelle organisation dont l'empereur décrétait le principe, le magistrat de Bruxelles institua sa *Suprême Charité* par un règlement du 1er mars 1534, approuvé par le conseil de Brabant. La même année, le magistrat de Gand créa la *Chambre des pauvres* [2]. Cette ordonnance, célébrée dans la prose ampoulée de Cellarius [3] reproduisait à peu près en entier l'organisation d'Ypres; mais par rapport à la fréquentation des tavernes, elle admit une modification naïve et tout à fait conforme aux habitudes nationales. « Nous consentons néanmoins, disait-elle, à ce que les pauvres qui sont soutenus par la bienfaisance puissent de temps en temps boire un pot de bière avec leurs femmes, mais sans s'enivrer [4]. »

L'exemple donné par Ypres et Gand fut suivi en 1562 par la ville de Bruges; mais là comme à Ypres, le nouveau règlement fut l'objet d'une vive opposition [5].

----

[1] *Documents* cités, p. 39-43. — DE KERCHOVE, p. 99. — Conférences citées. — VAN DER MEERSCH, p. 19-22.

[2] *Documents* cités. — Conférences. — *Messager des sciences historiques de Belgique*, 1868, p. 41 et suiv.

[3] *Oratio contra mendicitatem, per Christianum Cellarium Furnensem*, Antv., 1531.

[4] CARTON, *Bulletin de la Commission centrale de statistique*, t. IV, p. 46.

[5] VAN DER MEERSCH, p. 22 et 23.

L'œuvre du magistrat d'Ypres franchit même la frontière, et diverses villes de France se l'approprièrent : Lyon en 1531, Metz en 1572, Paris en 1578 ([1]).

Après cette vigoureuse réforme, à laquelle le clergé séculier prêta son concours, tandis que les moines la repoussaient, les adversaires, malgré les meilleurs résultats obtenus, furent loin de se tenir pour battus, et les décrets du concile de Trente, qui tendaient à rendre aux évêques l'administration de la bienfaisance publique, vinrent singulièrement ranimer leur zèle. Mais la publication de ces décrets fut énergiquement combattue par toutes les autorités civiles du pays qui professaient les principes de la charité laïque ([2]).

Hâtons-nous d'ajouter que ce n'est pas à Vivès que remonte l'idée première des aumôneries séculières ; que l'inventeur en est un riche marchand d'Anvers nommé Pierre Pot. Ce vertueux citoyen organisa en 1433, sous le nom d'*Aumônerie*, la Chambre des pauvres de cette ville et en rédigea les premiers règlements. En 1458, le magistrat d'Anvers fit un nouveau règlement pour la direction de l'établissement de Pot, et, sans aucun doute, ce fut ce règlement qui servit de modèle à ceux qui furent adoptés postérieurement par les autres villes de la Belgique et même par celles de la France, où ces institutions étaient encore inconnues jusqu'alors. Il est probable qu'il servit de modèle à Vivès. La suraumônerie ou charité suprême de Bruxelles, composée de deux patriciens, de deux notables bourgeois, d'un greffier et d'un huissier, avait même le droit de se faire rendre compte de leur gestion par les administrations des fondations particulières, et l'antiquité de ce droit est constatée par une bulle de Nicolas V, de 1448 ([3]).

Faisons remarquer enfin que Vivès a érigé en principe l'inviolabilité de la loi des fondateurs, et qu'après seulement

([1]) Conférences citées et VAN DER MEERSCH, *l. c.*
([2]) ORTS; Conférences citées.
([3]) H. DE KERCHOVE, *Revue des Revues*, t. II, p. 180 et 181.

il a donné le conseil de confier aux soins des magistrats les hospices, les hôpitaux, les refuges ouverts aux orphelins, aux aliénés, aux aveugles (¹).

Dans le xvᵉ et le xviᵉ siècle, l'Europe avait de terribles combats à soutenir contre les Turcs. Des milliers de chrétiens devenus prisonniers de guerre étaient réduits au plus dur esclavage. Le cœur philanthropique de Vivès s'en émut : il excita les chrétiens à racheter leurs frères, et il le fit avec autant d'énergie qu'en mettent aujourd'hui les amis de l'humanité à prêcher l'émancipation des nègres. Il consacra (Anvers, 1529) un ouvrage spécial à cette question, alors toute palpitante d'intérêt. Cet opuscule de Vivès renferme d'éloquentes paroles sur le sort de cette noble terre des Hellènes, dont les Turcs avaient fait l'*ergastulum* de la plus abjecte servitude (²).

Déjà vers la fin du xvᵉ siècle, on avait eu à déplorer plus d'un soulèvement des pauvres contre les riches. Lorsque la grande jacquerie communiste de Thomas Munzer et de Jean de Leyde eut commencé à avoir des partisans dans nos provinces, Vivès publia son livre *De la communauté des biens* (Bruges, 1535) (³). Il y signale trois sortes de communistes : ceux qui par égoïsme séduisent les masses et que l'on doit terrasser comme des émeutiers vulgaires; ceux qui, par leur paresse ou par leurs fautes, sont tombés dans la misère, qui veulent s'en tirer par tous les moyens possibles et qui ressemblent beaucoup à des voleurs; ceux enfin qui, dupes de leur ignorance, croient réellement que le communisme est conforme aux doctrines du christianisme, et qui n'ont besoin que d'être mieux instruits (⁴).

L'auteur s'attache à prouver que, du temps des apôtres, la communauté des biens était tout autre chose que ce qu'on

---

(¹) VIVÈS, *De subventione pauperum*, lib. II, 2, 3, 8, et le commentaire de H. DE KERCHOVE, *l. c.*, p. 181-183.

(²) *De conditione vitæ christianorum sub Turca.* Opp., t. II, fol. 882-889.

(³) *De communione rerum*, opp., t. II, f. 923-931 (Basil, 1555).

(⁴) DE BOSCH-KEMPER, p. 16.

voulait en faire au xvie siècle. « Les apôtres laissaient à chacun la liberté absolue de mettre ou de ne pas mettre leurs biens en commun, pour soutenir leurs frères, tandis que les anabaptistes ne laissaient aucune place à la liberté, à la charité ni à la bienfaisance. Est-ce que la vertu, l'intelligence, la prévoyance, le jugement sont les mêmes chez tous les hommes? Y a-t-il chez eux communauté de force, de santé, de figure, d'âge? Toutes ces choses sont des qualités qui ne peuvent pas être communes, et il en est tout autant des dons extérieurs. Je suis un littérateur, vous êtes un guerrier; mes livres et vos armes doivent-ils être mis en commun?—Les uns sont des maîtres, les autres des domestiques, d'autres encore des magistrats et des bourgeois; faut-il que tous nous soyons tout cela à la fois? Non, car Dieu a donné aux hommes différents besoins et différents moyens d'utiliser les biens de la terre, de sorte qu'il faut autant de diversité dans la possession des biens que de facultés, de dispositions dans l'homme. Parlons plus clairement : ne voyez-vous pas que nous sommes divisés en enfants, jeunes gens, adultes, vieillards, hommes, femmes, forts, faibles, sains, malades, agiles, actifs, paresseux? Et pensez-vous que tous ceux-là aient identiquement les mêmes droits et les mêmes devoirs? La même nourriture convient-elle au bœuf, à l'âne, au cheval et à l'éléphant? Que si à tout prix vous voulez réaliser votre communauté, demandez à Dieu une autre création; peut-être alors vous réussirez. Jusque-là, croyez-moi, vous êtes en contradiction flagrante avec toute la nature, et votre communisme, s'il pouvait avoir lieu actuellement, ne durerait pas deux jours. Les uns mangent leur bien et sont d'autant moins riches, les autres sont économes et d'autant plus à leur aise. Votre communisme est une source d'éternelles spoliations! Ah! retournez à la communauté de Jésus-Christ, c'est-à-dire au communisme de l'amour et de la charité [1]. »

[1] De Bosch-Kemper, p. 15-18.

Vivès accuse indirectement Luther d'être la cause première du communisme anabaptiste; sous un rapport, il avait raison. Luther, en proclamant la liberté chrétienne, n'avait-il pas prêché l'émancipation de l'esprit humain et la destruction du joug sous lequel l'humanité avait gémi depuis tant de siècles? N'avait-il pas communiqué au peuple les lumières des Écritures, et comment, dès lors, celui-ci aurait-il voulu continuer de gémir sous le despotisme des nobles et des prêtres qui en ce temps-là était parvenu à son paroxysme? A une époque où les passions excitées ne connaissent d'autres arguments que le fer et le feu, faut-il s'étonner des fureurs de l'anabaptisme et de sa propagande, qui entraîna plus d'un honnête homme dans son tourbillon (¹)?

Vivès, du reste, avait beau jeu contre les communistes de son siècle. Appuyé sur l'Évangile, il lui était facile de leur démontrer que le Christ, en faisant de la charité un devoir, n'avait parlé que d'une charité libre, volontaire, et non pas d'un système qui ne pouvait s'établir que par une dépossession violente de tous ceux qui avaient quelque chose.

Les déchirements de toute espèce de l'époque où il vivait lui inspirèrent encore *Quatre livres sur la concorde et la discorde* qui comptent parmi ses œuvres les plus remarquables. Cet esprit de discorde était alimenté par ceux-là même qui semblaient être destinés à l'apaiser : les littérateurs, les philosophes et les théologiens. « Les uns se battent avec acharnement pour une lettre, pour une faute typographique; les autres, en traitant de la charité, se conduisent comme des gladiateurs. Dans ces mêlées, ce ne sont qu'invectives, incriminations, récriminations, épigrammes, apologies, antopologies, épîtres, dialogues, le plus souvent pour des vétilles. Et tout cela sans fin ni trêve. Mais c'est bien pis quand les princes en viennent aux mains : alors, les champs sont ravagés, les habitants appauvris, le commerce se paralyse,

____

(¹) FRANCKEN, p. 165.

l'agriculture languit, la valeur de l'argent diminue au point que ceux qui auparavant étaient riches avec 100 francs ne le sont pas maintenant avec 1,000, et que l'excessive cherté des vivres engendre les misères, maladies et troubles (¹). »

Ce bel ouvrage, animé du souffle de celui « qui n'a voulu régner que par l'amour et qui par l'amour a conquis le monde », avait été terminé à Bruges en 1526; Vivès eut le courage de le dédier (1ᵉʳ juillet 1529) à Charles-Quint, qui en fut courroucé et n'épargna pas à l'auteur les reproches les plus amers. Cela se comprend de la part d'un prince qui n'a pas rougi d'introduire chez ses compatriotes une inquisition plus implacable que celle d'Espagne. Mais, sans se laisser intimider par les colères impériales, Vivès porta sur un terrain plus scabreux encore ses avertissements et ses conseils : il publia son livre sur la pacification de l'Église (²), où il montra que le moyen le plus sûr de remédier aux maux de l'Église, c'était de rétablir une discipline sévère parmi le clergé et de renoncer à tout esprit de persécution. Aussi écrivit-il au pape Adrien VI : « Il importe de statuer d'abord sur ce qui concerne les bonnes mœurs. Toutes les discussions, toutes les controverses en dehors de ce point peuvent convenir aux écoles; mais ni la religion ni la morale ne perdraient à la manière dont elles seraient terminées. C'est donc dans cette sphère et dans les cercles des disputeurs qu'il faut les circonscrire et y permettre la liberté des opinions et des sectes (³). »

Vivès recommande surtout au clergé catholique de travailler de toutes ses forces au retour de l'union dans le monde : « Il faut qu'il prêche sur les toits que personne ne peut être appelé catholique, saint, chrétien par excellence (*christianissimus*), défenseur de la foi, sans faire ce qui constitue le chrétien : *aimer*. Il n'y a point de christianisme sans

---

(¹) Francken, *l. c.*, p. 128 et suiv.
(²) *Opp.*, t. II, p. 862 et suiv.
(³) *Opp.*, t. II, p. 938. — De Bosch-Kemper, p. 24 et 39.

amour. Voilà ce que doivent comprendre tous les prêtres, et particulièrement les papes, ces représentants plus directs du Christ et des apôtres (¹). »

Vivès adressa son livre sur la pacification de l'Eglise à Diego Alphonse Manrique, archevêque de Séville et inquisiteur général, en lui représentant qu'il valait mieux perdre toute gloire et tout honneur que la réputation d'homme de paix; qu'il devait inspirer cet esprit de concorde à l'empereur, se montrer en tout le digne successeur de Jésus-Christ et, principalement comme inquisiteur, n'écouter que les conseils de la douceur et ne jamais suivre ceux de la passion (²). » Ces conseils, malheureusement, ne devaient pas être suivis. Quoique, dans l'origine, Manrique eût partagé les doctrines d'Érasme et qu'il se fût donné toutes les apparences de la modération, il n'en supprima pas moins, pendant son inquisitoriat (1522-1538), toute liberté de pensée et de conscience, et il livra, de plus, 220 personnes aux flammes du bûcher (³).

Philosophe, Vivès s'attachait à l'essence du christianisme, à l'amour fraternel de tous les hommes; catholique, il subordonnait tous ses jugements au jugement de l'Eglise; mais jamais il ne cessa de recommander ce qui d'après lui constitue la base fondamentale du christianisme et dont il a si bien traité dans son *Introduction à la sagesse* (⁴), à savoir que le Christ est venu pour mettre un terme aux divisions semées dans le genre humain et pour ne faire de tous les peuples qu'une seule famille (⁵). Le même esprit philosophique et humanitaire éclate dans ses *Méditations sur la prière,* éditées à Anvers en 1538.

« Lorsque la féodalité et la chevalerie furent mortes, et

(¹) FRANCKEN, p. 148.
(²) ID., p. 44.
(³) ID., p. 44 et 45.
(⁴) *Ad sapientiam introductio* (Anvers, 1531, mais daté de Bruges, 1524), opp., t. II, f. 70-94.
(⁵) DE BOSCH-KEMPER, p. 19-21.

avec elles ce culte idéal qui divinisait la beauté, la renaissance des lettres, au xvie siècle, associa également la femme
à son œuvre de rénovation intellectuelle. Vivès, par un de
ses écrits les plus célèbres [1], contribua pour sa part à ce
résultat. Cette époque féconde nous a laissé le souvenir d'une
multitude de femmes qui occupèrent, à côté des hommes
mêmes, une place considérable dans la république des lettres,
et qui surent unir aux grâces de leur sexe, à l'éclat d'un
haut rang, des connaissances brillantes ou approfondies en
diverses branches du savoir humain. La notion et l'usage
des langues grecque, latine et étrangères étaient alors généralement familiers aux princesses et, par imitation, à
beaucoup de jeunes femmes appartenant à des classes moins
élevées [2]. »

En 1531, Vivès acheva et fit imprimer à Bruxelles un écrit
qui est une source inappréciable pour la connaissance de
l'état des études au moyen âge : c'est une espèce d'encyclopédie, dont la première partie est consacrée à l'examen des
causes de la décadence des lettres ; dont la seconde indique
comment elles doivent être apprises et utilement appliquées ;
dont la troisième est une série de distinctions philosophiques sur divers sujets. Cet ouvrage ou plutôt cette série
d'ouvrages [3] a paru supérieure [4] à toutes les productions
d'Érasme et a été mise en parallèle, pour l'érudition, le bon
sens, la justesse, la méthode et la rectitude de la pensée,
avec l'*Organum* de l'immortel Bacon [5].

Le siècle qui vit l'origine et la formation des universités
était, pour les sciences, l'ère la plus glorieuse du moyen âge.
Dans aucun des six siècles qui précédèrent et des trois qui

---

[1] *De institutione christianæ feminæ*, Basil, 1538.

[2] VALLET DE VIRIVILLE, *Histoire de l'instruction publique en Europe*, p. 212.

[3] I. *De corruptis artibus*, lib. VII, opp., t. I, f. 321-435. — II. *De tradendis
disciplinis, seu de institutione christiana*, lib. V, t. I, fol. 436-527. — III. *De
prima philosophia*, lib. III, t. I, fol. 528-582.

[4] Au moins le premier des trois.

[5] FRANCKEN, p. 55 et 56. — NAMÈCHE, p. 51 et 52.

suivirent, il n'y eut autant de savants théologiens, de grands jurisconsultes, d'excellents écrivains qu'au xviᵉ siècle. Jamais les maîtres et les docteurs des écoles n'avaient été plus exempts de préjugés et de superstitions; jamais ils ne lurent avec plus d'utilité les ouvrages des anciens [1].

Mais la décadence fut prompte; elle se manifeste d'une façon déplorable au xiiiᵉ siècle, où les belles-lettres sont sacrifiées à l'étude de la médecine et de la jurisprudence : la langue vivante des écoles, la langue latine, ne fut bientôt plus qu'un amas affreux de barbarismes... Pendant le xivᵉ et le xvᵉ siècle, la grammaire n'était pas seulement négligée, mais encore méprisée; un style barbare était regardé comme un signe d'orthodoxie et d'érudition profonde, à ce point que le plus célèbre jurisconsulte du xivᵉ siècle — Barthole — exprimait son sentiment à cet égard par ces mots : *De verbibus, non curat jurisconsultus* [2].

« Ce qui causa la plus grande confusion, dit Vivès [3], ce fut l'ignorance des deux langues dans lesquelles les lois romaines étaient écrites. Quand on rencontrait des mots grecs ou des passages d'auteurs grecs, on se contentait de dire : *Non potest legi, quia græcum*. Le latin n'était pas étudié davantage, principalement pour les choses nécessaires à l'explication des lois romaines, tels que vêtements, ustensiles, instruments aratoires, coutumes judiciaires, institutions du peuple romain. En outre, on avait entièrement mis en oubli l'histoire et la chronologie, ces ressources indispensables de la jurisprudence. Au milieu de ces ténèbres, les jurisconsultes tâtonnaient au hasard et débitaient mille erreurs. Aussi les docteurs des siècles derniers, contrairement aux défenses expresses de Justinien, surchargeaient-ils les codes de gloses et de commentaires, et leurs élèves et leurs admi-

---

[1] MEINERS, *Historische Vergleichung der Sitten und Verfassungen*, etc., *des Mittelalters*, etc., t. II, p. 423.

[2] COMNENI, *Historia gymnasii patavini*, Venetiis, 1726, t. I, fol. 200. — MEINERS, t. II, p. 468 et 469.

[3] *De causis corruptarum artium, lib. VI*, t. I, f. 431 et suiv.

même temps de convertir les juifs et les mahométans[1]. Il distinguait dans la religion deux éléments : l'un rationnel, l'autre pratique. « Dieu, disait-il, nous a donné pour guide et pour flambeau de toutes les actions de la vie, la raison et notamment la religion. La raison est, dans chacun de nous, un rayon de cette immense lumière qui inonde le genre humain tout entier. Plus ce rayon est pur et abondant, plus il est conforme à la source, plus il approche de la vérité, plus nous aimons Dieu. C'est, en effet, par la raison que nous avons des notions vraies de Dieu et des choses divines, et dès que nous connaissons Dieu, nous l'aimons [2]. »

Vivès ne quitte pas le domaine de la raison, même dans les questions théologiques les plus graves et les plus épineuses : de là son explication platonicienne de la Trinité, avec les trois hypostases, intimement rattachées à la théorie du *Logos* ou du *Verbe*. Cette explication, Vivès la basait sur la nature universelle des choses, essence divine unique, mais en trois personnes; divinité qui se reflète dans la nature humaine, où l'âme, l'esprit en général (*mens*) est comme le Père, l'intelligence qui en procède comme le Fils, et la volonté qui part de l'une et de l'autre comme l'Esprit-Saint. Cela nous est encore enseigné par la création du globe, où le Père est l'architecte, le Fils la sagesse-instrument, l'Esprit-Saint l'amour et la cause qui ont conduit et excité à l'ouvrage [3].

Les tendances pratiques de Vivès éclatent dans les thèses suivantes : Le culte le plus agréable à Dieu consiste à ce que nous fassions tous nos efforts pour lui ressembler de plus en plus. Or, cette ressemblance, c'est la sanctification, non pas du corps, mais de l'âme : un cœur pur, voilà le vrai culte de

---

[1] *De christianæ fidei veritate libri V.* Opp., t. II, p. 260-496. — DE BOSCH-KEMPER, p. 19. — FRANCKEN, p. 62-64.

[2] *De veritate fidei.* Opp., t. II, f. 410, 413, 456 ; *Ad sapientiam introductio.* Opp., t. II, f 80. — BRAAM, *Dissertatio theologica exhibens Vivis theologiam christianam*, p. 167.

[3] *De veritate fidei.* Opp., t. II., f. 352-355.

Dieu (¹). C'est là ce qui explique pourquoi il néglige les.ques-
tions alors si nombreuses et si controversées des dogmes de
l'Église, et qu'en revanche il s'applique, après avoir démontré qui est Dieu, de chercher quel est le but de l'homme. Ce
but, c'est l'amour de Dieu et du prochain ; doctrine dont le
Christ a été le maître et le modèle. Or, des notions aussi
simples et aussi sublimes sur la religion, Vivès n'avait pu les
puiser chez les scolastiques, qui se perdaient dans les syllogismes, dans les raisonnements abstraits et dans les vaines
distinctions ; il n'avait pas pu les emprunter davantage à
l'Église d'alors, qui attribuait presque toute la force de la
religion aux œuvres extérieures. Ce furent les saintes lettres
de l'antiquité qui lui servirent d'école. Doué, d'ailleurs, d'une
grande douceur de caractère et d'un amour sincère de l'humanité, il souffrait de voir l'Europe déchirée par la fureur
des discordes religieuses, et il n'est pas étonnant que le but
de tous ses efforts ait été d'amener les hommes au Christ, roi
de la paix, et à l'Église chrétienne, royaume de la paix (²).

Sans doute, Vivès plaçait haut l'Écriture sainte ; mais Espagnol et d'abord scolastique, dans la suite seulement partisan
des lettres et philosophe, il estimait beaucoup les écrits des
classiques, sans négliger toutefois l'autorité de l'Église, qu'il
regardait comme remplie de l'esprit divin. Aussi approuvait-il
ce que de tout temps l'Église avait cru vrai et saint ; mais
comme, en même temps, il croyait qu'il y avait beaucoup de
choses à corriger, il invita le pape à convoquer un concile
œcuménique pour réformer l'Église...

Ayant passé sa vie dans la Belgique, alors si florissante
par le commerce, l'industrie, les lettres et les arts, Vivès y
avait puisé l'esprit qui caractérisait son maître Érasme et
qui s'appliquait à allier la piété à l'érudition. Comme Érasme,
il n'approuva point la Réforme, dont il ne comprenait pas les
principes et dont le caractère mystique lui échappait autant

(¹) *De veritate fidei.* Opp., t. II, f. 419. — *Ad sapientiam introductio,* f. 81.
(²) BRAAM, p. 169 et 170.

que son esprit de lutte blessait son amour de la concorde. Cependant, il fut réformateur à la manière de tant d'hommes éminents de son siècle, en ce sens qu'il voulait, dans le sein de l'Église, la réforme de l'âme et de la conduite qu'il plaçait bien au-dessus de la correction des dogmes. Quoique né en Espagne, il occupe une place élevée parmi les théologiens des Pays-Bas, par son exposition simple, pure, claire et souvent éloquente des vérités évangéliques (¹).

D'une organisation frêle et maladive, il puisait toute sa vigueur dans la pureté de son âme et il professait un amour immense pour ses semblables en même temps qu'il manifestait un vif désir d'améliorer leur condition sociale. Ses opinions, il les émettait sans détours ni arrière-pensée, et, quel que fût son attachement au catholicisme, il ne ménagea ni les abus de l'Église, ni les vices du clergé, attaquant la vie scandaleuse de certains papes et la sordide avarice des prélats. Lorsque Henri VIII sollicita des universités et des théologiens l'approbation de son divorce avec Catherine d'Aragon, Érasme hésitait ; Vivès, restant inébranlable dans ses convictions, brava le courroux d'un roi vindicatif. Pendant qu'Érasme évitait tout pour ne pas s'aliéner les bonnes grâces du pape Adrien VI, Vivès écrivit à ce pontife que le temps était venu de mettre énergiquement la main à la réforme de l'Église. Tandis qu'Érasme ne faisait que rechercher les faveurs de Charles-Quint, Vivès les perdit en parlant le langage de la paix au puissant empereur, au moment même où il se mettait à la tête d'une flotte et d'une armée formidables (²).

La franchise de Vivès lui coûta cher : il perdit toutes les relations qu'il avait entretenues avec les grands de son siècle et, par suite, les avantages matériels qui y étaient attachés. Aussi traîna-t-il ses derniers jours dans un état voisin de l'indigence et ne rendit-il à la terre qu'un corps brisé par

(¹) Braam, p. 174 et 176.
(²) Francken, p. 42, 43, 181, 182, 188. — De Bosch-Kemper, p. 22-24.

les tortures de la goutte et de la gravelle (¹) (6 mai 1540). Il n'était âgé que de 48 ans.

Un autre enfant de Valence, Frédéric Furio Serial, était de la même école que Vivès. Comme lui, il quitta Valence de bonne heure, alla continuer ses études à Paris et les acheva à Louvain. Dépassant Érasme, il soutint contre les théologiens catholiques une thèse tout à fait protestante : la convenance et la nécessité des traductions de la Bible en langue vulgaire. Ce qu'il avait publiquement soutenu, il l'imprima, et pour avoir osé écrire ce qu'il pensait, il fut en danger de perdre la vie. Il ne fut sauvé que par la protection spéciale de Charles-Quint. Son génie politique plaisait à ce prince, qui l'estimait aussi pour son caractère droit et ferme. Il l'envoya auprès de son fils, comme un conseiller dont les lumières pouvaient éclairer sa conduite. Le crédit de Serial se maintint tant que l'empereur vécut, mais, après sa mort, l'Inquisition lui fit son procès, et Philippe II n'y trouva point à redire (²).

Vivès et Serial appartiennent à la Réforme par leurs idées libérales et hardies, leurs tendances avancées et leurs théories politiques. Ils ne séparent point l'ordre social de l'ordre religieux ; ils veulent un gouvernement animé d'un esprit véritablement chrétien, conforme à l'Église. L'un et l'autre ont recours à la logique et à l'exposition savante, à la méthode sévère d'argumentation, qu'ils ont puisée, non pas dans les jeux de la scolastique, mais dans l'étude de l'antiquité, dans la méditation des Écritures et surtout dans leurs convictions intimes (³).

(¹) De Bosch-Kemper, p. 24.
(²) Guardia, p. 466.
(³) Id., p. 466 et 467.

CHAPITRE XI.

Le gouvernement de Marguerite d'Autriche fut pour nous la période la plus brillante de la Renaissance. Cette princesse avait l'esprit vif et enjoué ; elle faisait le meilleur accueil aux savants ; son impulsion généreuse, ses nombreuses largesses attiraient à elle tout ce qui vivait par la pensée ; elle fit pour la Belgique ce que François Ier avait fait pour la France ; elle donna l'élan à cette profession de l'esprit qui domine chez nous le xvie siècle. L'artiste, le littérateur ne furent plus relégués dans de misérables mansardes ; ils eurent des logements dans les somptueux palais de la duchesse.

Parmi les poètes qui célébrèrent les vertus de Marguerite, il faut citer en première ligne le bon, le naïf Molinet.

Jean Molinet naquit à Desvres dans le Boulonnais, vers la fin de la première moitié du xve siècle. Il fit ses études à l'université de Paris et passa une partie de sa vie à Valenciennes, *val doux et fleuri*. Devenu veuf, il embrassa l'état ecclésiastique et fut pourvu d'un canonicat de l'église collégiale de Valenciennes. La renommée dont jouissait alors Georges Chastellain, en qualité d'orateur, de chroniqueur et de poète, l'engagea à le prendre pour modèle. Au titre de son disciple, il joignit celui de son ami, et lorsqu'en 1474 Chastellain termina sa laborieuse carrière, Molinet le remplaça comme historiographe de la maison de Bourgogne ; puis Marguerite d'Autriche le nomma son bibliothécaire. Il mourut à Valenciennes, en 1507, et fut enterré dans l'église de la Salle-le-Comte, à côté de Chastellain, objet de l'admiration de sa vie entière (¹).

La plupart des beaux esprits de son temps regardaient Molinet comme leur maître et leur modèle, quoique au fond il fût dépourvu de goût, d'imagination et de sentiment.

Outre la traduction du *Roman de la Rose*, on a de lui *les Faictz et Dictz contenans plusieurs beaulx traictés, oraisons et champz royaulx.* Si l'on ne fait attention qu'aux rimes, on trouve que l'auteur les soigne en général et montre quelque respect pour l'harmonie. Dans la *Ressource du petit peuple*, Molinet lance des imprécations contre les princes oppresseurs et guerriers :

> Princes, puissans, qui trésors affinez
> Et ne finez de forger grans discors
> Qui dominez, qui le peuple animez,
> Qui ruminez, qui gens persécutez,
> Qui tourmentez les âmes et les corps.
>
> . . . .
>
> Que faictez-vous qui perturbez le monde
> Par guerre immonde et criminez assaulx.
>
> . . . .
>
> Trenchez, couppez, détrenchez, découppez,
> Frappez, happez, bannerez et barons,
> Lancez, hurtez, balancez, béhourdez,
> Quérez, trouvez, conquérez, controuvez,
> Cornez, sonnez, trompettes et clairons,
> Fendez tallons, pourfendez orillons,
> Tirez canons, faites grands espourris :
> Dedans cent ans vous serez tous pourris.
>
> . . . .

Molinet aiguisait assez bien l'épigramme, cette « petite flèche déliée qui fait une plaie profonde et inaccessible aux remèdes (²) ». On a cité souvent celle sur la mort du fameux Olivier-le-Dain. Elle est tirée de la plus curieuse des productions de Molinet, la *Récollection des merveilles advenues en notre*

(¹) DE REIFFENBERG, *apud* BARANTE, *Histoire des ducs de Bourgogne*, Brux., 1835, t. X, p. 113-116.

(²) MONTESQUIEU, *Lettres persanes*.

temps, etc., continuation (¹) de l'ouvrage de Georges Chastellain. C'est un résumé rapide des principaux événements du
xvᵉ siècle, dont toutes les stances commencent par les mots :
J'ai vu. On pourrait l'intituler les *J'ai vu*, comme **la satire
qui fit mettre à la Bastille Voltaire, jeune encore** (²).

Citons ces vers sur Charles le Téméraire :

> Cy-gist sans paour le hardy conquérant,
> Le champion, grand triomphe quérant,
> Qui de régner avait tel appétit
> Que s'il eust vecu en prospérant,
> Ce monde grand luy estoit trop petit.

On attribue à Molinet un poème qui contient l'apothéose
de Philippe le Bon. « S'il est véritablement l'auteur de ces
vers, dit Reiffenberg, il n'y fournit pas une grande preuve
de la justesse de son jugement ni de l'indépendance de ses
idées (³). »

On a encore de lui un *Petit traicté compillé à l'instruction de
ceulx qui veulent apprendre l'art de rhétorique.* « Vous y trou-
verez, dit-il, patrons, exemples, couleurs et figures de
dittiers et tailles modernes qui sont maintenant en usage,
comme lignes doublettes, vers sizains, septains, witains,
alexandrins et rime batelée, rime brisée, rime enchayennée,
rime à double queue et forme de complainte amoureuse,
rondeaux simples d'une, de deux, de trois, de quatre et de
cinq syllabes, rondeaux jumeaux et rondeaux doubles,
simples virelais, doubles virelais et repons, fatras simples et
fatras doubles, balade commune, balade baladant, balade
fatriste, simple lay, lay renforchiet, chant royal, serventois,
riqueraque et baguenaude. »

Molinet a aussi composé sur la défaite des Français à
Guinegate, 17 août 1479, par l'archiduc Maximilien d'Au-

(¹) Elle est intitulée : *Récollection des merveilles advenues en notre temps,
commencé par très élégant George Chastellain et continué par maistre Jehan
Molinet.*

(²) DE REIFFENBERG, *l. l.*, p. 107.

(³) *Mémoires de J. Du Clercq.* Brux., 1823, t. I, p. 127.

triche, une complainte en trente couplets qui se termine par cette apostrophe au duc :

> Tu as dompté nos ennemis cornus :
> Vive le duc Maximilianus !

Sa *Litanie* est une pièce plus extravagante encore. Il est grossier et même obscène dans ses satires, comme dans l'*Épithalame de la Fille de Laidin* et dans les *Neuf preux de gourmandise* [1]. Le *Siège d'Amours* et la *Bataille des deux nobles déesses* sont presque inintelligibles et sa traduction du *Roman de la Rose*, faite à la sollicitation du duc de Clèves (1503), transforme une composition de pure galanterie en un livre de piété. Il le dit en prose et en vers : « Louange au Dieu d'amour perdurable et à sa mère très sacrée Vierge, quant nous voyons ce romant reduyt à sens moral, jusqu'à cueillir la rose, etc. »

> C'est le romant de la rose
> Moralisé cler et net,
> Translaté de rime en prose
> Par votre humble Molinet [2].

Rabelais, dans le chapitre LIV de son *Gargantua*, a tourné en ridicule le style de Molinet dans l'inscription en vers qu'il destinait à être mise en lettres antiques sur la grande porte de l'abbaye de Thélème [3].

A la même école que Molinet appartenait Nicaise Ladam [4], auteur d'une chronique métrique qui embrasse l'époque écoulée entre 1488 et 1542 : œuvre froide, incorrecte, dure, et qui ne mérite l'attention que sous le rapport des indications matérielles qu'elle contient [5].

Un des compilateurs indigestes de la fin du xve siècle et du commencement du xvie fut Julien Fossetier, qui jouissait de

---

[1] Goujet, *Bibliothèque française*, Paris, 1741, t. X, p. 12.
[2] De Reiffenberg, p. 135.
[3] Goujet, p. 16. — De Reiffenberg, *apud* Barante, *l. l.*, p. 128.
[4] Né à Béthune en 1465 et décédé à Arras en 1547.
[5] De Reiffenberg, *Annuaire de la Bibliothèque royale*, 3e année, p. 87-88.

la protection de Marguerite. Il nous apprend lui-même qu'il a vu le jour dans la ville d'Ath, en 1454. Il embrassa l'état ecclésiastique et porta le titre de chroniqueur et d'indiciaire, c'est-à-dire annotateur([1]), de très puissant prince Don Charles d'Autriche. Sa *Chronique margaritique et athensienne* a été commencée le 15 décembre 1508 et terminée au mois de septembre 1517; elle forme trois volumes, qui n'ont pas été imprimés. Dès qu'il avait achevé un volume, Fossetier en faisait hommage à Marguerite. La Bibliothèque de Bourgogne possède les originaux du second et du troisième volume de l'œuvre de ce chroniqueur, et de plus, trois autres volumes de l'ouvrage de Fossetier, un tome Ier et deux exemplaires du tome II ([2]).

En 1520, Fossetier dédia à Marguerite *la Vie de Crist*, dont la Bibliothèque de Bourgogne possède également un bel exemplaire ([3]).

Les bergers et les rois y adressent à la Vierge, en assez mauvais vers, des paroles pleines d'images ingénieuses et délicates :

LES BERGERS.

> Dieu par ton sainct trône d'ivoire
> At volu entrer et passer,
> Ainsi que le soleil le voire
> Entre et passe sans le casser...

LES ROIS.

> Dieu qui aux humbles condescendt
> A pénétret ta porte close,
> Comme la rosée descendt
> Du ciel clos et entre en la rose.

> Ton fils, homme et Dieu, nostre espoir,
> Entra ton ventre et issi comme
> Nostre face entre en ung miroir
> *Et la pensée au cœr de l'homme...*

([1]) *Ab indicando.*

([2]) PINCHART, *Notes inédites sur George Chastellain et Julien Fossetier*, Gand, 1862, p. 25-28.

([3]) Voy. le n° 9220 des *Manuscrits de la Bibliothèque de Bourgogne.*

On connaît encore trois ouvrages de Fossetier : l'un existait en manuscrit dans la *librairie* de Marie de Hongrie, sous ce titre : *Petit livre, nommé Faict, de par messire Julien Faulcetier*; l'autre est un petit volume de poésies, imprimé en 1532, à Anvers, et intitulé : *Conseil de volontier morir* (¹); le troisième est un poème sur la bataille de Pavie (1525).

L'auteur de la *Chronique margaritique* s'est fait remarquer par quelques hardiesses qui commençaient à être du goût du siècle.

Toutefois, si l'on jugeait sur la *Chronique margaritique* de l'état des lumières dans les Pays-Bas au commencement du xvie siècle, on en aurait une bien mince idée. Au moment où Alexandre Régius, Rodolphe Agricola, Érasme, Vivès et tant d'autres s'efforçaient de faire revivre la belle littérature et d'anéantir la barbarie qui s'était emparée des écoles, il est impossible de pousser plus loin l'ignorance savante et le défaut de critique (²).

A Fossetier nous ajouterons particulièrement (³) Jean Lemaire, Rémacle de Florennes, Jean Second et Corneille Agrippa, le Trismégiste de son siècle.

Jean Le Maire, surnommé de Belges, c'est-à-dire de Bavai (Belges), son lieu de naissance, le fantastique auteur de l'*Amant verd*, le poète que Ronsard a souvent pris pour modèle et que Marot n'a pas craint de comparer au chantre de l'*Iliade*, naquit vers 1473. Il était parent de Molinet, qui le tint pendant quelque temps sous sa discipline et le fit admettre, à l'âge de vingt-cinq ans, en qualité de clerc des finances au service du roi Charles VIII et du duc Pierre II de Bourbon. Lemaire alla habiter Villefranche en Beaujolais, pour être plus à portée de surveiller la rentrée des revenus de ces princes. Ce fut là que Guillaume Crétin, ami de Moli-

_____

(¹) PINCHART, p. 28-29.

(²) DE REIFFENBERG, *Nouvelles archives historiques*, t. VI, p. 15 et 16.

(³) Je pourrais y joindre un grand nombre d'autres, mais je suis forcé de me borner à certains noms.

net et son confrère en poésie, eut l'occasion de le voir ; il conçut pour lui beaucoup d'estime et l'encouragea à cultiver la poésie. Lemaire reprit donc la lecture des anciens auteurs, qu'il avait été contraint de négliger ; il paraît même qu'il se démit de son emploi pour se faire précepteur dans une riche famille noble, afin de pouvoir mieux se livrer à l'étude. Il accepta ensuite la place de secrétaire de Louis de Luxembourg, prince d'Altemore, comte de Ligny, gouverneur de la Picardie et grand chambellan de Louis XII. Il garda cette place jusqu'en 1503, où il passa au service de Marguerite d'Autriche, dont il devint bientôt l'indiciaire et l'historiographe. De 1506 à 1508, il voyagea en Italie ; il se trouvait à Venise en 1507 et se rendit à Rome en 1506 et en 1508. La recommandation de Marguerite d'Autriche et le zèle qu'il avait montré pour les intérêts du roi de France Louis XII, en prenant sa défense contre le pape, lui méritèrent l'affection de ce monarque, qui l'attacha à la maison de la reine Anne de Bretagne, sa femme (1511). La mort de cette princesse, qui fut suivie peu de temps après de celle de son époux (1515), priva Lemaire de son emploi et il tomba dans la misère. Il mourut, dit-on, en 1548, à l'âge de 75 ans.

Le *Temple d'honneur et de vertu*, tel est le titre du premier ouvrage de Lemaire. C'est un mélange de prose et de vers, dans lequel de nombreux personnages allégoriques viennent tour à tour pleurer la mort de Pierre de Bourbon et chanter ses louanges. La facture des vers est bonne et soutenue ; le plan est bien conduit et l'on y trouve quelques strophes pleines de grâce et de naïveté, mais que déparent tous les défauts du temps. Lemaire a montré, dans ses œuvres ultérieures, des qualités plus simples et plus naturelles, qui font penser qu'il aurait pu, « livré à lui-même, continuer Villon et arriver à Marot [1] ». C'est d'abord sa *Plainte du Désiré*, c'est-à-dire la *Déploration du trépas de monseigneur Loys de Luxembourg*, dédiée à Marguerite d'Autriche. On y

[1] C. Fétis, *Jean Lemaire*, (Mém. cour. de l'Acad. In-8°, t. XXI, p. 10.

retrouve encore ses défauts ordinaires, mais rachetés par des qualités remarquables de style.

Vers 1505, Lemaire commença son éloge de Marguerite d'Autriche intitulé : *La Couronne margaritique*, en vers et en prose. On ignore quand il le termina, car l'ouvrage ne fut publié qu'en 1549 [1]. Ici reparaissent les grands défauts du poète, la prolixité et le mauvais goût. Quant à l'invention et à l'ordonnance de la composition, elles sont faibles. Lemaire y a poussé, d'ailleurs, la servilité jusqu'à prendre les dix lettres qui forment le nom de Marguerite pour les faire correspondre à autant de vertus qui ornent la princesse, en signe de quoi il lui tresse une couronne de dix perles dont les noms commencent par les dix mêmes lettres. Ces dix noms étaient, en outre, portés par *dix dames célèbres au temps jadis*.

L'auteur répare ces imperfections par les fortes pensées et les excellents vers [2] d'une petite pièce publiée au mois d'octobre 1507 à Anvers, et connue sous le nom de *Chansons de Namur pour la victoire encontre les François à Saint-Hubert d'Ardenne*.

Si *Les regrets de la dame infortunée sur le trépas de son très cher frère unique* sont réellement de lui, il faut leur donner également la date de 1507.

Dans cette pièce, Marguerite pleure la mort de son frère Philippe le Beau (1506), et le poète y attribue toutes les infortunes qu'elle a endurées à la lettre *M* qui commence son nom et qui est l'initiale des mots *malheur, misère, mort, malin, martyre*, etc. Ce badinage étranger à la vraie douleur n'était pas digne de celle dont les adversités se résument dans ce simple vers :

> ... Dame de deuil toujours triste et marrie.

En 1510, Lemaire rédigea ses deux *Épîtres de l'amant verd*,

---

[1] C. Fétis, *Jean Lemaire*, Mém. cour. de l'Acad. In-8°, t. XXI, p. 13.
[2] Id., *ibid.*, p. 14-15.

adressées à Marguerite d'Autriche. Ce poème a fait soup-
çonner quelque intrigue secrète. Tout le mystère se réduit à
un perroquet dont Sigismond, archiduc d'Autriche, avait fait
présent à Marie de Bourgogne. Après la mort de cette princesse, le perroquet resta en possession de Marguerite, qui
l'aimait beaucoup et qui fit pour lui une épitaphe qu'on
trouve dans le recueil de ses chansons.

En 1511, Lemaire publia son *Traicté de la différence des
schismes et des conciles,* ouvrage en prose qui a été marqué
dans la première classe des livres défendus par l'*Index* de
Rome. C'est une invective sanglante contre Jules II en faveur
de Louis XII (¹), qui, en 1509 et en 1511, avait successivement
convoqué un concile national à Orléans, à Tours et à Lyon
pour procéder à la réforme de l'Église et pour mettre le pape
à la raison.

L'auteur consacre la première partie de son livre à prouver
comment les richesses données à l'Église par Constantin et
ses successeurs, Pépin, Charlemagne, Louis le Débonnaire
et autres bons princes, « ont procréé sinistrement plusieurs
mauvais enfans; c'est à savoir : Orgueil, Pompe, Arrogance,
Hérésie, Mespris des princes, Tyrannie des subjects et
Impudence, avec lesquelles choses est survenue obmission
des conciles généraux; et toutes telles choses ensemble ont
eslevé les schismes, divisions, séparations entre le peuple
chrestien ». De là nécessité pour les princes de convoquer
eux-mêmes des conciles, dont Lemaire décrit les principaux,
comme dans la seconde partie il décrira plus spécialement
les plus célèbres de l'Église gallicane pour en faire ressortir
l'utilité et la prééminence. La troisième partie comprend les
schismes de l'Église depuis le huitième jusqu'au vingt-troi-
sième. En outre, l'auteur y fait mention du vingt-quatrième
schisme futur, le plus grand de tous en l'Église catholique
et universelle, et l'auteur prédit que « ceste oultrageuse

______

(¹) PAQUOT, *Mémoires pour servir à l'histoire littéraire des Pays-Bas,* t. III,
p. 12.

ambition de l'Église romaine sera prochainement cause finale de sa terrible persécution avec réformation ».

Lemaire, en concluant, ajoute aux deux causes principales de la décadence de l'Église, par où il a commencé son livre, une troisième, le célibat des prêtres, auquel il applique les paroles d'Alain Chartier, auteur du xve siècle : « Or fut il piéça fait un nouvel statut en l'Église latine, qui dessevra l'ordre du saint mariage d'avec la dignité de prestrise, sous couleur de pureté et chasteté sans souillure. Maintenant court le statut de concubinage, au contraire : et les ha attraits aux estats mondains et aux délits sensuelz et corporelz : et, qui plus est, se sont renduz à immodérée avarice, en procurant par simonie et par autres voyes illicites, litigieuses et processives, en corruption et autrement, bénéfices et prélatures espirituelz : et qui plus est, souillez et occupez aux affaires citoyens et ès négoces et cures temporelles. Et ce premier statut départit piéça l'Église grecque avec la latine. Et la désordonnance avaricieuse des prestres ha fait séparer les peuples de Behaigne de l'Église de Romme. Que dis-je, de Behaigne? mais de chrestienté presque toute. Car les gens de l'Église ont si avilenné, par leurs coulpes, eulx et leur estat, qu'ilz sont jà desdaignez et des grans et des menus du monde, et les cœurs étrangez de l'obéissance de sainte Église par dissolution de ses ministres. Car, comme dit est, iceux ministres ont laissé les espousailles, mais ils ont repris les illégitimes, vagues et dissolues luxures... Que apporte la constitution de non marier les prestres, sinon tourner... l'honneste cohabitation d'une seule espouse en multiplication d'eschaudée luxure?... La prophétie de Daniel reste à venir qui désigne la venue d'Antéchrist et le temps de persécution pour les abominations du temple... »

La même année, Lemaire publia une nouvelle pièce de poésie, écrite au nom de Louis XII, en réponse à celle que Jean d'Auton, augustin et abbé d'Angle, en Poitou, avait envoyée à ce monarque de la part d'Hector de Troie. Louis XII l'informe des relations de parenté qu'il supposait exister entre Hector et lui; y parle de la victoire d'Aignardel, remportée, en 1509, par les Français sur les Vénitiens; s'y plaint de la violence et de la perfidie de Jules II, qui, satisfait d'avoir ressaisi les villes de la Romagne, que Venise avait eues en sa possession, suscita à la France une coalition formidable (¹).

Lemaire a dépeint en ces termes l'étrange pontife-soldat :

> Il fait beau voir un ancien prestre en armes,
> Crier l'assaut, exhorter aux alarmes,
> Souillé de sang en lieu de sacrifice
> Contre l'estat de son très digne office.

Pour rendre la conduite de Jules II plus odieuse encore, Lemaire donna, en 1512, l'*Histoire du prince Syach-Ismaïl, dit Sophy Arduelin, roy de Perse et de Mède*. Il y met en contraste l'aigreur et la violence du pape contre les princes chrétiens et contre la « chrestienté qu'il trouble et scandalise » avec le zèle du Sophy pour la destruction des Turcs; il tance vertement l'infidélité de Jules II, qui n'eut pas honte d'enrôler sous ses drapeaux un corps de leurs troupes et qui manqua aux serments les plus solennels, en refusant de porter la guerre dans le pays des mécréants; cette infidélité, il la met dans tout son jour en l'opposant aux mesures que le Sophy prenait contre la domination des Ottomans (²).

Enfin, l'an 1512 vit paraître une œuvre à laquelle Lemaire avait travaillé pendant neuf ans (1500-1509); c'est le traité des *Illustrations de Gaule et singularitez de Troyes*. Sauf l'érudition et le style, ce livre ne sert qu'à montrer l'abîme qui existe entre un simple chronographe et un historien. L'auteur « commence au déluge pour s'arrêter à Hugues Capet, et n'a d'autre objet, dit M. Fétis, que de prouver que les Français descendent de Francus, fils d'Hector (³) ».

(¹) Goujet, p. 85.

(²) *Prologue de l'histoire du prince Syach et Sallier, Mémoires de l'Académie des inscriptions et belles-lettres*, t. XIII, p. 600.

(³) Fétis, p. 25.

Il importe de remarquer, toutefois, à la décharge de Lemaire, qu'il se proposait d'écrire une histoire fictive, un roman historique à l'usage du jeune prince dont Marguerite surveillait l'éducation, ainsi que des dames de la cour, fort occupées alors d'ouvrages de tapisserie et à qui la paix de Cambrai (1509) permettait « de mieulx vacquer à leurs gracieux et honnestes plaisirs et passetempz entre lesquelz la lecture de divers volumes leur est familière et décente, dont par adventure entre les autres la matière de ce livre ne leur sera point désagréable, selon l'opinion de sadicte princesse pacifique, et comme elle le désire »... Il sera « publié et divulgué par plusieurs exemplaires, pour donner occupation à voluptuosité et non pas inutile aux dictes dames de France ».

Après huit années d'inaction, Lemaire reparaît avec une de ses pièces les mieux réussies; c'est le premier de ses trois contes de *Cupido et Atropos.* Pour le fond, il ne lui appartient pas, tandis que les deux autres sont bien sa propriété, mais se trouvent à une grande distance de leur aîné. Lemaire suppose que l'amour, dans une rencontre au cabaret avec Atropos, a pris l'arc de cette déesse au lieu du sien, et que depuis ce moment tous ceux qui ont été blessés de ses flèches sont atteints de l'effroyable maladie décrite par Fracastor [1]. Le poète termine son récit en annonçant que Jupiter, à la prière de Vénus, a convoqué une assemblée des dieux à Tours, en 1520, pour aviser aux moyens d'arrêter les progrès du mal [2].

Sous le rapport de la versification, les critiques ne sont pas d'accord sur le mérite de Jean Lemaire. Joachim Du Bellay le regarde comme ayant doté la langue française de beaucoup de mots et de manières de parler poétiques, « qui ont bien servi aux plus excellents du xvie siècle ». Étienne Pasquier fait de lui le même éloge et ajoute que les traits les

[1] Médecin célèbre de cette époque. Il fut le médecin officiel du concile de Trente, de 1545 à 1547. (*Note des éditeurs.*)

[2] WEISS, *Biogr. universelle*, Paris, Michaud, 1819, t. XXIV, p. 35.

plus riches de l'hymne de Ronsard sur la mort de la reine de Navarre sont empruntés au poète belge. Sainte-Beuve est d'avis que « Jean Lemaire, historien érudit pour son temps, et rimeur d'un ton assez soutenu, a mérité aussi d'avoir Clément Marot pour élève, ou du moins de lui donner des conseils utiles de versification ».

Il est incontestable, d'un autre côté, que c'est de Lemaire que date l'époque littéraire connue sous le nom de première époque de Ronsard, c'est-à-dire celle où prévalut l'imitation des grecs et des latins. Toutes les poésies de Lemaire ont quelque chose d'antique ; son dessin est grec et latin, sa couleur est grecque et latine, sa langue aussi, et l'on peut dire que, si Ronsard a plus que Marot frayé la route à Corneille, cette gloire revient en partie au poète belge. Seulement il ne faut pas exagérer cet éloge.

Enfin, on a vu par quels traits il mérite d'être classé parmi les précurseurs de la Réforme.

Remacle de Florenne a chanté Marguerite en des vers latins parfumés de mystiques essences (¹). Aussi, grâce à la protection puissante de cette princesse, fut-il nommé secrétaire de l'empereur.

A la tête des Everard, je dois placer Nicolas Everard (*Klaes Everts*), né à Grijpskerke en Zélande (²). Ancien élève de l'université de Louvain, il fut un des meilleurs jurisconsultes et un des magistrats les plus distingués de son temps. Après avoir professé la science du droit dans la même université de Louvain, il passa en 1498 à Bruxelles, comme juge pour les affaires ecclésiastiques, fut nommé ensuite chanoine de la collégiale de Saint-Guidon à Anderlecht, doyen de Sainte-Gudule à Bruxelles (³), conseiller à la cour suprême de justice à Malines et enfin président de la haute cour de justice de

---

(¹) *Mysticum de illustrissima Margarita Augusta Maximilianea, duce Burgundionum, necnon de flosculo cui Margarita nomen indiderunt.*

(²) En 1473.

(³) Bien qu'il n'eût pas reçu les ordres. (PAQUOT, *Hist. Acad. Lov.*, t. I, f. 255.)

Hollande et de Zélande à La Haye. Il remplit pendant dix-huit ans ce dernier ministère avec la plus honorable réputation de talent et de probité. Charles-Quint le rappela ensuite à Malines, où il devint président du grand conseil en 1528 et mourut en 1532, laissant huit enfants dont cinq fils, qui tous ont été des hommes de mérite, mais parmi lesquels on distingue surtout le célèbre poète latin Jean Second et ses deux frères, Nicolas Grudius, conseiller au grand conseil de Malines, et Adrien Marius, président du conseil de Gueldre. Leurs productions poétiques ont été réunies dans le recueil intitulé : *Trium fratrum poemata et effigies* (¹). Nicolas Everard est auteur : 1º des *Topica juris sive loci argumentorum legales*, dont la première édition est de Louvain, 1516, in-fol., et qui ont été réimprimés plusieurs fois; des *Consilia sive responsa juris* (²); Jacques Molengrave les a réimprimés plusieurs fois (³). Ces publications ont été de nos jours l'objet des éloges de l'illustre Savigny.

Jean Second naquit à La Haye le 14 novembre 1511 (⁴). On ne sait rien de particulier touchant ses premières années, sinon que, comme Voltaire, il bégayait des vers au sortir du berceau. Un père célèbre par des ouvrages de jurisprudence devait nécessairement l'initier aux mystères de cette science. Il l'envoya ensuite achever ses études à Bourges, auprès d'Alciat de Milan, que les bienfaits d'un prince ami des lettres avaient appelé dans cette ville. Jean Second lia une tendre amitié avec son professeur, ainsi qu'avec plusieurs personnages distingués dans la poésie ou dans les arts. Le 4 mars 1533, il reçut le laurier académique et le bonnet de docteur. Il se rendit ensuite avec l'un de ses frères en Espagne, où le cardinal Jean de Tavera, archevêque de Tolède, le fit son

---

(¹) Leyde, 1614.

(²) Louvain, 1554.

(³) En 1577, ils ont encore eu d'autres éditions. (*Biographie universelle,* article *N. Everardi.*)

(⁴) BOSSCHA pense qu'un jeune frère, mort en bas âge, transmit le nom de Jean à notre poète, qui devint Jean Second pour sa famille.

secrétaire. Plus tard, Charles-Quint, dont il avait gagné les bonnes grâces par ses poésies, l'employa à sa correspondance secrète avec le pape et les grands de Rome. Soit vivacité d'amitié, soit désir d'avoir pour témoin de ses exploits un poète capable de les chanter dignement, ce prince emmena Jean Second avec lui dans son expédition de Tunis (1535). Les fatigues de la navigation et celles de la guerre, unies à quelques excès dans les plaisirs et aux ardeurs d'un climat plus chaud que celui de son pays, eurent bientôt mis ce jeune homme hors d'état de profiter des bontés de l'empereur. On lui conseilla de retourner promptement en Belgique. Il était mourant; mais à peine eut-il respiré l'air de la patrie, « plus doux que les baumes de l'Orient » qu'il parut ranimé et guéri. Afin de se soustraire pour jamais au dangereux séjour de l'Espagne, il se rendit à Tournai, auprès de Georges d'Egmont, abbé commandataire de Saint-Amand et évêque d'Utrecht, qui le demanda pour secrétaire. Mais en 1536, une fièvre maligne le saisit et l'emporta au bout de quatre jours (le 24 septembre). Ses parents, dont il était tendrement aimé, consacrèrent leur douleur par un tombeau en marbre qu'ils lui firent élever dans la riche abbaye des bénédictins de Saint-Amand ([1]).

On a de Jean Second des épigrammes, des odes, des pièces funèbres, des *Sylves*, deux livres de lettres, trois livres d'élégies, un recueil de *Baisers*, sorte de composition dont il est l'inventeur, quelques fragments en vers et une relation en prose de ses voyages.

Philologue, orateur, peintre, graveur, sculpteur ([2]) et poète, né pour tous les arts, Jean Second cessa de vivre à l'âge de moins de vingt-cinq ans, après avoir aimé une jeune Mali-

---

([1]) Tissot, *Baisers et élégies de Jean Second*, Paris, 1806, p. iv.

([2]) Jean Second avait aussi cultivé avec succès les beaux-arts; il s'essaya d'abord dans la peinture et y sut mériter les encouragements de Jean Schoreel, célèbre peintre d'Utrecht; mais la sculpture lui offrant plus d'attraits, il s'y voua particulièrement et parvint à modeler avec une grande perfection. Il ne paraît pas toutefois qu'il ait sculpté autre chose que des médaillons et des médailles en nombre assez considé-

noise, cette belle Julie, qui, malgré sa tendre affection pour lui, fut forcée par ses parents à épouser un autre.

Trente ans à peine après sa mort, les iconoclastes de 1566, si bien nommés dans le pays les *brise-images*, se ruèrent dans l'abbaye de Saint-Amand et détruisirent le tombeau de l'élégant et gracieux chantre des *Baisers*.

Charles de Par, qui fut abbé de Saint-Amand de 1606 à 1619, fit relever le tombeau de Jean Second dans la nef de l'église où ses cendres reposaient et les moines de cette abbaye se montrèrent toujours fiers de les posséder. Pour eux, Jean Second n'était pas l'auteur mondain des *Baisers;* ils ne se rappelaient que le jeune secrétaire de Georges d'Egmont. On avait eu beau lancer contre lui cette épigramme :

Non benè Joannem sequeris, lascive Seconde,
Tu Veneris cultor, Virginis ille fuit.

Son tombeau, deux fois relevé dans leur église, fut conservé jusqu'à la fin du siècle dernier, où furent dispersées pour toujours les cendres du plus charmant poète latin qu'aient produit les provinces des Pays-Bas.

Les *Baisers* de ce poète ont été traduits au xviiie siècle par Moutonnet de Clairfons et avec beaucoup plus de succès par Mirabeau. En 1806, Tissot, si avantageusement connu par sa traduction des églogues de Virgile, donna une nouvelle traduction de Jean Second en vers français.

rable, mais dont une seule est parvenue jusqu'à nous. Elle représente le buste en profil de Julie et porte pour légende ce pentamètre :

Vatis amatoris Julia sculpta manu.

C'est-à-dire « Julie gravée de la main de son cher poète ». Il paraît même qu'il a sculpté les traits de la belle Malinoise sur un médaillon en marbre.

Jean Second mentionne dans ses œuvres deux autres médailles, l'une de Charles-Quint et l'autre de Jean de Carondelet, archevêque de Palerme et chef du Conseil privé. En envoyant à Jean Dantiscus, évêque de Culm et poète comme lui, un exemplaire du portrait de l'empereur, notre artiste y joignit celui de sa bien-aimée, avec une épître en vers.

Quelques rigoristes se sont alarmés des libertés que prenait Jean Second. Le chanoine Aubert Lemire ne trouve rien de mieux pour l'excuser que de dire qu'il était dans l'âge des passions et qu'il manquait de jugement. Le sérieux Alciat, au contraire, pensait que son élève poussait la chasteté trop loin et qu'il avait tort de ne demander à sa belle que de simples baisers.

« Génie fécond et plein de feu, dit le grave Cerisier (¹), sa veine facile et pure enfanta de petits poèmes érotiques d'une touche aisée et gracieuse et d'un coloris brillant. Le poète ne fait pas disparaître l'amant dans ses *Baisers charmants,* où respirent le feu de la jeunesse et les transports de l'amour dont il brûlait pour sa maîtresse. Ses idées voluptueuses sont plus propres à réveiller la sensibilité des âmes apathiques qu'à flatter le cynisme des libertins... Ses ouvrages sont un des monuments les plus précieux de la latinité moderne. Le fameux Viglius (²) accuse le destin cruel qui lui a enlevé sitôt le plus cher de ses amis, un poète qu'il dit être égal à tous ceux d'Italie et supérieur à ceux de l'Allemagne. Tout prêtre qu'il était, il ne voit dans les *Baisers,* qu'un biographe postérieur (Valère André) ose nommer obscènes, que les productions d'un génie divin, créateur, plein de fraîcheur et de grâce.

« En général, il est à remarquer qu'au xvie siècle il n'y avait point de fonctions graves et d'études sérieuses qui ne fussent compatibles avec le commerce des muses les plus enjouées. Nous y voyons un André Alciat, professeur des chaires de Bourges et de Pavie, sénateur de Milan, sacrifier aux Grâces, et Théodore de Bèze, ce célèbre théologien, cet habile controversiste, l'une des plus fermes colonnes du calvinisme, l'oracle de sa secte, écrire ses *Juvenilia* de la même plume qui

___

(¹) *Tableau de l'histoire générale des Provinces-Unies,* t. II, p. 497-498.

(²) Dans : HOYNCK VON PAPENDRECHT. (*Analecta Belgica,* t. II, p. 212, 227 et 286.)

faisait trembler Rome (¹). L'un et l'autre ont fait l'éloge de Jean Second en des épigrammes latines.

Les épigrammes de Jean Second manquent de trait. Ses odes sont charmantes.

On trouve, dans ses *Mélanges*, un épithalame inspiré par l'imagination la plus voluptueuse, une églogue sur les douleurs d'Orphée et la traduction en vers de deux dialogues du Lucien (²).

Dans une de ses élégies, le poète paraît prévoir sa fin prochaine. Il est probable qu'il la composa avant de partir pour l'expédition de Tunis.

Ce qu'il faut surtout remarquer dans les sylves, c'est la fiction du palais de la Richesse, dont la description nous prouve qu'il appartient à l'opposition anticléricale de son temps :

« Environnés, dit-il, d'un cortège de rois et de princes qui leur servent de satellites, on voit dans le palais les ministres de la religion : déserteurs de la simplicité des premiers temps de l'Eglise et de la besace évangélique, ils brillent revêtus d'un manteau de pourpre, leurs cheveux sont arrangés avec un art profane, et leur tête est couverte d'une mitre dont l'or et les diamants éblouissent les yeux. Un peu plus loin, les sacrés interprètes des lois, se prosternant aux pieds de la Richesse, baissent humblement la tête devant elle ; plus flexibles que Protée, au plus léger signal, ils prennent toutes sortes de formes devant la déesse, qui rit de leur souplesse et partage la joie immodérée de la Rapine, assise à côté d'elle, et dont la robe tissue d'or est arrosée du sang des malheureux (³). »

Cette pièce, cependant, avait été composée en Espagne, chez le cardinal Tavera !

Les deux frères de Jean Second, Grudius et Marius, ont

____

(¹) LORAUX, *Jean Second, Traduction libre des Odes, etc.*, Paris, 1812, p. VII et VIII.
(²) DE REIFFENBERG, p. 289.
(³) Traduction de TISSOT.

tous les deux mérité une place honorable auprès du Tibulle des Pays-Bas ; le premier, par son double talent de poète et d'administrateur et par les hautes fonctions qu'il remplit sous les règnes de Charles-Quint et de Philippe II; le second, par ce même talent de poète, qui lui assigna un rang distingué dans la pléiade de son temps.

Ces trois frères si remarquables par leurs dignités et leur savoir, avaient une sœur, Isabelle, qui s'était faite religieuse et qui fut très instruite ; elle écrivait avec élégance en vers latins et paraît avoir eu quelque talent pour la peinture. On ne citerait peut-être pas une autre famille également favorisée de tous les dons de la nature et de la fortune [1].

« En général, dit Loraux [2], les nombreux amis de notre auteur étaient tous distingués par leur savoir, et plusieurs auraient laissé un nom durable, s'ils ne se fussent trouvés enveloppés dans l'espèce d'anathème que l'ignorance et le fanatisme ont prononcé contre les savants littérateurs du xvie siècle. Il faut se souvenir que les restaurateurs des lettres latines en France et les arbitres des réputations furent, ou des jésuites, ou des solitaires de Port-Royal, et ils s'accordèrent au moins dans leur prévention contre des hommes qui, pour la plupart, avaient été l'honneur et les apôtres de l'Église réformée. »

A propos des écrivains belges du xvie siècle qui ont cultivé la poésie française, on a remarqué avec beaucoup de vérité qu'on en a fait trop bon marché, qu'on a trop lestement rayé des tables de la gloire nos poètes de 1400 à 1600.

Ce xvie siècle a été, dans la féconde et riche Belgique, un siècle extraordinaire de progrès en tout genre. Les chambres de rhétorique, les associations chantantes et poétiques n'ont cessé d'y fleurir que quand le triomphe de la domination espagnole eut jeté sur notre belle patrie le deuil et la misère.

[1] TISSOT et *Biographie universelle,* article *Everardi.*
[2] LORAUX, p. 85.

C'est pourquoi hâtons-nous de citer des noms qui méritent d'être rappelés à nos souvenirs, et, en première ligne, celui de Charles de Bouillon (¹), dont malheureusement il ne nous est parvenu qu'une seule ode, adressée à Charles Utenhove. C'était un des plus anciens disciples de Ronsard, dont il possédait les qualités comme les défauts. Puis viennent : Eloy d'Omeral, de Béthune, auteur de la *Grande Diablerie*; Jean de Maes, Flamand et secrétaire du colonel écossais Stewart, au service des États pendant la révolution; les deux Loys, poètes laurés de Douai; Paul du Mont, de la même ville, écrivain fécond en vers et en prose ; Jacques Immeloot, seigneur de Steenbrugghe, d'Ypres, qui fit à la fois des vers latins, flamands et français, et composa une sorte de prosodie nouvelle dans les deux dernières langues; Philippe de Maldeghem, traducteur de Pétrarque en vers français et qui disait :

Pour un flamand, l'emprinse estoit bien haute.

Ajoutons plusieurs membres de la noble et érudite famille de Croy, au nombre desquels brille la duchesse douairière Dorothée de Croy, auteur de tragédies; Jacques de Boulogne, Liégeois, dont les poésies parurent à Anvers ; Jean Francau, seigneur de Lestocquoy, auteur d'élégies très recherchées; le galant Jean d'Ennetières, écuyer, seigneur du Maisnil, dont on recueille avec ardeur les piquantes poésies ; le carme Jean de Cartheny, qui coupa par des pièces de vers la prose de son *Voyage du chevalier errant*; le Montois Jean Bosquet, auteur des *Fleurs morales*; Michel d'Esne, seigneur de Bettancourt; Jean le Prévost, religieux d'Hasnon, qui mit toutes les prières catholiques en vers français, de même que Pierre de Croix, seigneur de Trietre (²); enfin, le plus remarquable de tous, le traducteur de l'Enéide, le Tournaisien Louis des Masures (³), qui fut lié avec tous les beaux esprits

(¹) Hameau situé entre Namur et Dinant, si ce n'est un autre hameau du même nom, près de Mortagne, dans l'ancien Tournaisis.

(²) DINAUX, p. 24-25.

(³) Né vers 1515, mort en 1574.

de la France, ainsi qu'avec les réformateurs de Beze et Calvin, ses maîtres dans les doctrines nouvelles, sous l'inspiration desquelles il a composé ses *Tragédies sainctes* ([1]).

Je me hâte de revenir à Marguerite d'Autriche.

Cette princesse est une des plus grandes physionomies du XVIe siècle, où tout, dans notre patrie, fut grand, les hommes et les choses, les chefs et les peuples. Elle naquit à Bruxelles le 10 janvier 1480, de l'archiduc, depuis empereur Maximilien Ier, et de la duchesse Marie de Bourgogne. Par le traité d'Arras (23 décembre 1482), les Gantois la livrèrent, avec les seigneuries de l'Auxerrois, du Mâconnais et du Charolais, à Charles, dauphin de France, fils de Louis XI. La cérémonie de ses fiançailles fut célébrée à Paris, au mois de juillet 1483, avec une grande solennité.

Cependant Charles VIII, arrivé au trône, informé que Maximilien avait demandé la main d'Anne, héritière du duché de Bretagne, et ne voulant pas perdre l'occasion de réunir cette belle province à la couronne de France, épousa lui-même Anne, en 1491, et renvoya Marguerite. Mais en 1496, des négociations s'ouvrirent entre Ferdinand le Catholique et Maximilien, et Marguerite fut fiancée à l'infant d'Espagne, don Juan ; le vaisseau qu'elle montait pour se rendre auprès de son nouvel époux fut assailli dans la traversée par une violente tempête. Ce fut, dit-on, dans cet instant terrible que la jeune princesse composa l'épitaphe si connue dans laquelle elle plaisantait sur son double mariage, qui ne l'empêchait pas de mourir « pucelle ».

L'infant mourut au bout de quelques mois, et Marguerite épousa, en 1501, Philibert-le-Beau, duc de Savoie, qu'elle eut encore la douleur de perdre après quatre ans de l'union la plus heureuse. Veuve pour la seconde fois, sans enfant et âgée seulement de vingt et un ans, elle résolut de ne plus former de nouveaux liens. Ce fut alors qu'elle prit pour

______

([1]) RÉVILLE, *Revue des Deux-Mondes*, 1868, t. LXVI, p. 104.

devise ces mots : *Fortune infortune fort une,* qui ont si souvent exercé la patience des savants du xvie siècle.

Nommée le 8 mars 1507 régente et gouvernante des Pays-Bas, cette princesse sera désormais tout entière à la politique, aux lettres et aux arts.

Quoiqu'elle ait souvent prodigué les recherches et les subtilités du bel esprit et y ait mis un singulier mélange de galanterie et de dévotion, il y a généralement du naturel, de la finesse et de la grâce dans ses vers.

Pour faire connaître les objets d'art et de curiosité dont s'entourait cette intéressante princesse et dont Le Glay s'est constitué le cicérone, entrons d'abord dans la bibliothèque de ses manuscrits, recouverts de velours cramoisi, vert, bleu, noir ou de drap d'or frisé. A côté d'une décade de Tite-Live, la plupart historiés, voici les deux livres de Lancelot du Lac, flanqués de la *Forteresse de la Foi,* voisine elle-même des *Décrétales.* La science y est dignement représentée : on y trouve des livres de religion, de politique, de jurisprudence et d'histoire. La galanterie même n'y est pas oubliée, et l'on pourrait citer des livres bien peu chastes et bien peu orthodoxes. Mais une autre porte s'ouvre : nous sommes dans le musée de la régente. Voyez-vous ce portrait de l'empereur en robe et en bonnet de velours cramoisi ou cette jolie petite toile représentant Philippe le Beau et madame Marguerite *ayant un béguin en teste,* ou encore ce parchemin sur lequel est peint à cheval monseigneur de Savoie, enveloppé d'un manteau de marguerites? Ce n'est pas assez : Charlemagne, Charles VIII, le duc de Milan, voire le Grand Turc, y ont leurs *pourtraictures.* Quand votre vue se sera reposée sur la gracieuse image d'une petite *Notre-Dame disant ses heures,* tandis que le *petit Dieu dort ;* quand vous aurez rendu hommage aux pinceaux des Memlinc, des Van der Weyden et des Coxie, on vous montrera les orfèvreries, statuettes, jeux, menus objets d'art, tapisseries, tentures, vêtements, lingerie, etc., dont se compose le mobilier de la gouvernante des Pays-Bas.

Marguerite ne protégeait pas seulement les lettres, elle favorisait aussi les arts. Sous le règne de cette princesse, la musique fut portée à un degré de perfection inconnu jusqu'alors. Elle voulait consoler ses infortunes, adoucir les douleurs poignantes de son âme par les plaisirs, la poésie, la musique et la danse. Aussi, pendant que Massé lui racontait les merveilleuses histoires de ses Assyriens et de ses Babyloniens, Lemaire et Molinet se mettaient à chanter sur toutes les gammes :

> Après regrets, il se fault resjouyr.

Puis c'étaient « trompettes, joueurs de tambourins, orgues, fifres, rebecs et sacquebuttes [1] » qui venaient la distraire. Une autre fois, c'étaient des chanteurs allemands [2], si remarquables par le sentiment profond et l'énergie de leur exécution. D'autres fois encore, c'étaient des joueurs de farces [3] et des faiseurs de pas [4], ou bien des automates [5], de ces fameux androïdes, objets alors de la curiosité générale. Mais c'était bien mieux quand le peuple s'en mêlait : alors, il fallait voir les gens des métiers offrir à la princesse des paniers de cerises [6], planter des mais devant son hôtel, danser par bandes joyeuses sous ses fenêtres [7], processionner devant elle avec *Rosse Bayard* [8], les géants et les quatre fils Aymon [9].

Nous avons à la bibliothèque de Bourgogne un manuscrit provenant de la collection de Marguerite, intitulé : *Les Basses Danses*, où se trouvent annotées en musique plus de cinquante

---

[1] *Archives du royaume*, registres des Chambres des comptes, n° 1797.

[2] *Ibid.*, n° 1798, fol. VI^{xx}, X.

[3] *Ibid.*, n° 1797.

[4] *Ibid.*

[5] A ung compagnon qui est venu monstrer à Madame une damoiselle faicte de bois de lente (liège) allant par engin toute seulle, la somme de quarante carolus d'or de XXII solz pièce. (*Archives citées, l. c.*, n° 1802, f. IIII^{xx} verso.)

[6] *Archives du royaume*, Chambres des comptes, n° 1803, fol. VI^{xx}, XV.

[7] *Ibid.*

[8] *Ibid.*, n° 1805, fol. CVI.

[9] *Ibid.*, n° 1801.

danses différentes (¹). Sa cour était devenue le rendez-vous de toute la noblesse du pays et même d'une partie de celle de France, qui, de fois à autre, y venait prendre part aux fêtes bruyantes et aux heureux passe-temps.

Parmi les musiciens qui figuraient à la cour de Marguerite, on cite Josquin Deprés, Ysac, Bruhier, Compère, de la Rue, Brumel et Agricola.

Après les musiciens, voici venir les peintres : celui d'entre eux qui illustra la cour de Marguerite fut Bernard Van Orley. Il avait été présenté à cette princesse par son neveu Charles-Quint, et en 1518, elle l'avait nommé son peintre officiel. Comme le jeune prince aimait beaucoup la chasse dans les forêts voisines de Bruxelles, on chargea Bernard de copier les scènes auxquelles ce divertissement donnait lieu : il fit un grand nombre de cartons qui servirent à broder des tapisseries (²).

« Outre ses appointements annuels, Van Orley recevait des sommes particulières pour chacun de ses tableaux. Marguerite lui paya, entre autres ouvrages, la *Remembrance de Marie morte* dix philippus d'or; ce panneau fut envoyé au cloître des Sept Douleurs de Notre-Dame, près de Bruges (³). Elle donna le même prix d'un saint suaire sur taffetas. Dans le compte où sont mentionnés ces deux morceaux, il est encore question de dix autres philippus donnés au peintre « pour certains agréables services par lui rendus à Madame et dont elle ne veut aucune déclaration formelle (⁴) ». Les Archives du royaume à Bruxelles (⁵) rapportent dans les mêmes termes deux autres gratifications (⁶). Pourquoi ne voulait-elle pas en

---

(¹) DE REIFFENBERG, *Notices et extraits des manuscrits de la bibliothèque de Bourgogne*, p. 1 et suiv.

(²) MICHIELS, *Histoire de la peinture flamande*, 2ᵉ édition, t. V, p. 72-73.

(³) *Archives du royaume*, Chambres des comptes, nº 1797, f. IIᶜ, IIII.

(⁴) *Ibid.*

(⁵) *Ibid.*

(⁶) Voir mon livre sur *Marguerite d'Autriche,* p. 184-185.

dire le motif? Quels étaient ces mystérieux services qu'elle jugeait si agréables? On l'ignore [1].

En 1527, les Van Orley furent poursuivis comme ayant assisté à des prêches clandestins. Bernard, son père, sa mère, sa femme et son frère comparurent devant les inquisiteurs, avec Jean Coninxloe, peintre médiocre, et d'autres artistes obscurs. On leur infligea des amendes, et en outre, on les condamna à monter sur un échafaud, dressé devant l'église Sainte-Gudule. Après cette triste cérémonie, Bernard Van Orley fut destitué, sans cependant que Marguerite d'Autriche laissât de l'employer. Marie de Hongrie lui rendit sa charge de peintre officiel [2].

« Les tableaux de Bernard Van Orley sont devenus assez rares. Le Musée de Bruxelles en possède deux, dont l'un appartient à la première époque de ce maître ; il représente le Christ soutenu par la Vierge, qui plie sous le poids de la douleur. Madeleine, saint Jean et deux disciples, qui se trouvent sur le second plan, expriment avec beaucoup de vérité le même sentiment. Sur les volets on voit les portraits des donateurs et de leur nombreuse famille ; celui du père et de sept fils sous le patronage de saint Jean-Baptiste, celui de la mère et de cinq filles, sous le patronage de sainte Marguerite. L'ensemble est peint sur fond d'or. La beauté de l'expression, la vigueur du coloris, la finesse de l'exécution, le ton mâle qui règne dans tout le tableau, la perfection des détails et le goût des ajustements, font regarder cette œuvre comme la plus belle production que le Musée possède en ce genre »[3].

Van Orley a fait plusieurs cartons pour les verrières de Sainte-Gudule ; celles qui ornent les baies des portails latéraux furent exécutées d'après ses dessins et placées en décembre 1537. Le vitrail du nord représente Charles-Quint

---

[1] Conf. MICHIELS, t. V, p. 74.
[2] ID., p. 76-77.
[3] GOETHALS, *Histoire des lettres, des sciences et des arts en Belgique*, Bruxelles, 1842, t. III, p. 53-54.

et sa femme ; le vitrail du sud, Louis de Hongrie et Marie, sa veuve. Van Orley fournit également le carton de la verrière peinte pour la chapelle du Saint-Sacrement de Miracle ([1]).

Une riche collection de dessins exécutés par cet artiste se trouvait, à l'époque du bombardement de Bruxelles, chez Pierre Van Orley, un des descendants de Bernard. Les projectiles environnèrent la maison de flammes ; pour sauver ses effets les plus précieux et surtout son trésor artistique, Pierre les transporta dans l'habitation d'un ami, laquelle lui semblait moins exposée. Mais le destin se fit un jeu de tromper sa prudence : la maison où il chercha un refuge devint la proie de l'élément destructeur; la sienne, par une espèce de prodige, fut soustraite à ses ravages. Ce désastre anéantit les importantes esquisses et ruina la famille ([2]).

Marguerite habitait de préférence Malines; elle n'aimait pas beaucoup Bruxelles ([3]). Bruxelles était, au contraire, la ville chérie de l'empereur, qui se souvenait toujours avec gratitude de l'héroïque assistance que les Bruxellois lui avaient prêtée en 1521 ([4]). Quand il y résidait, il se complaisait dans son riche palais, dont les salons étaient couverts de somptueuses tentures sorties des manufactures nationales de Martini et de Nonne et où se massaient avec un art infini l'or, l'argent, le velours et le satin cramoisi ([5]). C'était là encore que l'on voyait briller les aiguières, bassins et tasses dorées, ainsi que les tranchants, flacons et *jectoirs* d'argent dus à l'industrieuse habileté de Van der Perre, de Bruxelles ([6]).

Malines, la résidence habituelle de l'archiduchesse, était

([1]) MICHIELS, t. V, p. 93.

([2]) ID., t. V, p. 79. — GOETHALS, t. III, p. 52-54.

([3]) Ce fut elle qui s'opposa formellement à ce que l'on transférât dans la capitale le grand conseil de Malines. — Sous elle, la constitution communale de Bruxelles « telle que l'avaient créée ou sanctionnée les ducs de Brabant et, après eux, les ducs de Bourgogne, subit des modifications importantes ». (V. GACHARD, *Documents inédits*, etc., t. I, p. XXVI.)

([4]) *Archives du royaume*, Conseil de l'État et Audience, registre 69, fol. 494.

([5]) *Ibid.*, f. 518.

([6]) *Ibid.*, f. 520.

alors une des plus belles villes des Pays-Bas. Le palais qu'elle y occupait n'était pas moins somptueux que celui de l'empereur à Bruxelles. C'était là qu'elle donnait fêtes et ballets à ses intrépides gentilshommes flamands, tout ruisselants de perles et de rubis, en dépit des sévères ordonnances de Charles-Quint. C'était plaisir à les voir se délasser des fatigues de leurs rudes campagnes de France et d'Italie dans le *Joyeux de Bruxelles* ou dans les *Filles à marier* (¹).

La richesse de la ville, la présence de la cour, les étrangers qui affluaient dans les hôtels, le grand nombre d'habitants et la prospérité de leur commerce devaient stimuler énergiquement les hommes de mérite. Un usage adopté à cette époque n'y contribua pas moins. Pour décorer les murs, on avait graduellement substitué, dans les riches demeures, au cuir de Cordoue des toiles peintes à la détrempe. Ces toiles se vendaient en rouleaux, non seulement dans les magasins, mais dans les marchés publics et dans les foires. Leur préparation occupait à Malines plus de cent cinquante ateliers, indépendamment d'un grand nombre d'autres à Courtrai et en différentes villes. Quoique les images dont on les ornait fussent surtout des œuvres industrielles, un labeur si considérable entretenait le goût de la peinture et habituait une foule de jeune gens à manier le pinceau. Les plus intelligents devenaient des artistes.

Malines semble donc avoir été le chef-lieu de l'école de transition qui forma le passage entre le style de Bruges et le style d'Anvers. Ce fut au milieu de ces circonstances favorables que se développa Michel Van Coxie, père de cet autre Michel, qui fut l'élève de Bernard Van Orley (²).

Le premier de ces deux peintres était estimé de Marguerite d'Autriche et des seigneurs qui l'environnaient ; on n'avait pas, dans le pays, une moins bonne opinion de ses talents. Il était de race noble. Il enseigna lui-même à son fils les

(¹) Noms de certaines basses-danses.
(²) MICHIELS, t. V, p. 216-217.

éléments du dessin et de la peinture. Mais, n'ayant pas exploré tout le domaine de l'art, il ne pouvait le conduire bien loin et il le plaça sous la direction de Bernard Van Orley (¹), qui eut ainsi la gloire de former ce peintre, si connu par sa grâce raphaélesque.

Marguerite employa aussi Jean de Mabuse, elle l'appela notamment à Malines et lui confia la tâche ingrate de restaurer les anciennes peintures de son cabinet.

Parmi les artistes qui avaient fixé l'attention de Marguerite, il faut citer encore Vermeyen et Horebout.

Jean-Corneille Vermeyen, né en 1500, à Beverwyk, non loin de Harlem, accompagna Charles-Quint à Tunis, dont il peignit le siège et la prise (²). Bruxelles et Arras étaient remplis de ses tableaux et de ses portraits. Il mourut en 1559 à Bruxelles; il fut enterré dans l'église de Saint-Géry, où il y avait de lui une résurrection du Christ, surmontée de la figure de Dieu le Père.

Gérard Horebout, auteur de ces beaux diptyques tant admirés de ses concitoyens, naquit vers 1498 à Gand et mourut en 1541 (³). En 1516, Marguerite d'Autriche reçut de lui certaines peintures et d'autres ouvrages. Entre cette année et 1518, il fit pour elle un livre d'heures, et trois ans après, le portrait de Christiern II de Danemark, qui voulut introduire les institutions de la Belgique dans les vieilles aristocraties du Nord scandinave, et que ces tentatives de réforme précipitèrent du trône et forcèrent de se réfugier chez nous (⁴).

La même année, 1521, il exécuta pour la même princesse seize belles histoires bien enluminées, en une paire de riches heures sur parchemin. Il avait encore tracé dans cet ouvrage sept cents lettres d'or, fait écrire un certain nombre de feuil-

---

(¹) MICHIELS, p. 217-218.
(²) KAREL VAN MANDER, *Het schildersboek*, Haarlem, 1604, p. 224.
(³) MICHIELS, t. V, p. 413-414.
(⁴) ID., t. V, p. 407-408, et mon livre cité, p. 187-188.

lets, et peint deux vignettes. La gouvernante lui demanda
ensuite un modèle de verrière pour l'église de Galilée à
Gand. Elle le chargea aussi de se rendre à Bruges et d'y faire
achever le manuscrit d'un autre bréviaire. Elle l'employa
encore vingt jours à un petit jardin en fleurs de soie que les
nonnes du monastère de Galilée exécutaient pour elle dans
un coffre (¹).

La cour de Marguerite recevait aussi le grand sculpteur
Conrad Meyt, à qui l'on doit l'admirable monument érigé à
la mémoire de l'empereur Maximilien I, dans la cathédrale
d'Inspruck (²). En 1526, cet artiste entreprit, aux frais de la
gouvernante, l'exécution des statues d'albâtre des trois splen-
dides monastères de Notre-Dame de Brou, à Bourg-en-Bresse
près de Lyon. Il était Suisse de naissance, mais il habitait
déjà les Pays-Bas en 1514.

Parmi les statuettes qui ornaient le magnifique tabernacle
de l'église abbatiale de Tongerloo, construite entre les années
1538 et 1549, celles des trois sybilles étaient également sorties du ciseau de Meyt (³).

Pendant l'immense splendeur artistique de ce règne, le
célèbre fondateur d'une grande école de peintres allemands
forma le projet de visiter les Pays-Bas. On connaît le voyage
d'Albert Dürer; sa réception à Anvers par la confrérie de
Saint-Luc; sa visite à l'atelier de Quentin Metsys; sa présence
à l'entrée solennelle de Charles-Quint à Gand, le 23 septembre 1520; son séjour à Bruxelles, où il fut fêté par le
seigneur de Nassau; sa liaison avec Meyt, Van Orley, Pate-
nier, Erasme; sa visite au palais de Malines, où Marguerite lui
permit de voir ses tableaux et sa « librairie »; sa disgrâce
auprès d'elle, si bien qu'elle ne lui offrit rien en échange de

---

(¹) MICHIELS, t. V, p. 408-409.

(²) VAN HASSELT, *Revue de Bruxelles*.

(³) PINCHART, notes sur *Crowe* et *Cavalcaselle*, *Les anciens peintres flamands*,
Bruxelles, 1862, t. III, p. CCCXVII.

ce qu'il lui avait offert et refusa même d'acheter le portrait de Charles-Quint qu'il avait peint ([1]); la froideur qu'il trouva à Bruxelles ; ses portraits peu ou point payés ; l'accueil que lui fit Christiern II, dont il fit le portrait ; l'offre des magistrats d'Anvers de se fixer dans cette ville avec une pension annuelle ; son départ enfin devant la persistance de Charles-Quint et de Marguerite à ne montrer au grand artiste aucun intérêt.

Quoique Marguerite ouvrît ses salons aux poètes, aux musiciens et aux peintres ; quoiqu'elle cultivât elle-même avec succès la poésie, la musique et la peinture ; quoiqu'elle sût si bien

> . . . . . Chanter et rire,
> Dancer, jouer, tout bien lire et escrire,
> Peindre et pourtraire, accorder monocordes, etc.,

elle ne cessait de se lamenter sur l'ennui mortel qu'elle traînait après elle comme un linceul de plomb :

> Deuil et ennuy me persécutent tant,
> Que mon esprit à comporter s'estent
> Tous les regretz que l'on sçaroit penser,
> Et n'est vivant qui en sceut dispenser,
> Car en mon cas personne riens n'entend.

> Pourquoy non ne veuil-je morir?
> Pourquoy non ne voy-je quérir
> La fin de ma doulente vie,
> Quant j'ayme qui ne m'ayme mye,
> Et sers sans guerdon acquérir?

> Je n'ay deuil que je ne suis morte :
> Ne doy-je pas vouloir morir?...

([1]) V. *Reliquien von* ALBRECHT DÜRER, etc., Nuremberg, 1528. — ALF. MICHIELS, *Histoire citée*. — GENS, *Histoire de la ville d'Anvers*. — VAN HASSELT, *Revue de Bruxelles*, décembre 1838 et janvier 1839. — PINCHART, déjà cité. — *Le cabinet de l'amateur et de l'antiquaire*, t. I, etc.

Ailleurs, elle se lamente encore :

> Me fauldra-il tousjours ainsi languir?
> Me fauldra-il enfin ainsi morir?
> Nul n'aura-il de mon mal congnoissance?
> Trop a duré, car c'est dès mon enfance.

Marguerite a exposé les causes de ses chagrins dans sa *Complainte sur la mort de l'empereur Maximilien*, son père [1].

> O Attropos, nul ne se peult deffendre
> De ton fier dart, dont tu as mis en cendre
> Les quatre princes que au monde aymoye mieulx
> Murdry les as trestous devant mes ieulx !
> Les deux premiers si furent mes maris,
> Dont maintes gens eurent les cueurs marris,
> Prince d'Espaigne et le duc de Savoye,
> Que plus bel homme au monde ne sçavoye :
> Encoires plus pour grever mon oultraige,
> Les prins tous deux en la fleur de leur eaige ;
> Car à dix et neuf ans le prince trespassa,
> Et la mort malheureuse son josne cueur persa.
> Au beau duc de Savoye bien lui fiz de tes tours,
> Car à vingt et trois ans lui fiz finir ses jours.
> Et le troisième, mon seul frère [2], estoit
> Roy des Hespaignes et de Naples à bon droit.
> Las ! tu l'as mis en un semblable erroy ;
> Car tu n'espargnes prince, ne duc, ne roy.
> Pour le quatriesme, o Mort trop oultrageuse,
> Tu as estaint la fleur chevalereuse
> Et as vaincu celluy qui fust vainqueur,
> Maximilien, ce très noble empereur,
> Qui en bonté à nul ne se compère [3].

Ainsi Marguerite se consume dans un sombre abattement ; elle languit dans une affection morbide ; elle ressent cet affaissement des facultés de l'âme, cette satiété de toutes choses, cette sorte d'atonie qui lui fait souhaiter de sortir de ce séjour de larmes. Elle mourut en 1530.

[1] Ce prince mourut le 12 janvier 1519.
[2] Philippe le Beau, mort le 25 septembre 1506.
[3] Archives du royaume, secrétairerie allemande.

Après sa mort, les arts eurent le bonheur de voir lui succéder sa nièce Marie de Hongrie (1531-1555), qui chargea le Montois Jacques du Brœucq de relever à Binche et à Mariemont les châteaux détruits par les Français, qui ne le cédaient en rien, pour l'architecture et pour la richesse de l'ornementation, à tout ce que les rois de France, Louis XII, François Ier et Henri II, avaient construit avec le concours des plus grands artistes de leur siècle. A Binche, Michel Coxie avait été longtemps occupé à couvrir de ses belles compositions les murailles et les cheminées ; on n'y voyait que statues, bas-reliefs et ornements dus au génie de Jacques du Brœucq. Les parquets, les portes, les meubles étaient l'œuvre d'ébénistes allemands, qui avaient reproduit en incrustation le plan de la ville et du château de Binche. Marie avait rassemblé dans ce château des objets d'art sans nombre et des manuscrits d'une haute valeur. La lettre M couronnée apparaissait jusque sur les girouettes qui surmontaient les deux tours ornant l'entrée de l'édifice [1].

La princesse possédait encore un autre château, celui de Turnhout, où elle fit installer, en 1556, une bibliothèque de manuscrits, presque tous reliés avec luxe, que Philippe II réunit en 1559 à celle des ducs de Bourgogne, déjà enrichie par l'héritage de Marguerite d'Autriche. Il ne paraît pas que le roi d'Espagne ait distrait de la succession de sa tante pour le donner au monastère de Saint-Laurent de l'Escurial, autre chose qu'un superbe évangéliaire de xie siècle, que la reine Marie avait rapporté de Hongrie, avec l'incomparable missel exécuté pour le roi par Mathias Corvin, en 1485 [2].

Le château de Turnhout était surtout remarquable par les sculptures qui le décoraient ; c'étaient des productions de Conrad Meyt.

L'inventaire des meubles du château mentionne encore d'autres pièces de sculpture en marbre blanc, en jais, en

----

[1] PINCHART, *Revue universelle des arts*, t. III, p. 128.
[2] ID., *ibid.*, p. 128-129.

ambre et en albâtre, dont l'une, un *Enfant se tirant une épine du pied,* était une œuvre nonpareille (¹).

Marie possédait un nombre considérable de portraits et de tableaux faits par le Titien, une toile de grande dimension de Jean Van Eyck, trois pièces capitales de Coxie, six portraits par Antoine de Moor, ainsi que d'autres, par Guillaume Scrotes, Jean Vermeyen et François de Hollande (²).

Le gouvernement de Marguerite d'Autriche et de sa nièce a été comparé à juste titre au règne de François Iᵉʳ, pour sa large compréhension de la renaissance littéraire et artistique.

(¹) PINCHART, *Revue universelle des arts,* p. 129-130.
(²) ID., *ibid.,* p. 133-136.

CHAPITRE XI.

CORNEILLE AGRIPPA ET SES DISCIPLES.

Arrêtons-nous maintenant sur la vie et sur les œuvres de Corneille Agrippa, l'une des figures les plus originales de cette époque, si riche en hommes supérieurs.

Attiré par les tendances humanistes de son siècle et par les sciences occultes, il se livra d'abord à ces dernières de façon à montrer un talent rare dans la conception et l'exposition de leurs principes. Ce fut moins cependant le côté scientifique de ces sciences que leur application pratique qui l'attira. Mais en lui donnant réputation, richesse, puissance, elles firent malheureusement de lui un des esprits les plus aventureux du xviᵉ siècle, ce qui lui valut l'intimité d'autres esprits de la même nature et ce qui l'enveloppa avec eux dans un pacte secret et dans les entreprises les plus dangereuses. Il en arriva à se poser publiquement comme professeur de sciences occultes et parcourut, comme tel, la France, l'Espagne, l'Angleterre, l'Allemagne et l'Italie. Il était l'ami du fameux abbé Jean Trithème, autour duquel s'étaient groupés à Wurzbourg, de nombreux disciples, et qui se fit connaître par des vers sarcastiques contre les abbés séculiers, que Voltaire a imités :

> Ils se moquent du ciel et de la Providence,
> Ils aiment mieux Bacchus et la mère d'Amour...

Ce fut sur les conseils de Trithème que Corneille Agrippa composa, à l'âge de 23 ans, son livre sur la philosophie occulte. Après avoir cherché à faire fortune dans la guerre, dans les affaires d'État, dans la médecine, il enseigna la haute théologie, annonçant aux élus le secret de l'Évangile ; à l'exemple de Trithème, il attaqua les moines et dépensa beaucoup de temps et d'esprit, tantôt à des pamphlets, tantôt à des flatteries. Sa vie était un tissu bizarre d'événements étranges, où il est souvent digne de compassion, bien qu'on soit tenté de blâmer la versatilité de son caractère, son absence d'attachement à aucun parti et son manque de respect pour les grands mouvements du xvie siècle, dont il alla jusqu'à flétrir les sciences. Ce n'est pas qu'il méconnût les nobles sentiments de la nature de l'homme et les grandes idées qu'inspire la contemplation de l'univers ; mais les agitations de sa vie le fourvoyèrent ; il lui fut impossible de s'élever aux calmes spéculations de la vérité, et toute son existence ne fut que le reflet des aspirations troubles et flottantes d'une âme inquiète [1].

Né à Cologne en 1487, après avoir étudié dans sa ville natale et à Paris, après ses expéditions fantastiques en Espagne, en Italie, en France, Agrippa se rendit à Dôle, où il fut agréé à l'académie (1509) et où il donna des leçons publiques sur le traité de Reuchlin *De Verbo mirifico*. La tendance des idées de Reuchlin était de réunir les doctrines cabalistiques et les doctrines pythagoriciennes. Cette tendance fut également celle d'Agrippa. Il avait principalement ambitionné la place qu'il possédait à Dôle pour gagner la bienveillance de Marguerite d'Autriche. Ce fut dans le même dessein qu'il écrivit son discours sur *la noblesse et l'excellence du sexe féminin* et le dédia à cette princesse. Ce discours, traduit en français par un de ses amis et propagé partout, ne fut livré à l'impression qu'en 1529 [2].

« L'homme, dit-il, c'est Adam, c'est la nature, la chair, la matière. La femme, c'est Ève, c'est la vie, c'est l'âme, c'est le

____

[1] RITTER, t. IX, p. 327 et 328.

[2] MEINERS, *Lebensbeschreibungen berühmter Männer*, t. I, p. 215-229. — *Biographie universelle*, art. *Agrippa*.

mystérieux tétragramme de l'ineffable toute-puissance divine. La femme eut pour berceau le paradis, l'homme reçut le jour au milieu des brutes. La femme est supérieure à l'homme, par l'esprit autant que par la beauté, ce reflet de la divinité, ce rayon de la céleste lumière ; bien plus, la femme, c'est Dieu lui-même... (¹) »

On trouve, dans ce livre étrange, plusieurs passages où l'auteur émet sur la condition des femmes des idées justes et fort avancées. Tout ce qui existe dans notre société est privé de ce moelleux de formes, de cette souplesse, de ce charme, que cependant on demande à tout ; et pourquoi? C'est que l'homme seul a mis sa main calleuse à l'œuvre et n'a rien laissé faire à la femme, c'est-à-dire à la grâce qui achève tout. Qui a bâti, sculpté, écrit, peint? Les hommes. L'art n'a qu'un sexe : il est mâle; tandis qu'il devrait réunir la puissance du sexe évidemment le plus fort à la tendresse du sexe le plus faible. Alors, les temps seraient accomplis pour la beauté de l'expression idéale.

Cependant, il ne faut pas prendre cet ouvrage absolument pour ce que le titre annonce. Sous prétexte de défendre un paradoxe, Agrippa n'avait en vue que de se moquer, avec la verve la plus audacieuse, des croyances bibliques et chrétiennes. Dès lors, il fouille à pleines mains dans ce qu'il appelle le magasin sacré de la Bible. Sous sa plume, la création de l'homme et de la femme, le péché originel, l'histoire de Judith et d'Holopherne, celle des filles de Loth, les vies des patriarches, les adultères de David et une infinité d'autres points deviennent des sujets d'amères moqueries. Il n'y a pas de livre qui ressemble plus aux facéties de Voltaire, et souvent, comme Voltaire, Agrippa s'élève tout à coup d'une plaisanterie obscène à des mouvements d'une vive et naturelle éloquence. C'est quand il trouve l'occasion de critiquer la Bible et l'antiquité au nom

______

(¹) *Agrippæ op.*, t. II, p. 518-531 (édit. de Lyon).

de la moralité moderne. On s'étonne qu'un livre si décidément satirique et où le cynisne ne se déguise pas, ait pu être gravement dédié à Marguerite d'Autriche. Cela peut donner une idée de la liberté de penser qui régnait à cette époque en Belgique [1].

Le discours d'Agrippa n'eut pas l'effet qu'il en attendait. Le provincial des Franciscains, Jean Catelinet, en fut cause : prêchant pendant le carême de 1510 devant la gouvernante, à Gand, il se livra à des outrages contre l'auteur, qu'il traita, entre autres, d'hérétique judaïsant. Agrippa, convaincu qu'il n'avait plus rien à attendre de la cour de Marguerite, partit en 1510 pour Londres, d'où il lança contre Catelinet un écrit plein de sens et de modération. Étant revenu la même année à Cologne, il s'y occupa de certaines questions ambiguës de théologie et s'étendit sur le bon ou le mauvais usage des églises, statues, images, fêtes, processions. Puis, excité par Trithème, il écrivit ses trois livres sur la *Philosophie occulte*, dans lesquels il s'efforçait de séparer de la haute magie tout ce qu'on y avait mêlé de fables, de superstitions et de choses ridicules ou pernicieuses. Il dit lui-même, dans une lettre, que toutes les doctrines sur la magie, l'astrologie et l'alchimie sont fausses et trompeuses quand on veut les prendre à la lettre ; mais qu'il en est autrement si l'on en cherche le sens mystique. Pris dans son ensemble, ce livre renferme la substance des travaux de toute sa vie et de toute l'érudition qu'il avait pu acquérir, depuis les constellations, les caractères sacrés, les amulettes, jusqu'aux philtres, à la géométrie et à la musique démoniaque [2].

En 1512, Agrippa entra au service de Maximilien Ier comme conseiller impérial ; il se distingua ensuite à l'armée d'Italie et on le créa chevalier doré (*auratus eques*). En 1515, il fit à

----

[1] *Encyclopédie nouvelle*, t. I, p. 174.

[2] MEINERS, p. 233-238. — RITTER, t. IX, p. 327 et 328. — *Encyclopédie nouvelle*. — *Biographie universelle*, article cité. — CAPEFIGUE, *Histoire de la Réforme*, t. I, p. 236 (édit. de Bruxelles, 1834).

Pavie des leçons sur Hermès-Trismégiste, s'y maria et s'y fit recevoir docteur en droit et en médecine. Mélange de superstition et de charlatanisme, il fut appelé, en 1517, à Metz, où il se distingua en qualité d'avocat, d'orateur et de syndic. En dépit de ces titres, les inquisiteurs le persécutèrent parce qu'il avait prêté son concours à une paysanne accusée de sorcellerie, et il fut forcé de retourner à Cologne (1520).

L'année suivante, il alla à Genève, où il se maria en secondes noces, et de là à Fribourg, puis à Lyon, où il professa l'art de guérir avec un tel succès qu'il reçut le titre de médecin de Louise de Savoie, mère de François Ier (1525). Disgracié l'année suivante pour avoir prédit le triomphe du connétable de Bourbon sur l'armée française en Italie, il se vit réduit à un état voisin de l'indigence, ce qui, cependant, ne l'empêcha pas d'écrire son fameux livre *De l'incertitude et de la vanité des sciences*. Ce livre portait l'empreinte de la situation intellectuelle et morale où il se trouvait alors ([1]), et il est naturel qu'un livre destiné à prouver la vanité des sciences se terminât par l'éloge de l'âne, si souvent cité.

En 15 7, Agrippa quitta Lyon pour Paris et alla ensuite s'établir à Anvers, où il avait été appelé sur les instances d'un moine augustin, qui était un de ses adeptes. Il fut généralement recherché en Belgique comme un être merveilleux et surtout comme un médecin à qui rien n'était impossible : on venait le consulter de Louvain, de Malines et d'autres villes.

En 1529, Marguerite d'Autriche le nomma son conseiller, son indiciaire et son historien. L'année suivante, il publia, sur les ordres de cette princesse, la description du double couronnement de Charles-Quint, comme roi des Lombards et comme empereur romain. Puis il quitta Anvers pour Malines, résidence de la gouvernante, et fit paraître dans la

______

([1]) MEINERS, p. 236-288.

première de ces villes, par la voie de la presse, son fameux livre de la Vanité des sciences. Quoiqu'il eût été imprimé avec l'approbation des docteurs en théologie et avec privilège de l'empereur, il ne lui en aurait pas moins suscité de graves difficultés, sans la mort de Marguerite d'Autriche, qu'avaient excitée contre lui les scolastiques et les moines. La malveillance de la duchesse pour Agrippa ne l'empêcha pas de faire, lorsqu'elle mourut, l'éloge de sa vie, qu'il dédia à Jean de Carondelet, archevêque de Palerme, chef du conseil privé. Ce que les moines n'avaient pu obtenir de la défunte, ils s'appliquèrent à l'arracher à ses deux neveux, Charles et Ferdinand. Mais, en dépit de ses persécuteurs, Agrippa livra à l'impression le premier livre de sa *Philosophie occulte* (1531), qu'il adressa à Herman de Wied, archevêque de Cologne. Quoique ce prélat eût accueilli la publication avec une haute satisfaction, l'auteur n'osa pas faire paraître les deux autres livres : il craignit d'augmenter les clameurs poussées par les moines dans les cabinets des grands, du haut des chaires évangéliques, dans toutes les familles et dans toutes les sociétés particulières (¹).

Si, dans Erasme, l'esprit scientifique suit en toute liberté les tendances réformatrices de son siècle, Agrippa représente davantage l'élément populaire, qui, uni aux progrès de la Renaissance, conduisait aux mêmes résultats, du moins par rapport à la critique et à l'essence de la religion. Dans le livre *De l'incertitude et de la vanité des sciences*, il s'applique à prouver cette idée populaire que toutes les sciences ne sont que vanité, qu'elles engendrent aisément la folie et qu'il n'y a rien de plus pernicieux qu'un savant vaniteux. Cette idée s'était manifestée chez les hussites, dans les agitations causées à Wittenberg par les excentricités de Karlstadt, et elle se conserva dans plusieurs sectes mystiques, entre autres dans celle des anabaptistes. Elle était bien plus sérieuse qu'on

(¹) MEINERS, p. 319-336.

ne se le figure, à une époque où la religion et la science étaient comme serrées dans un étau ; où, sous la pression d'un pédantisme grotesque, la nature et la saine raison menaçaient de s'éteindre. Le livre d'Agrippa eut le précieux avantage de conduire à la critique et, par là, d'avancer la science. Il est vrai qu'il contient des opinions singulières, fruit de l'esprit inquiet et ardent de l'auteur ; mais on y retrouve toujours l'écrivain aussi savant que spirituel dont les coups portent rarement à faux. Humaniste et contempteur du système monacal, il le battait constamment en brèche (¹).

Aussitôt après l'apparition de Luther, Agrippa s'était prononcé en faveur de ses tendances réformatrices, sans jamais cependant se convertir à la nouvelle religion. Il soutenait que le bonheur de l'homme n'est pas dans la science, mais dans la probité ; que la bonne volonté seule relie l'homme à Dieu ; que l'État même est malheureux par la science, pour le motif que les savants y veulent toujours avoir le haut du pavé et qu'ils méprisent et dominent le peuple (²).

Agrippa se plaît aussi à promener sa férule sur le dos des grammairiens et des théologiens qui, en se clouant à la lettre morte de l'Écriture, en oublient le sens et l'esprit et qui, pour de misérables disputes de mots, avaient causé le schisme des Églises d'Orient et d'Occident et, récemment encore, les plus violentes querelles sur l'Eucharistie (³).

Dans le 58ᵉ chapitre de ce livre, il attaque les riches églises du catholicisme, qu'il dit avoir été construites avec la sueur des pauvres : « Dieu ne demeure pas dans les temples élevés par la main de l'homme. Le cœur des mortels pieux, voilà le temple de l'Être suprême. Le Christ nous a envoyés faire nos prières dans nos chambres, et non pas dans les églises ; lui-même n'allait pas, à cet effet, dans la synagogue, mais sur la montagne. Dieu veut être adoré en esprit et

----

(¹) HAGEN, *Deutschlands liter. u. relig. Verhältnisse in Reformations Zeitalter*, Erlangen, 1844, t. III, p. 258-260.

(²) HAGEN, t. III, p. 260 et 261.

(³) HAGEN, p. 262 et 263.

vérité, et non pas dans les actions corporelles et dans la chair (¹). »

Puis, c'était le tour des inquisiteurs. Après avoir rappelé qu'avant le xii⁰ siècle « jamais on n'avait torturé ou brûlé un homme que du consentement du pape », Agrippa dépeint la conduite de l'inquisition de son temps en ces termes :

« Si le prévenu, se mettant sur la défensive, tâche de se justifier et de soutenir son opinion par l'Écriture, ou par de bonnes et solides raisons, aussitôt ces révérends inquisiteurs, l'interrompant d'une voix furieuse et tonnante : « Il ne s'agit pas ici, disent-ils, de disputer devant une chaire d'école, contre des bacheliers et des étudiants. Vous êtes devant vos juges et vous comparaissez à leur tribunal ; ce n'est pas à vous à former des raisonnements ni à plaider votre cause ; il n'est question que d'une demande, et vous devez y répondre simplement : voulez-vous vous en tenir aux décrets de l'Église romaine et renoncer à votre opinion? » Le prévenu, refusant d'acquiescer, déclare-t-il qu'il persiste dans son sentiment, alors, lui représentant les terribles suites de sa prétendue opiniâtreté : « Ce n'est, disent-ils, ni avec les argumens, ni par des écrits qu'il faut combattre les hérétiques; les seules armes qu'on doit employer contre ces amis du diable, ce sont les flammes d'un bûcher ardent. »

« Ainsi, un malheureux qui n'est nullement convaincu qu'il a tort, qui ne sait et ne peut pas penser autrement qu'il pense, et qui croit selon sa conscience et sa bonne foi, on le force d'abjurer, c'est-à-dire de ne point voir ce qu'il lui est impossible de ne pas voir ; et s'il tient ferme jusqu'à la fin, ces moines le proclament déserteur de l'Église, le livrent au bras séculier, comme ils disent, aux mains de la justice civile, pour être brûlé vif, disant avec l'apôtre : Otez le mal qui est au milieu de vous. Cependant, l'Église gouvernait autrefois avec un si grand esprit de douceur, et les évêques de Rome avaient

____

(¹) HAGEN, p. 263 et 264.

tant de clémence que, comme Gratien l'a démontré dans la quatrième distinction de la consécration, on ne punissait point de mort le néophite relaps et retombé dans le judaïsme, et qu'on n'ordonnait aucun châtiment ou du moins point de supplice contre le blasphème. Et le fameux Bérenger, que, par rapport au mystère prodigieux et absolument contradictoire de la transsubstantiation, nous devons détester et condamner comme un monstre d'hétérodoxie, voire au feu le plus brûlant de l'enfer, ne voyons-nous pas que, quoiqu'il fût retourné, comme un scélérat, au vomissement de son hérésie, non seulement il ne fut point occis, mais qu'il fut encore maintenu dans sa dignité d'archidiacre.

« Mais dans notre malheureuse et perverse génération, la plus légère erreur vous mène droit au fagot, et quelquefois, pour le moindre crime, ces bourreaux ou du moins ces lieutenans criminels des soi-disant pères et pasteurs des enfants du Père céleste livrent un pauvre chrétien au terrible supplice du feu. Vous me direz : « Cette sévère et rigoureuse discipline convient au triste et tumultueux état où l'Église se trouve aujourd'hui ». Mais pendant qu'on pratique une violence si horrible, si criante contre la raison et l'humanité, et cela pour maintenir l'ambitieuse et imaginaire infaillibilité des papes, qu'on ne laisse donc point périr la vraie et solide dévotion!

« D'ailleurs, ces inquisiteurs de la dépravation hérétique sont souvent eux-mêmes des maîtres fripons ; et rien ne les empêche de tomber aussi dans l'hérésie. Et c'est ce qui a donné lieu à la nouvelle constitution de notre saint-père Clément. Ceux donc qui ont vocation pour ce digne emploi de l'inquisition, ces chiens de chasse, ou, pour mieux dire, ces gros et méchans mâtins que le pape lâche sur l'hérésie, pour peu qu'ils veuillent se conformer à l'esprit de l'Évangile, ne doivent pas employer contre les hérétiques des argumens obscurs et embarrassés, des syllogismes contentieux : ils doivent tâcher, avec douceur, avec une charité chrétienne

et vraiment apostolique, de les convaincre de la foi ortho-
doxe par l'Écriture sainte, de les ramener par la parole de
Dieu à la doctrine de salut. Ensuite, agissant selon les
enseignemens des canons et les réglemens des conciles généraux, quand le prévenu ne peut pas se rendre ni acquiescer,
qu'ils le déclarent hérétique, à la bonne heure! Mais qu'ils
terminent donc cette affaire importante, et où il n'y va pas
de moins que de la damnation éternelle d'une âme rachetée
par le sang de Dieu, qu'ils la terminent, dis-je, suivant
l'intention et le commandement du législateur des chrétiens,
qui ordonne qu'en cas de refus et d'opiniâtreté, le conver-
tisseur, secouant la poussière de ses souliers, abandonne les
catéchisés à leur aveugle endurcissement.

« De plus, quoiqu'il soit expressément et de droit défendu
aux inquisiteurs de prendre connaissance, ni d'avoir aucune
juridiction sur les gens suspects d'hérésie, sur ceux qui la
défendent, qui la reçoivent, qui la protègent, dans un lieu où
il n'est pas certain, évident, manifeste qu'il y ait une hérésie
formellement et juridiquement condamnée, cependant, ces
vautours altérés de sang et qui ne l'aiment pas moins que le
vin, contre les privilèges à eux accordés par le tribunal de
l'inquisition, contre le droit et les saints canons, ces vautours, dis-je, ces féroces oiseaux de proie, faisant invasion
dans le domaine des évêques, dans la juridiction des ordinaires, s'arrogent un pouvoir papal sur des choses qui ne
sont point hérétiques, mais seulement qui offensent la délicatesse des zélés, qui scandalisent les oreilles dévotes, ou qui
tout au plus ne sont que de simples erreurs qui ne font rien
à l'essentiel.

« Sur ce fondement-là, ces bourreaux apostoliques s'achar-
nent avec la dernière cruauté sur de pauvres femmes de campagne; ils les accusent de sortilèges et de maléfices; ils les
dénoncent; et souvent, sans la moindre procédure crimi-
nelle, sans aucune formalité de justice, ils les exposent à des
tourmens affreux. Ces déplorables victimes de l'iniquité

monacale confessant par la force de la douleur des faits auxquels elles n'ont jamais pensé, alors leurs Révérences, chantant victoire, prononcent l'arrêt de condamnation, se croiant vraiment inquisiteurs, lorsque, sans interrompre leur détestable métier, ils ont perdu ces malheureuses et les ont menées jusqu'au funeste bûcher. Il y a néanmoins pour elles une dernière ressource, c'est de dorer la main du bon père et de l'engager par là à avoir pitié d'elles et à leur donner l'absolution, comme ayant été suffisamment purgées par la torture de la question (¹). »

Le paradoxe sur l'incertitude et la vanité des sciences a un caractère sceptique, et cependant l'auteur parle d'une union mystique de notre esprit avec la nature et avec Dieu, nouvelle preuve de l'étroite parenté du mysticisme et du scepticisme. (²) Agrippa y attaque Aristote et sa logique, il trouve ridicule que celle-ci veuille nous apprendre à conclure, comme si nous n'étions pas à même de conclure sans elle; il soutient qu'elle ne mène qu'à des cercles vicieux. « On pense, dit-il, que nos connaissances doivent partir des sens; mais les sens sont trompeurs : ils ne peuvent pas connaître les causes, où cependant il faut puiser toutes nos connaissances (³). » Il en conclut que chaque science a ses principes, qui ne peuvent pas être prouvés et que, par conséquent, on doit admettre; d'où, suivant lui, la nécessité pour chaque homme de se convaincre que la vérité cherchée par nous est d'une telle immensité qu'elle ne peut être saisie par aucun sens, par aucune observation, par aucune série de recherches, mais uniquement par la libre adhésion de la foi; d'où cette autre conclusion que « la science n'est ni bonne ni mauvaise en soi, qu'elle n'est bonne que lorsqu'un homme bon la possède. Or, la bonté de l'homme ne repose que sur le libre arbitre, qui se prouve par la foi, en laquelle nous nous tournons vers

---

(¹) Traduction de Giraud-Teulon : *Janus, le Pape et le Concile*, p. 1226 et suiv.
(²) *De incert. et van. scient.*, p. 45-48. — RITTER, p. 329.
(³) *De incert. et van. scient.*, p. 7.

Dieu, source de toute vérité. C'est, non pas la langue, mais le cœur qui est le siège de toute vérité ; ce n'est pas la raison, c'est la volonté qui nous unit à Dieu. » Les armes d'Agrippa sont dirigées contre les ennemis de la science divine, et il veut qu'on le considère comme un professeur de cette science (¹). En partant de ce point de vue, il a beaucoup d'objections à faire contre la pratique des sciences mondaines qu'il énumère. Contre les mathématiques, il fait observer qu'il n'y a dans la nature ni cercle, ni globe parfaits (²). La philosophie lui est suspecte parce qu'elle tire son origine des poètes et qu'elle se partage en sectes nombreuses. Il ignore s'il faut compter les philosophes parmi les hommes ou parmi les bêtes ; il est vrai qu'ils ont de la raison, mais ils ne s'en servent que pour s'agiter dans des opinions incertaines. La philosophie est la mère de toutes les hérésies (³). Quant à la théologie, il l'édifie sur l'Écriture sainte et il en veut grandement aux théologiens pour avoir privé le peuple de cette source précieuse de la religion (⁴) ; mais il ne faut pas que l'Écriture soit comprise littéralement ; l'illumination du Saint-Esprit peut seule en révéler le vrai sens (⁵). Il prend à partie la philosophie scolastique, et particulièrement la Sorbonne, qu'il accuse d'avoir engendré un centaure formé d'oracles divins et de raisons philosophiques et engraissé de formes barbares (⁶). Il ne ménage pas le pape et ses décrets, il déteste également Luther, qu'il range parmi les entre-metteurs (⁷) et dont il ne peut approuver les doctrines, parce que cet hérésiarque dénie aux œuvres de la religion leur force et leur valeur. La clef universelle de la vérité, c'est la parole de Dieu. Dieu seul est vrai, tous les hommes sont

---

(¹) *De incert. et van. scient., dedic.*, p. I.

(²) *Ibid.*, p. II.

(³) *Ibid.*, p. 49 et 53.

(⁴) *Ibid.*, p. 100.

(⁵) *Ibid.*, p. 98.

(⁶) *Ibid.*, p. 97.

(⁷) *Ibid.*, p. 64.

menteurs. Par notre raison, qui spécule à tort et à travers, nous ne devons pas corrompre la vérité de la parole divine [1]. Rien n'est plus contraire à la religion chrétienne que la science; la renaissance des lettres n'a fait que troubler la paix de l'Église [2].

A travers ces exagérations et ces colères, on voit apparaître le vrai dessein d'Agrippa, qui voulait qu'une part plus large fût faite dans la science à l'expérience. Lui-même cependant n'a pas encore progressé sous ce rapport, mais au moins, ce qu'il a tenté a servi d'exemple et de stimulant à d'autres. D'ailleurs, en ramenant la théosophie à la carrière scientifique, il se distingue de cette nombreuse classe de savants qui s'enfermaient dans leurs chambres pour se livrer à l'étude des sciences occultes sans songer à lever le voile de la vérité [3].

Agrippa voudrait oublier à jamais l'astronomie, si le besoin et les avantages matériels ne le portaient pas à l'étudier pour exploiter les grands et les riches. L'alchimie n'est pour lui que de la fourberie. Sur la magie, il pense comme Platon; il est convaincu qu'elle ne peut produire que des images trompeuses.

Malgré toutes ces critiques, Agrippa reste théosophe; même ses doutes sont fondés quelquefois sur les principes de la théosophie. Si, d'une part, il vante la large liberté de la vérité, « qui ne peut être approfondie par aucune science, et qui ne peut être saisie que par la foi », d'autre part, il n'est pas satisfait de ce qu'on nomme communément la foi. Il lui faut une foi plus haute. « Notre foi, dit-il, doit être dirigée par Dieu; Dieu seul est vrai; c'est avec lui que nous sommes en connexité par la foi. Il nous révèle tout; il nous fait tout voir en lui. Il ne nous manque qu'une chose, c'est de pouvoir nous élever jusqu'à lui d'une manière perma-

---

[1] *De incert. et van. scient.*, p. 100.
[2] *Ibid.*, p. 101. — RITTER, p. 330-333.
[3] *De incert. et van. scient.*, p. 47. — RITTER, p. 333 et 334.

nente ; mais alors, nous mourrions, nous serions entièrement absorbés par lui. Dans le Christ seul peut demeurer le Saint-Esprit ; il est le seul vrai théologien ; le Saint-Esprit ne pourrait pas établir sa demeure en nous ([1]). » C'est pourquoi Agrippa recommande une religion qui ne dédaigne pas les œuvres, et la philosophie qui reposerait sur une telle religion lui paraît la seule science qui corresponde à notre point de vue en ce monde. C'est dans ce sens qu'il s'efforce de travailler les idées de la théosophie, d'après les anciennes traditions qu'il puise soit dans les mystiques, soit dans les écrits en honneur chez les platoniciens. Mais il diffère des mystiques en des points essentiels : d'abord, il attache une grande importance aux œuvres ([2]) et à leur efficacité pratique moyennant la foi ; puis il recommande une religion qui est loin d'être exclusivement chrétienne. C'est là qu'il se trouve en contact avec l'école de Platon. « Le Christ n'a pas tout révélé, dit-il ; beaucoup de choses sont restées plongées dans le mystère. » A la manière des humanistes du XVIe siècle, il parle des dieux, bien qu'il n'adore que le Dieu suprême. Il pense que les pécheurs et les païens ont été saisis par l'esprit, peu importe que cet esprit fût divin ou angélique ([3]). Mais ce qu'il recommande comme religion, ce sont les principes de la philosophie platonicienne tels qu'il les a conçus dans le sens théosophique. « Au surplus, dit-il, toutes les religions sont bonnes, quoique la chrétienne soit la meilleure ([4]). »

Le théosophe éclate dans ces phrases : « Si l'esprit n'est pas sain, le corps ne saurait l'être ; or, l'esprit sain ne peut être que le résultat de la pureté morale, de la piété et de la religion. — La religion purifie l'esprit et le rend divin ; par là aussi elle augmente les forces de la nature. Quiconque

______

([1]) *De incert. et van. scient.*, p. 99. — *De occ. phil*, III, 6.
([2]) *Ibid.*, p. 99.
([3]) *Ibid., De occ. phil.*, II, 60 ; III, 2 et 4.
([4]) *De incert. et van. scient., prosat.* — *De occ. phil.*, III, 2 et 4.

dédaigne la religion et ne se fie qu'à la nature est exposé aux tromperies de méchants démons. Dieu a soin des gens pieux, et nous ne sommes en sûreté que sous sa protection ; c'est pourquoi nous devons nous sacrifier à Dieu et nous recommander à la religion divine ; car lorsque nos sens, notre esprit sont calmes, nous pouvons attendre l'ambroisie, louant et adorant ce Bacchus céleste, le plus grand des dieux, le dieu deux fois né, l'auteur de la renaissance ([1]). Si notre âme veut accomplir dans ce monde une œuvre merveilleuse, il faut qu'elle applique la pensée philosophique à son principe, pour être fortifiée, éclairée par lui et pour recevoir du premier auteur de toutes choses la force nécessaire à l'action ([2]). »

« Une force universelle anime le monde et s'y révèle ; mais tout doit être ramené aux idées de Dieu, lesquelles sont unes en lui et multiples dans l'âme du monde ; celle-ci les verse dans les choses inférieures par le moyen des astres ; dans la matière, elles n'existent que comme des ombres. Elles sont aussi dans notre esprit, elles nous sont innées, comme l'enseigne Platon ; mais tout a été voilé en nous par la chute d'Adam. C'est pourquoi nous devons nous purifier pour rentrer en nous-mêmes et pour nous rappeler de nouveau les idées qui sommeillent en nous. Ce sera de cette manière que nous pourrons connaître la connexité de toutes les choses et agir en elle ([3]).

Agrippa est convaincu qu'il y a partout des forces indépendantes de la matière. Il fait remarquer que les choses matérielles agissent les unes sur les autres, qu'elles ne sont jamais contentes d'elles-mêmes, qu'elles sortent constamment d'elles-mêmes, qu'elles influent sans cesse les unes sur les autres. « Cela ne peut pas être l'effet de la matière, car la matière retient plutôt toute chose en elle-même.

([1]) *De occ. phil.*, III, I.
([2]) *Ibid.*, II, 60. — RITTER, p. 356 et 357.
([3]) *De occ. phil.*, I, II. — RITTER, p. 339 et 340.

La matière est, par elle-même, inefficace pour le mouvement[1]. C'est que les choses matérielles sont habitées par des forces occultes. Les éléments sont pleins de vie et d'âme ; un esprit les met en mouvement [2]. De là la nécessité d'une source universelle de la vie, c'est-à-dire de l'âme du monde, suivant Platon [3]. » Agrippa la distingue de l'esprit du monde [4].

Dieu est la cause de toutes choses ; par ses idées, il a tout produit ; il les a communiquées aux intelligences ; par elles, au moyen des astres, elles ont pénétré dans les éléments qui communiquent à chaque chose la force qui lui est essentiellement propre [5]. L'homme peut utiliser toutes ces forces parce que tout existe pour lui et parce qu'il s'élève toujours de plus en plus haut [6], jusqu'à ce qu'il parvienne à tout voir en Dieu et à tout opérer par lui. Telle est la religion recommandée par Agrippa ; c'est une force occulte qui nous fait penser aux puissances internes et intellectuelles du monde et qui nous donne les moyens externes pour dominer ces puissances [7].

Il y a dans tout cela un mélange bizarre de fantasmagories et d'idées saines sur l'enchaînement réel des choses, sur les conditions de notre vie et sur les lois de nos connaissances [8].

Et que dire de cette immixtion continue de l'astrologie, de cette prétendue science par laquelle on se flattait de prophétiser l'avenir, et particulièrement la destinée des hommes d'après la position des étoiles, ce qui était une des plus anciennes superstitions du monde ?

[1] *De occ. phil.*, I, 14.
[2] *Ibid.*, II, 46.
[3] *Ibid.*, 57.
[4] *Ibid.*, 56 et I, 14. — RITTER, p. 340-345.
[5] *De occ. phil.*, I, 13.
[6] *Ibid.*, II, I.
[7] *De occ. phil.*, III, 4. — *De incert. et van. scient.*, p. 56. — RITTER, p. 346 et 347.
[8] RITTER, p. 348.

Dans le moyen âge, les rois et les princes avaient à leur cour des astrologues en titre. Au xvie siècle et même au xviie, l'astrologie comptait encore parmi ses adhérents les Cardan, les Képler et les Cassini. Mais si l'on en comprend difficilement l'existence au xviie siècle, on s'en explique la vogue dans la marche impétueuse du xvie, à travers les décombres du moyen âge, vers un état nouveau, par lequel on cherchait partout des prophètes, comme en d'autres temps on veut des législateurs. Aussi l'on disait d'Agrippa qu'il était misérablement ensorcelé de la plus fine et exécrable magie que l'on pût imaginer; qu'en voyageant, il payait dans les hôtelleries en une monnaie qui paraissait bonne, mais qu'au bout de quelques jours on s'apercevait qu'il avait donné des morceaux de corne ou de coquille. On disait encore que, pour écrire sur la vanité des sciences, il se représentait à lui-même comme un chien qui aboyait contre tout le monde, et que, voulant composer un traité des feux d'artifice, il s'imaginait qu'il avait été métamorphosé en un dragon qui soufflait le feu et le soufre par la gueule, par les yeux et par les oreilles (¹).

Ce qui manquait à Agrippa, c'était la recherche calme de la vérité, l'examen sévère de tout ce qu'il avait trouvé et la possession de convictions sûres. Sa haute raison lui a dicté plus d'une page intéressante; mais des spéculations philosophiques régulières et une méthode rigoureuse répugnaient à son esprit mobile. Pendant toute sa vie, il n'eut de stable que sa haine pour les moines et son amour pour le mystérieux. Il a servi la science et la philosophie beaucoup plus indirectement que directement, par ses luttes contre toute sorte de superstitions, par ses satires contre l'esprit monacal et par sa mise à découvert de tant de mauvais côtés des connaissances humaines dans son siècle (²).

(¹) ANCILLON, *Mélange critique de littérature*. Bâle, 1698, t. I, p. 72. — BAYLE, *l. c.*, f. 106.

(²) TENNEMANN, *Geschichte der Philosophie*. Leipzig, 1798-1819, t. IX, p. 190 et 191.

Il aurait rendu de grands services à la science s'il avait attaqué avec plus de calme et de dignité ces scolastiques qu'il dépeint comme les ennemis de l'Écriture ; s'il s'était abstenu de montrer la culture des lettres comme contraire au respect dû à la Bible et à toute vraie *religiosité*, et de soutenir que, pour être religieux, il faut mépriser les sciences. Mais ce qu'il dit de l'état de la philosophie et de la théologie de son temps n'en est pas moins remarquable. Les pratiques extérieures du culte catholique, le droit canon, les moines et les scolastiques sont traités avec une telle hardiesse de pensée et de parole que l'on ne comprend pas comment il a pu échapper aux foudres de l'Église et aux coups de l'Inquisition [1].

« On ne saurait exprimer dans quelle superstition, dans quelle idolâtrie le culte des images plonge et nourrit le peuple aveugle et grossier. Nos révérends pères et supérieurs en sont bien persuadés, mais ils n'en prennent pas moins part à l'abus et à la profanation. Je n'ai que faire de dire pourquoi..... » Le sarcasme ne s'arrête pas que l'auteur n'ait épuisé ce sujet de scandale avec une verve sans frein.

Il est à regretter aussi qu'Agrippa n'ait pu s'affranchir entièrement du mystère et du charlatanisme qui lui étaient restés de ses études d'astrologie et d'alchimie. Néanmoins, peu de livres ont autant contribué que les siens à stimuler les intelligences, à ranimer le goût des libres recherches et à détruire l'attachement servile aux opinions en vogue.

Peu de publications nous initient aussi profondément à l'esprit, aux mœurs et aux vices de la première moitié du xvie siècle ; soit que l'auteur flagelle ces historiens qui n'ont des éloges que pour les conquérants de la terre, soit qu'il signale à l'animadversion publique les danses obscènes, soit qu'il siffle comme un serpent contre la corruption de toutes les classes de la société, notamment contre les cours, « ces réceptacles de toutes les scélératesses », et contre la noblesse,

[1] TENNEMANN, p. 199-204.

« ce produit de toutes les iniquités (¹) ». Il faudrait citer de longues pages encore.

Ce livre d'Agrippa, cependant, devait attirer sur lui des persécutions. Les « théosophes de Louvain (²) » s'en emparèrent pour en faire des extraits tronqués, mutilés, falsifiés, qu'ils portèrent à la connaissance de l'empereur, en même temps qu'ils dépeignaient l'auteur comme un ennemi de l'Église et de la religion, qui devait être le plus tôt possible réduit à un silence absolu. Sa disgrâce était inévitable. Négligé par la cour, il tomba dans un triste état de gêne, d'où il crut pouvoir se tirer en adressant au conseil privé deux requêtes pleines d'acrimonie et de menaces : « Que l'on se garde de ce Silène qui possède à un degré suprême l'art de nuire aux grands ! Et qu'a-t-il à attendre de cet empereur plus lent qu'un limaçon ou qu'une tortue ? »

Bientôt après, Agrippa fut poursuivi par un de ses créanciers et mis en prison à Bruxelles ; mais, rendu à la liberté, grâce à la puissante intervention de l'archevêque de Palerme, il résolut d'écrire à Charles-Quint pour l'intéresser en sa faveur. Malheureusement, ses querelles avec les moines et les théologiens de Louvain recommencèrent plus véhémentes que jamais. L'œuvre d'Agrippa les irritait jusqu'à la démence : ils s'y reconnaissaient, eux et leurs suppôts. Les peintures étaient trop fortes, les couleurs trop noires, les traits trop marqués (³). Il n'y eut pas d'impiété, d'hérésie, de perversité qu'ils ne missent à sa charge. En parlant de lui, ils grinçaient des dents, dit-il, secouaient la tête, se rongeaient les ongles, frappaient du pied (⁴).

L'empereur, prévenu contre Agrippa par ses ennemis, sans connaître les véritables motifs de leurs plaintes, exigea de

(¹) TENNEMANN, p. 199-205. — MEINERS, p. 289-316.

(²) Expression d'Agrippa.

(³) MEINERS, p. 336-345. — BAYLE, *Dictionnaire historique et critique*, t. I, f. 106-109. — DE REIFFENBERG, *Archives philosophiques*, t. I, p. 39 et 40.

(⁴) AGRIPPA, l, VII, epist. 35, p. 379, apud SCHELHORN, amœnitates liter. t. II, p. 515 et 516.

lui une rétractation prompte et formelle. Agrippa refusa énergiquement d'obéir, offrit de se justifier devant le grand conseil de Malines des accusations formulées contre lui par les docteurs de Louvain, et déclara en appeler de l'empereur mal informé à l'empereur mieux instruit. Les accusations rédigées par articles, qu'il eut toute la peine du monde à se procurer, étaient très mal écrites [1] et se terminaient ainsi : « Puisque l'auteur a dit lui-même qu'il avait été changé en chien, son livre doit être déclaré coutumélieux et infâme [2]. »

Dans sa réponse, Agrippa disait : « En supposant que j'aie erré, suis-je plus coupable que les Jérôme, les Augustin, les Tertullien, les Lactance, les Thomas, les Scot, les Ockam et tant d'autres lumières de l'école, auxquelles on peut reprocher tant de choses dangereuses et même hérétiques? L'inquisiteur Hoogstraeten n'a-t-il pas soutenu qu'il y avait de l'hérésie à s'appuyer sur l'Écriture au sujet de l'invocation des saints? Combien de fois les docteurs et même la Sorbonne ont-ils condamné des écrits qu'ils ont ensuite adoptés et pris sous leur protection? Dites-moi, *magistri nostri* de Louvain et de Cologne, quel honneur vous avez recueilli de vos querelles avec Reuchlin, Érasme et tant d'autres? Vos jours sont comptés! C'en est fait de votre domination, vos écoles sont réduites au silence. Trop longtemps le monde a supporté votre ignorance et vos sottises; votre nom est devenu synonyme d'outrage, parce qu'on a remarqué que vous ne pouviez attaquer personne sans anéantir la vérité, la vertu et le mérite...

« Vous me faites un crime de ce que j'ai appelé Luther un hérétique invincible; mais l'avez-vous donc vaincu? Les universités de Paris, de Louvain et de Cologne, en faisant condamner au feu les écrits de ce réformateur, ont-elles éteint par cela le feu de la rébellion par lui allumé? Vous et les

[1] MEINERS, p. 345 et 346.
[2] *Agrippæ Opp.*, t. II, p. 274.

vôtres, vous avez si bien fait qu'à Luther revient l'honneur d'avoir vaincu les hérétiques. N'est-ce pas lui, en effet, qui a terrassé les anabaptistes, qui a résisté aux sacramentaires? Faites-moi le plaisir de me montrer un seul écrit de vos universités qui ait fait battre les hérétiques en retraite. Je ne crains pas de le dire, Luther est un hérétique salutaire, car pendant que *nos maîtres* dormaient et ronflaient, il veillait seul au salut de l'Église et délivrait seul l'Allemagne des fureurs de l'anabaptisme. Vous ne rêvez qu'à combattre les luthériens par le fer et le feu ; mais prenez-y garde, ils vous répondront par les mêmes armes. Je sais le danger que je cours en parlant ainsi, mais vous savez tout aussi bien que moi que je ne suis pas luthérien, que je suis catholique romain. Si, comme cela peut arriver à tout le monde, je tombais dans quelque erreur, loin d'y persister avec opiniâtreté, j'avouerais franchement que j'ai erré et je ferais tout pour me relever (1). »

Au commencement de février 1532, Agrippa remit cette apologie au grand conseil de Malines, espérant que cette cour suprême l'absoudrait de toutes les fausses accusations mises à sa charge. Pendant qu'il attendait sa décision, il écrivit *une Plainte* (2) sur ses calomniateurs, qu'il dédia à son ami Chapuys, ambassadeur impérial à Londres. Il y tançait vertement la corruption, l'ignorance, la méchanceté et l'intolérance des moines et des théologiens. « Pour échapper à leur tyrannie, il vaudrait mieux ne rien savoir du tout, et surtout ne rien publier, attendu que ceux qui se trouvent dans une telle situation ne sont exposés à aucun danger. Les grenouilles ne se réjouissent-elles pas dans leurs marais, les cochons dans leur boue, les chauves-souris dans leurs ténèbres, les pigeons sur leurs toits, les aigles dans leurs aires ? Aussi n'est-ce pas sans motif que Pythagore a dit à Lucien que, dans ses transformations successives, il avait été

---

(1) *Agrippæ Opp.*, t. II, p. 273 et suiv.
(2) *Ibid.*, t. II, p. 437 et suiv. — MEINERS, p. 353 et 354.

plus heureux comme grenouille que comme roi ou comme philosophe. »

En même temps, il se prononçait avec une grande vivacité contre les procédés de Charles-Quint : « Je sais, s'écriait-il, combien, en général, la vérité est entourée de haine et de périls. Si l'empereur connaissait toutes les circonstances de la cause que je défends, s'il savait ce que j'ai souffert, s'il avait lu enfin ce que j'ai écrit pour ma justification, il me serait plus favorable. Mais, hélas ! à la cour des rois, la méchanceté des calomniateurs l'emporte sur la considération des gens de bien (¹). »

Agrippa, restant sans nouvelles du grand conseil, crut devoir se justifier devant le public. C'est pourquoi il se retira à Francfort et donna son Apologie et sa Plainte à un imprimeur de Bâle, qui les publia l'année suivante. A la fin de 1532, il adressa de Bonn à la gouvernante des Pays-Bas, Marie de Hongrie, une requête tendant à obtenir l'arriéré de son traitement comme indiciaire et historiographe. Il était du reste toujours plein de colère contre l'empereur, et il souhaitait à « ce Nabuchodonosor d'être changé de nouveau de bête en homme (²) ». Il en voulait aussi aux ministres de la cour de Bruxelles, et disait à Marie que Charles-Quint, égaré par quelques hypocrites, l'aurait perdu sans l'intervention de ses protecteurs, l'évêque de Liége, Evrard de la Marck et le cardinal Campège, légat du pape à Bruxelles (³).

La requête d'Agrippa étant demeurée aussi sans réponse, il s'établit à Cologne, où il avait été appelé par l'archevêque. Il annonçait alors un ouvrage contre les dominicains, qui aurait réjoui bien des gens dans l'Église et hors de l'Église. Comme ils étaient les principaux directeurs de l'Inquisition, il ne faut pas s'étonner qu'il ne les aimât guère. La patience lui échappait lorsqu'il les voyait si indulgents pour les

(¹) *Apud* MEINERS, p. 353.
(²) « Utinam hic Nabuchodonosor aliquando ex bestia rediret in hominem. »
(³) MEINERS, p. 354-358.

erreurs de leurs confrères et si durs pour les propositions équivoques des autres gens (¹).

Il faut citer encore d'Agrippa la *Clé de la philosophie occulte,* qu'il garda uniquement pour ses amis du premier ordre et où il s'éloigne peu des spéculations du quiétisme.

On a raconté bien des fables sur sa mort, le fait est qu'il mourut à Grenoble, en 1535, dans un état voisin de la misère, laissant la réputation d'un esprit inquiet et aventureux, qui avait touché à toutes les branches des connaissances humaines sans pouvoir se dégager d'une tendance naturelle au mysticisme et au charlatanisme scientifique. Il a dû à cette tendance le vernis de sorcellerie qui entoure encore son nom, et qui a longtemps accrédité des fables ridicules sur son genre de vie.

Le plus remarquable de ses disciples fut, sans contredit, Jean Wier ou Weyer (Piscinarius), né en 1515, à Grave, dans l'ancien Brabant, d'une famille noble, originaire de la Zélande. Jeune encore, il était allé étudier la médecine à Paris et il y mérita l'estime de Marguerite de Valois, reine de Navarre, qui lui confia l'éducation de ses deux fils et de son neveu. Doué d'un grand esprit d'observation et jaloux d'étendre le cercle de ses connaissances, Wier entreprit plusieurs voyages et visita les côtes d'Afrique et l'île de Candie. Devenu ensuite premier médecin du duc de Clèves, il remplit, pendant trente ans, cet emploi de la manière la plus brillante. Mais c'est moins à ce titre qu'il mérite la reconnaissance des amis de l'humanité que pour avoir tenté, le premier, de détruire un des préjugés les plus barbares de son siècle. Ce fut dans cette vue qu'il publia son fameux traité *De præstigiis dæmonum.*

N'osant pas nier que le diable ait reçu le pouvoir de tourmenter les hommes, il s'efforce de montrer qu'on a tort d'attribuer à l'esprit malin les phénomènes qui peuvent

____

(¹) Bayle, *l. c.,* p. 110.

s'expliquer d'une manière naturelle. Il prouve que c'est une absurdité de croire que le démon emploie les sorciers comme ses ministres, puisqu'il n'a besoin d'aucun intermédiaire pour opérer le mal. De là il conclut qu'il y a moins de sorciers qu'on ne l'imagine, et que ceux qu'on regarde comme tels sont, pour la plupart, des malades ou des insensés, qu'il faut tâcher de guérir au lieu de les tourmenter.

Wier adressa son ouvrage à tous les princes de l'Europe, en les conjurant de prendre sous leur protection tant d'êtres innocents. Si les bûchers ne disparurent pas entièrement, il en fit au moins diminuer le nombre, et les juges s'habituèrent à ne plus voir dans les prétendus sorciers des coupables dignes du dernier supplice. Mais telle était la force des préjugés, que Wier se vit en butte aux attaques d'une foule d'écrivains, parmi lesquels on regrette de trouver l'auteur de la *République*, Jean Bodin ([1]).

Wier mourut le 24 février 1588. Ses œuvres ont été recueillies en un volume ([2]), qui contient : 1° *De præstigiis dæmonum et incantationibus ac veneficiis, libri sex.* Le premier livre traite du diable, de sa chute et des bornes mises à son pouvoir; le second, des magiciens et des moyens qu'ils emploient pour tromper; le troisième, des lamies ou esprits; le quatrième, des personnes qui se croient tourmentées par les esprits; le cinquième, des moyens qu'il convient d'employer pour les guérir, et, enfin, le sixième, de l'injustice qu'il y a de les tourmenter et de les faire périr. 2° *Liber apologeticus et pseudo-monarchia dæmonum.* Dans cet ouvrage, Wier se contente de rapporter, d'après les auteurs les plus graves, les noms et les fonctions des rois et des chefs des démons, au nombre de soixante-neuf, lesquels ont sous leurs ordres six millions six cent soixante-six légions. L'épigraphe qu'il a choisie prouve assez son but : *O Curas hominum, ô quantum est in rebus inane! 3° De lamentitiis liber, et de commentitiis*

<hr>

([1]) *Biographie universelle*, article **Wier**.
([2]) Amsterdam, 1660, in-4°.

jejuniis, œuvre destinée à montrer la fausseté de jeûnes extraordinaires.

D'après Sprengel, les observations de Wier sur le scorbut sont un véritable chef-d'œuvre et ont été très souvent copiées.

Wier défendit avec une grande énergie la mémoire de Corneille Agrippa, dont il avait été l'élève, l'admirateur et l'ami. Il le venge de la sotte légende suivant laquelle Agrippa aurait toujours promené avec lui le diable sous la forme d'un chien noir. Cela ne l'empêcha pas de combattre les absurdités astrologiques et les ridicules préjugés de magie dont fourmille la *Philosophie occulte* de ce maître.

Il mérite surtout les plus grands éloges pour avoir attaqué la superstition, mère des procès de sorcellerie, avec une érudition si étendue et si profonde, une perspicacité si pénétrante et une éloquence si irrésistible, que le *Malleus malificarum* en fut ébranlé et que ceux qui, après lui, voulaient combattre le même monstre n'avaient plus beaucoup de neuf à dire (¹).

« Les prétendues sorcières, dit-il, sont de sottes femmes, mélancoliques ou égarées, dont le malin a tellement troublé les sens qu'éveillées ou endormies, elles croient ressentir en réalité ce que leur imagination égarée leur inspire.

« Rien de plus trompeur, de plus abominable, dit-il, que les épreuves physiques que l'on fait subir aux femmes accusées de sorcellerie ; rien de plus inhumain que d'arracher par la torture à ces êtres faibles et insensés des aveux comme démonstration suffisante de leur culpabilité... Il ne faut condamner à la peine de mort que ceux dont la magie consiste dans l'art des empoisonnements.

« Plus coupables sont les médecins et les ecclésiastiques qui abusent des choses sacrées, particulièrement du saint nom de Dieu, pour guérir les maladies des hommes et des

______

(¹) MEINERS, *Vergleichung*, t. III, p. 347-349.

bêtes ; mais il ne faut pas les punir de la mort, il faut les ramener de leur égarement.

« Rien de plus cruel et de plus terrible que les tourments que l'on fait éprouver à ces malheureux insensés prévenus de magie. S'ils meurent entre les mains du bourreau dans les horreurs de la torture, on se met aussitôt à crier que c'est le diable qui leur a tordu le cou. Juges sanguinaires, exécrables bourreaux, je vous cite à comparaître devant le tribunal de celui qui lit dans nos cœurs et que ne peuvent tromper les préjugés et les erreurs des hommes [1]. »

Ce vigoureux plaidoyer de Wier eut un retentissement immense. Le grand jurisconsulte Cujas déclara qu'il n'avait jamais lu un livre avec plus de plaisir et qu'auprès de l'auteur, tous les glossateurs n'étaient que des bavards [2]. Plusieurs princes allemands abolirent les procès de sorcellerie [3]; le chancelier du Palatinat fit valoir les idées de Wier dans une diète des électeurs et le comte Adolphe de Nassau les propagea dans le Nord scandinave (1564) [4].

Ce qu'il importe de remarquer, c'est que Wier n'avait eu rien à attendre du protestantisme, novateur sur tant d'autres points. Luther ne dissimulait pas, au contraire, ses sentiments d'horreur à l'égard des sorciers, dont lui aussi réclamait la mort dans le triple intérêt de la religion, de la morale et de la sécurité publique. Nul théologien ne se montra plus violent que lui contre la doctrine du naturalisme en médecine; car un jour, à Dessau, il conseilla, dit-on, d'étouffer, comme possédé du diable, un enfant atteint d'une simple maladie nerveuse de l'estomac. D'ailleurs, en supprimant le culte des saints, la Réforme avait singulièrement augmenté le nombre des prétendus démoniaques, qui, parmi les nations restées fidèles au catholicisme, trouvaient

[1] *De præst. dæm.* et MEINERS, t. III, p. 356-366.
[2] *Wieri opera.* Amsterdam, 1660, p. 644.
[3] *Ibid.*, p. 506-508 et 673.
[4] MEINERS, p. 367-369.

au moins quelquefois leur guérison dans le traitement par les pèlerinages. Il était temps que le XVIIe siècle arrivât : en créant la saine philosophie, en la séparant surtout du domaine de la théologie, François Bacon allait porter le dernier coup aux superstitions, dont le règne avait été si funeste.

CHAPITRE XII.

LA SATIRE POPULAIRE.

Avant le xvie siècle, un élément satirique d'une très grande puissance s'était manifesté dans le peuple. Nulle part les classes inférieures n'avaient autant conscience de leurs forces et n'étaient aussi résolues que dans les Pays-Bas. L'esprit de critique, de bon sens, de saine raison, se reflète dans presque toute la littérature nationale du xive et du xve siècle. Aussi Érasme, écrivant l'*Éloge de la folie*, savait très bien qu'il touchait la fibre populaire, en assurant le triomphe du sens commun, cette philosophie du peuple, sur l'esprit des classes privilégiées, c'est-à-dire de la noblesse, du clergé, des docteurs [1].

C'est cet esprit critique qui produisit le *Bateau des fous* (*das Narrenschiff*) ou le *Vaisseau de la Narragonie* [pays des fous [2]], par Sébastien Brandt, syndic de la ville de Strasbourg [3] et commensal de l'empereur Maximilien Ier. Avant la fin du xve siècle, plusieurs éditions avaient répandu le *Narrenschiff* dans toute l'Allemagne, il s'y maintint dans cette haute faveur pendant tout le xvie siècle; des traductions le firent connaître à l'Angleterre, à la France et surtout à la Belgique. Un ami du poète, un prédicateur fameux de ce temps, Jean Geiler, de Kaisersberg, en avait même fait le texte de beaucoup de ses sermons. Ce n'est pas qu'une verve émi-

---

[1] HAGEN, t. I, p. 77 et 78.

[2] Voy. SEB. BRANDT, *Navis stultorum*, oft der sotten schip, verciert met 115 schoone figuren. T'hantwerpen, bij J. Van Ghelen, 1584, in-4°.

[3] Il y naquit en 1458.

nemment poétique caractérise ce livre; Brandt ne manie pas
le fouet d'Horace ou celui de Juvénal; il n'a ni invention, ni
allégorie, ni images brillantes; mais il abonde en réflexions
morales, en sentences rendues avec énergie; et voilà précisément ce qui fit l'immense succès du livre dans un siècle où le
public était raisonneur et avide de discussions et de doctrines. Le *Bateau des fous* fut lancé en temps opportun.
L'auteur se range modestement dans la grande famille des
sots, tout en faisant remarquer que *sottise reconnue est principe de sagesse*. A défaut de sentiment esthétique, on ne peut
lui refuser un esprit philosophique et libéral qui plane sur
l'ensemble de la vie humaine et tient registre de toutes ses
misères (¹).

Brandt était catholique, profondément catholique, car il
avait composé des histoires de saints et des poèmes latins en
faveur de la Vierge; dans la *Nef des fols*, il critique avec
beaucoup de véhémence les amusements profanes du peuple,
tels que la danse, le jeu, les kermesses, le tir à la cible, etc.
Il en exerçait d'autant plus d'influence lorsque, dans son grand
poème, il se prononçait contre l'opulence des moines mendiants, contre les reliques des saints, lorsqu'il persiflait le
foin de la crèche de Bethléem et les plumes des ailes de
l'archange Michel; lorsqu'il recommandait à ses contemporains la sagesse de l'antiquité grecque : la chasteté de
Pénélope et de Lucrèce, la profondeur idéale de Platon, le
calme sublime de Socrate et l'heureuse pauvreté de Fabricius.

Connais-toi toi-même, voilà le fondement de ses doctrines.
Comme les réformateurs, il attaque les abus d'une érudition
stérile et d'une théologie où le dogme étouffait la morale (²).

L'Europe était émue, les couronnes pleuvaient sur l'Alsa-
cien, le savant Trithème appela son livre un livre divin et
Rabelais s'en inspira. Il en fut de ce livre comme du *Renard;*
chaque peuple voulut avoir son *Vaisseau des fous*. Il en existe

____

(¹) *Nouveau dictionnaire de la conversation*, t. IV, p. 32 et 33.
(²) GERVINUS, *Geschichte d. deutschen Dichtkunst.* Leipzig, 1853, t. II, p. 350.

une imitation latine par notre célèbre imprimeur Josse Bade d'Assche (¹). Le poème du premier n'avait qu'un seul vaisseau dans lequel naviguaient les fous, tandis que celui de Bade possède onze différentes nacelles correspondant aux onze sortes de fous qu'elles portaient.

Ces tendances populaires, dont on trouve déjà des traces au XIIIe siècle, formaient un contrepoids salutaire à ce que le mysticisme avait d'excentrique; mais comme toutes les choses de ce monde, elles avaient aussi leur côté faible. Le naturel y dégénérait en grossièreté, la force physique y était portée au sensualisme, et la prédominance de la raison au mépris de la civilisation. C'est ici que se rapprochent deux extrêmes : le mysticisme rejetait aussi la science de l'école; sur les cimes les plus élevées de la contemplation, il avait perdu terre et ne voulait plus entendre parler de la philosophie. Le peuple, de son côté, la persiflait parce qu'elle paraissait inutile au gros bon sens des masses. Il n'y aura rien d'étonnant quand ces deux directions se trouveront plus tard unies dans l'anabaptisme de Jean de Leyde (¹).

Heureusement, la littérature classique intervint pour modifier et anoblir l'une et l'autre de ces tendances exclusives. Dans les *doctrinaux* du XIVe siècle, on remarque déjà une grande connaissance des classiques anciens, de Cicéron, de Sénèque, de Caton, d'Ovide, d'Horace, voire d'Hippocrate et de Galien. De même, les Frères de la vie commune expliquaient, après la Bible, les moralistes païens, Cicéron, Sénèque et d'autres (²).

L'imprimerie contribua puissamment à activer le mouvement de la littérature populaire. En 1498 parut le chef-d'œuvre classique du peuple flamand, le *Reinaert de Vos*, remanié et traduit en vers saxons par Henri d'Alkmaar, un

---

(¹) *Jodoci Badii ascensii, Stultifere navicule seu scaphe fatuarum moulierum, etc.* Impressit Johannes Pruscivis argentinensis, anno salutis 1502, in-4°.

(²) HAGEN, t. I, p. 78.

(³) ID., t. I, p. 114.

élève de Zwolle, et dont la polémique pleine d'humour contre le clergé rappelle les tendances des libres-penseurs parmi les Frères de la vie commune. Outre que c'est une satire mordante des cours, de leurs vices, de leurs intrigues, de leurs débauches et même de leurs coups d'État, le nouveau *Renard*, déjà traduit en 1554 en allemand, attaque plus particulièrement l'édifice de la hiérarchie romaine. Il peint les mœurs impudiques du clergé, ses concubines, ses bâtards huchés dans les meilleurs emplois. « Ce sont les prêtres, gras et dodus, qui dégoûtent le monde de toute espèce de religion et de vertu. Ils ne pensent qu'à bien boire et à bien manger, qu'à vivre dans l'orgueil, la bonne chère et l'ivrognerie. Ils ne s'adressent aux laïques que pour avoir leur argent, et ceux-ci, à leur tour, croient pouvoir vivre dans le vice, ayant devant eux le mauvais exemple de leurs pasteurs. Les abbés, les évêques et la cour de Rome ne valent pas mieux que le clergé inférieur. On y parle beaucoup, il est vrai, de droit et de vertu ; mais, là comme ailleurs, en haut comme en bas, tout est vénal. Quiconque sait financer y obtient tout ce qu'il veut ; malheur à celui qui n'a rien dans sa bourse ! Toute la puissance de la cour pontificale est entre les mains du cardinal *Jamais-Assez*, qui a pour secrétaire *Jean-Parti* ; pour attelage, *Obéissance-Servile* ; pour notaire apostolique et bachelier *in utroque*, *Droit-Tortueux*, et pour juges, *Monnaie*, *Écu* et *Denier* (*Moneta*, *Nummus* et *Denarius*) (¹). »

Toutes ces productions portent l'empreinte du bon sens du peuple flamand, sens prosaïque, bourgeois, trivial même, mais ennemi du mensonge et de la corruption. C'étaient, suivant l'expression d'un écrivain du temps, « des coupes de vin pur, des mets de princes dans des vases sans ornements (²) ».

Une autre satire également populaire, l'*Uylenspiegel* (*Tiel*

(¹) Hagen, t. I, p. 114 et 115. — Ullmann, t. II, p. 300 et 301.
(²) Hagen, *ibid*. — Ranke, t. I, p. 252-256.

l'Espiègle), du savant franciscain allemand Thomas Murner (¹), ne ménageait pas davantage les mœurs du clergé. Elle montrait les curés accompagnés de leurs belles chambrières, assis ensemble sur de jolis chevaux ou bien à table, « aussi gourmands que stupides (²) ». Ces hardiesses valurent, en 1579, à cette publication les honneurs de l'*Index* de Philippe II et lui attirèrent, en 1586, les colères du premier greffier de la ville de Bruges, maître Jean-Baptiste Van Belle. Ce plaisant docteur en droit eut l'imprudence de dire que le livre d'*Uylenspiegel* méritait les flammes du bûcher, et son spirituel héros, les gémonies. L'*Index* du tyran et les malédictions du docteur n'empêchèrent pas la foule des curieux de visiter, comme auparavant, une pierre sépulcrale qui se trouvait près de la tour de l'église de Damme, et qui passait à tort pour celle de Tiel (³).

A son apparition, l'*Uylenspiegel* fut accueilli avec un enthousiasme extraordinaire par la Belgique de la Renaissance. D'innombrables sociétés de rhétorique avaient en Flandre leur fou officiel. On allait même plus loin : dans le Hainaut, la petite ville de Soignies avait l'habitude d'élire un pape des fous, personnage qu'on a appris à connaître dans le plus célèbre roman de Victor Hugo. Les rapports de commerce qui existaient entre l'Allemagne et Anvers avaient fait parvenir l'*Uylenspiegel* dans cette ville ; et l'on sait que le bas-saxon, dans lequel il est conçu, diffère peu de l'ancien flamand. Le rire était à l'ordre du jour dans cette opulente cité, et bientôt on y publia une édition flamande de l'*Uylenspiegel*. Un peu raccourcie en certains endroits, elle comptait quelques chapitres de moins que l'original (⁴).

(¹) Né aux environs de Strasbourg en 1475, mort en 1535.

(²) RANKE, p. 253 et 254.

(³) DELEPIERRE, *Les aventures de Tiel Ulenspiegel*. Brux., 1840, p. 214 et 215. — VAN DUYSE, *Histoire joyeuse et littéraire de Tiel l'Espiègle*. Gand, 1858, p. III, IV, XIV, XX-XXVI (d'après LAPPENBERG, *Dᴿ Thomas Murners Ulenspiegel*. Leipzig, 1854, p. 304, 338, 340, 384, 412).

(⁴) VAN DUYSE, p. XIV et XV (d'après LAPPENBERG, p. 153 et 160).

« Si Charles-Quint a lu les *merveilleuses aventures* du bouffon, ce fut, sans doute, en cachette. Elles furent connues en
Flandre vers le temps où ce prince pensait à organiser ou
venait d'organiser la censure contre la presse pour s'élever
de là à l'inquisition contre la conscience. Charles ne devait
pas se complaire à plus d'un chapitre du fameux livre, qui
ne respectait pas toujours les majestés de la terre (¹). » Mais le
fou officiel de ce prince, Pape-Thuin, ancien marguillier de
Louvain, faisait ses délices de la lecture des drôleries de son
confrère et savait en tirer habilement parti.

La Flandre avait envié ce livre à l'Allemagne, la France
l'envia bientôt à la Flandre. Ce fut en 1552 qu'on publia à
Paris : *Ulespiègle, de sa vie, de ses œuvres et merveilleuses aventures par lui faictes, et des grandes fortunes qu'il a eues : lequel
par nulles fallaces ne se laissa tromper, nouvellement translaté et
corrigé de flamand en françoys.* Plus d'une bonne fortune attendait ce livre dans la patrie du curé de Meudon, où Ronsard
fut le premier bel esprit qui naturalisa le mot *Espiègle*. Le
succès que le bouffon obtint à Paris le mit à la mode : on le
traduisit dans presque toutes les langues de l'Europe (²). En
1567, le Bruxellois Égidius Periander le traduisit même en
vers latins.

On peut dire que Murner fut, avec Rabelais et Érasme, un
des triumvirs de la facétie philosophique au commencement
du XVIᵉ siècle. Mais ni les héros fantastiques de Rabelais, ni
l'*Éloge de la folie* n'ont pu atteindre à l'immense popularité
de l'*Uylenspiegel*. Rabelais et Érasme écrivirent plutôt pour
les savants que pour les masses, Murner écrivit plus pour les
masses que pour les savants (³).

Faut-il s'étonner des rigueurs de Philippe II à son égard?
Non, sans doute. « L'*Uylenspiegel*, avec de notables variantes,
était devenu l'organe de cette puissance populaire qui, peu-

(¹) Van Duyse, p. IV-XVI.
(²) Id., p. XVIII-XX (d'après Lappenberg, p. 305-308).
(³) Van Duyse, p. XXXIV.

dant la révolution, avait regardé en face la puissance royale et celle qui était assise sur un trône plus élevé encore. Jusqu'en 1621, l'*Uylenspiegel* figure parmi les livres qui étaient non seulement défendus aux écoles, mais encore à tous les fidèles. Ainsi le voulait une censure de l'évêque d'Anvers [1]. » Mais on vivait alors en pleine Belgique espagnolisée, au milieu du plus ignare, du plus rétrograde et du plus fanatique de tous les clergés. Il aurait dû se souvenir cependant, ce clergé, que, si Murner, comme Érasme, avait attaqué les abus de l'Église, si même son livre avait côtoyé toutes les tendances réformatrices, l'auteur avait non seulement respecté les dogmes du catholicisme, mais encore les avait défendus contre Luther, qu'il s'était mis à la tête de son ordre pour combattre le moine Augustin, et qu'il faillit tomber victime de son courageux dévouement à l'ancienne religion, dont il aurait pu être un des plus formidables adversaires, un de ces antagonistes dont les coups sont des coups de mort [2].

Reconnaissons-le toutefois, si, dans l'*Uylenspiegel*, il y a des contes fort agréables, des malices innocentes qui font rire, on y trouve aussi des tours pendables, des actions inspirées par une méchanceté naturelle et gratuite et qui n'excitent pas la moindre gaîté. Ajoutons que les récits les plus grossièrement orduriers y tiennent une large place [3].

Celui qui tient le premier rang après l'auteur de l'*Uylenspiegel* fut Hilaire Bertholf, né en 1478 à Gand et mort à Paris dans la seconde moitié du xvie siècle. Il était aussi remarquable par la laideur de sa figure que par les saillies de son esprit. Érasme admira les mérites d'une pièce de vers latins dont il lui fit hommage. Bertholf voyagea en France, y fut admis à la cour et se mit, à Lyon, en rapport avec Rabelais, dont le rapprochaient ses goûts et la causticité de sa

[1] Van Duyse, p. xvii.
[2] Lappenberg, p. 403-411. — Van Duyse, p. iii-x et xiii.
[3] Jeannet, *Les aventures de Til Ulenspiègle*. Paris, 1866, p. vi.

verve, si bien que l'auteur du *Pantagruel* vécut avec lui dans l'intimité pendant deux ans, se réjouissant de ses facétieuses excentricités. Ses poésies badines furent publiées vers 1530, à Cologne, mais on n'en connaît jusqu'ici aucun exemplaire. Le philosophe français Charron aimait également Bertholf pour ses spirituelles réparties. On lui attribue à tort la composition de deux histoires populaires flamandes : le *Curé de Lapschure* et *Tyl Uylenspiegel*. Peut-être s'est-on fondé sur la tournure railleuse de son esprit pour le gratifier de la paternité de ces ouvrages. Bertholf, qui était bossu et fort ami de la dive bouteille, est une personnalité qui appartient plutôt à la tradition qu'à l'histoire (¹).

Des sociétés de poètes dramatiques, dont l'organisation définitive ne remonte pas au delà du xvᵉ siècle, devinrent, sous la maison de Bourgogne, ces redoutables chambres de rhétorique répandues dans toutes les provinces des Pays-Bas et qui firent trembler le duc d'Albe lui-même. La poésie passait ainsi des mains de la chevalerie et du clergé, qui s'en était principalement servi pour ses représentations bibliques, dans celles de la bourgeoisie et du peuple (²).

Les rhétoriciens (*rederykers*) se multiplièrent bientôt d'une manière incroyable, non seulement dans les villes, mais encore jusque dans les plus petits villages, et l'on serait forcé de conclure à une haute culture littéraire dans les Pays-Bas, si l'excellence des productions avait été dans une proportion quelconque avec le nombre des poètes (³).

Les rhétoriciens, en effet, n'éprouvaient pas le besoin d'une inspiration supérieure; ils ne voulaient pas même, comme les chroniqueurs et les moralistes, être utiles à leurs

---

(¹) DE SAINT-GENOIS, *Biographie nationale*, t. II, 1, p. 314.

(²) GRIMM, *Uber den altdeutschen meistergesang*, p. 156. — HOFFMANN FALLERS-LEBENSIS, *Horæ Belgicæ*, t. VI, p. 211 et 212. — WILLEMS, *Belgisch Museum*, t. IX, . 37 et 38. — DE CLERCQ, *Verhandeling over den invloed der vreemde letterkunde op de Nederlansche*, p. 76 et 77. — VAN KAMPEN, *Geschichte der vereinigt in Niederlande*, t. I, p. 315.

(²) VAN KAMPEN, p. 316.

contemporains; toute leur science consistait en jeux de mots et en rimes. Leurs diverses sortes de poésies étaient connues sous le nom de refrains, de ballades, de rondeaux, etc., toutes désignations d'origine française. Leurs chambres avaient des formes déterminées; leurs chefs se prélassaient sous les glorieux titres d'empereurs et de princes, sans dédaigner, toutefois, les appellations bourgeoises de chefs-doyens, de capitaines, de facteurs, etc. Elles avaient aussi leur fiscal pour les amendes pécuniaires, leurs farceurs, chargés d'amuser les chambres et le public, et un porte-drapeau pour les occasions solennelles. Chacune d'elles avait son blason, ses insignes, ses devises. Les concours qu'elles établirent furent l'occasion de fêtes souvent luxueuses, de grandes réunions d'hommes et de démonstrations patriotiques.

Leur organisation, qui remonte généralement aux xiv° et xv° siècles, avait été régularisée par une ordonnance de Philippe le Beau, rendue en 1495, à Malines, dans une assemblée générale de toutes les chambres de rhétorique de langue flamande. Une chambre souveraine de quinze membres fut instituée sous le nom de *Jésus avec la fleur de baume,* dont le chapelain du duc fut nommé chef suprême ou prince souverain. En 1505, cette autorité centrale fut transférée à Gand, et Philippe y fit ériger, pour la chambre, un autel dans la chapelle de Sainte-Barbe, dans la *Cour du Prince.* Maximilien confirma cet arrangement au nom de son petit-fils Charles (1510). Il paraît qu'après les troubles de France et de Hollande, de 1481 à 1492, auxquels peut-être les rhétoriciens avaient pris part, les princes bourguignons avaient cherché à gagner ces sociétés, aussi nombreuses qu'influentes, en s'en faisant eux-mêmes membres, en leur donnant une forme régulière et en s'appliquant à les rendre le plus inoffensives que possible [1].

La protection accordée aux chambres de rhétorique par

[1] SNELLAERT, *Verhandeling over de nederlandsche dichtkunst in Belgie* (Mém. cour. de l'Acad., t. XIV), p. 152 et 153. — VAN KAMPEN, p. 316 et 317.

les ducs de Bourgogne fut cause que non seulement la langue française et l'esprit français y pénétrèrent par degrés, mais qu'en même temps, et surtout depuis le commencement du xvie siècle, le goût de la poésie et du théâtre n'y fit que grandir. A Anvers, presque chaque rue avait son théâtre ; la Flandre et le Brabant étaient inondés de poètes, et cela s'explique : chaque chambre avait un facteur qui était son poète officiel et instruisait ses membres dans l'art de la rhétorique. Vers le milieu du xvie siècle, Mathias Casteleyn, d'Audenarde, publia à ce sujet un ouvrage spécial qui resta longtemps la législation de ce Parnasse : l'*Art de la rhétorique,* paru à Gand en 1555. La versification de sa *Rhétorique* pêche habituellement dans la mesure, et elle est chargée de barbarismes [1]. C'est lui qui moralisa l'histoire de Pyrame et de Thisbé, en comparant Pyrame à Jésus-Christ, Thisbé à la nature humaine.

Sous le titre de *Ballades de Tournai,* Casteleyn avait publié des pièces de vers dans lesquelles il se moquait du roi de France, en lui faisant des compliments de condoléance sur la perte de Tournai, en 1521 ; et, dans ses chansons, il exaltait la gloire de la Flandre, la défaite des Français et le triomphe de Charles-Quint. Casteleyn était aussi facteur de la chambre de rhétorique la *Marguerite* (Kersauve) [2].

Casteleyn était à peine disparu du monde (1548) qu'un autre Audenardais, Van den Bussche, surnommé le Sylvain de Flandre [3], se distingua dans le monde littéraire par ses vers français. Il vivait à la cour de Charles IX et de Henri III [4]. Il était Français par ses chants, mais Belge par le cœur, suivant l'expression de Jean d'Aurat, le maître de Ronsard. Et, trois quarts de siècle après sa mort, Guillaume

(1) SNELLAERT, *Verhandeling,* p. 150-158. — *Biographie universelle,* article *Casteleyn.* — Conf. JONCKBLOET, *l. l.,* p. 474 et suiv.

(2) VAN CAUWENBERGHE, *Lettres sur l'histoire d'Audenarde.* Audenarde, 1847, p. 202.

(3) Né vers 1535, mort vers 1585.

(4) VAN CAUWENBERGHE, p. 203.

Colletet le salua du beau titre de prince des poètes de sa nation [1].

Un ami de Casteleyn, le curé Walckens, d'Audenarde, s'est fait connaître par un poème sur la prise de sa ville natale par les gueux en 1572, poème en 167 strophes de huit vers [2].

Audenarde n'a pas seulement donné le jour à des rhétoriciens, elle a encore produit un prédicateur célèbre, Jean Royard, frère mineur observantin [3], qui avait fait une étude particulière du sens littéral de l'Écriture et qui passait à Anvers pour le plus grand orateur évangélique de la première moitié du xvie siècle [4].

Il y avait deux sortes de chambres : les unes libres, c'est-à-dire reconnues et favorisées par le gouvernement, les autres non libres, c'est-à-dire établies par des personnes privées, sans la connaissance du gouvernement. Ces dernières, surtout, jouaient le rôle que remplit de nos jours la presse périodique dans les pays constitutionnels; elles attaquaient tout à la fois les abus de l'État et de l'Église. Sous ce rapport aussi, on peut comparer les rhétoriciens aux poètes comiques d'Athènes; il leur manqua une chose : la verve de la scène athénienne. Mais en mettant sur les tréteaux les prêtres et moines, en chair et en os, les rhétoriciens donnaient accès non seulement aux idées de la réforme, mais encore à celles de l'anabaptisme. La foule accourait pour assister à des représentations mythologiques, à des allégories, à des *moralités* (représentations sensibles d'une vérité morale), à des esbatements (comédies), à des farces, bouffonneries et prologues [5].

La plupart des morceaux que l'on couronnait dans les concours particuliers ou généraux étaient des ballades,

[1] HELBIG, *Œuvres inédites d'Alexandre Sylvain de Flandre*, p. VI et VII.
[2] VAN CAUWENBERGHE, p. 207.
[3] Né à la fin du xve siècle, mort à Bruges en 1547.
[4] VAN CAUWENBERGHE, p. 203-206.
[5] VAN KAMPEN, t. I, p. 317 et 318.

quelquefois des chansons. Parmi les premiers, plusieurs sont remarquables et revêtent les rythmes les plus savants, que Sainte-Beuve et Victor Hugo ont ressuscités de nos jours.

Chaque année, les chambres ouvraient des fêtes auxquelles les chambres du pays étaient invitées par une carte, laquelle indiquait les sujets à traiter au concours et les prix destinés aux vainqueurs. Outre ces prix, il y en avait pour la société qui faisait son entrée avec le plus de magnificence, pour celle qui venait de la ville la plus éloignée, pour celle qui faisait la plus belle illumination ou le plus beau feu de joie; enfin, pour celle qui représentait la meilleure farce, moralité ou mystère.

Voici un refrain composé au mois de mai 1477, par la chambre de Tournai ; il semble résumer en un trait énergique ce qui manquait à Charles le Téméraire :

> Bien commenchier et mieulx conclure (¹).

Voici une strophe de la ballade couronnée en 1487 ; elle rend assez vivement l'état du pays, rempli de troubles sanglants depuis la mort de Marie de Bourgogne :

> Dol, murdre et perdition
> Perchoit-on
> Jusques entre soer et frère,
> Et griefve subvertion
> D'union
> De mal en pis persévère (¹).

Une de ces fêtes les plus célèbres fut celle qui eut lieu dans Anvers en 1561. La chambre des *Violieren* avait invité les villes flamandes à s'y rendre le 1er août et à y apporter leur solution à cette demande : « Qu'est-ce qui incite le plus aux

---

(¹) Ritmes et refrains tournaisiens, etc. (1477-1491). Société des Bibliophiles belges. N° 3, Mons, 1837.

(²) Van Hasselt, *Essai sur la poésie française en Belgique* (Mém. cour. de l'Acad.), t. XIII, p. 139.

arts et aux sciences? » La chambre de rhétorique de Bruxelles, la *Guirlande de Marie*, obtint du magistrat un subside de 2,000 florins pour assister à ce concours; elle y éclipsa toutes les sociétés par son luxe et sa magnificence. On évalua à 40,000 florins la dépense que lui occasionna cette fête. La chambre dite *la Fleur de blé* assista au *haegspel*, concours auquel cette ville avait invité les sociétés qui n'avaient pas voulu prendre part au précédent. La question proposée était ainsi conçue : « Quel est le métier qui, tout en étant le plus profitable et le plus honorable, est cependant peu estimé ? » *La Fleur de blé* remporta à la fois le prix de la plus belle entrée, du plus bel ébattement, du plus beau jeu et du plus beau personnage (¹).

Déjà Philippe le Bon avait voulu mettre un frein aux licences aristophanesques de ces républiques littéraires, familiarisées avec l'antiquité classique, mais où les fous jouaient un rôle considérable; c'est pourquoi il leur défendit en 1445 de faire des refrains et des chansons satiriques. Cette défense était dirigée contre la faction nobiliaire des *hocks* et contre celle des *cabeliaux*, qui, dans Harlem, n'avaient pas rougi de soumettre la duchesse Isabelle, femme de Philippe, et les dames de la cour, à des perquisitions corporelles, en ne respectant pas même leurs vastes robes traînantes. Le duc, pour étouffer leurs discordes sanglantes, voulut non seulement leur faire déposer les armes, mais encore les empêcher de se servir de la verve des rhétoriciens (²).

Philippe, toutefois, se montra plus sensé que Louis XI, qui, quelques années après, s'effrayant d'un autre genre de satire, fit pendre toutes les pies et autres oiseaux de cage de Paris, parce qu'on leur avait appris à chanter toute sorte de mots injurieux et autres qui auraient pu lui rappeler sa malencontreuse aventure de Péronne.

En 1563, la chambre des *Violieren* destina un prix au

(¹) HENNE et WAUTERS, *Histoire de Bruxelles*, t. II, p. 392 et 393.
(¹) VAN KAMPEN, t. I, p. 216 et 217.

maître-fou, c'est-à-dire à celui qui ferait le fou de la manière
la plus complète et la plus naïve, sans choquer la pudeur et
sans tourner en ridicule des personnes connues. Il est probable que, dans cette occasion, le prix fut gagné par maître
Jean Wielen Oomken. Du moins, il existe une médaille
frappée cette année en son honneur. Il y figure revêtu d'un
habit de rhétoricien et d'une écharpe, avec cette devise :
Jan Walravens. Niet zonder wielle, Oom, c'est-à-dire : « Jean,
fils de Walravens. Rien sans roue, mon oncle », et avec
cette légende : *Maître Oomken, prince couronné des docteurs à
quatre oreilles. Aetatis* 56. 1565. Parmi ces quatre oreilles,
on comptait, sans doute, celles de la marotte de ces plaisants
de profession (¹).

Les chambres de rhétorique n'étaient pas disposées à sup-
porter les velléités despotiques de Philippe le Bon. Les sujets
de morale et de religion mis au concours ou en scène devaient nécessairement attirer l'attention ou les discussions du
peuple sur ces graves matières et produire une indépendance
de pensée et de langage qui, tôt ou tard, briserait les résis-
tances. La réforme du xvi⁰ siècle était depuis longtemps dans
l'esprit des Flamands. C'était un feu qui couvait sous la
cendre (²). Aussi Charles-Quint ordonna-t-il des persécutions
sévères contre les rhétoriciens. L'un d'eux, de la ville
d'Anvers, fut mis à mort en 1547, pour avoir écrit une
ballade contre quelques faits et gestes des Frères mineurs ;
d'autres furent condamnés à des pèlerinages ou à des
amendes honorables. L'empereur fit défendre quelques-unes
de leurs représentations. Mais Charles, en ordonnant la traduction de la Bible en langue flamande (1548), stimula leur
zèle sans le vouloir.

Ils avaient produit, au xvi⁰ siècle, des légions de libres-

<hr>

(¹) Van Loon, *Histoire métallique des XVII provinces des Pays-Bas.* La Haie,
1732-37, t. I, f. 62 et 63. — Van Kampen, *Beknopte geschiedenis der letteren en
wetenschappen in de Nederlanden*, t. I, p. 37. — Snellaert, p. 150 et 169.

(²) Van Kampen, p. 39 et 40. — Snellaert, p. 147 et 156. — Blommaert, *Geschiedenis der Rhetorijkkamer de Fonteine te Gent.* Gent, 1847, p. 15.

penseurs qui n'attendaient qu'un moment favorable pour se grouper autour d'un drapeau (¹), et cela non seulement dans les provinces flamandes, mais encore dans le pays wallon (²).

En 1460, un pénitencier de Rome, devenu doyen d'Arras, imagina de frapper un coup de terreur sur les chambres de rhétorique de cette ville, qui menaçaient de discuter des matières religieuses. Il brûla comme sorcier un des rhétoriciens et, avec lui, des bourgeois riches, des chevaliers mêmes. La noblesse s'irrita, la voix publique s'éleva avec violence et l'Inquisition fut conspuée et maudite (³).

Un des *referyn* les plus curieux de ce temps-là racontait l'histoire de deux pères, l'un jeune, l'autre vieux, chargés tous les deux de réformer un couvent de jeunes religieuses. Suivant les ordres qu'ils ont reçus de leurs supérieurs, ils se rendent au monastère et exhortent les sœurs à éloigner les hommes, à renoncer résolument au monde et à ne placer leur amour que dans Jésus-Christ. Ils reçoivent pour toute réponse : «Ah çà ! pères, si vous n'avez pas autre chose à nous dire, délogez de céans le plus tôt possible, car nous ne voulons avoir rien de commun avec vous. » Le plus vieux des deux insiste en s'écriant : « Il faut vous réformer, renoncer au monde, dompter la chair, ne plus danser ni faire l'amour, ne plus faire de dons ni en accepter, mais porter tous les jours un chapelet en bois, baisser les yeux quand on vous regarde; point d'autre luxe qu'une pelisse de mouton, des chaussons et des souliers sans façon. » Il ne reçoit encore que la même réponse : « Tirez vos guêtres. » Le plus jeune, au contraire, prend la défense des religieuses, qui, par reconnaissance, finissent par déclarer

---

(¹) Kop, *Schets eener geschiedenis der Rederijken*, dans : *Werken der maatschappij der Nederlandsche letterkunde, te Leyden*, t. II, p. 215.

(²) *Annales du Hainaut*, par Vinchant. Mons, 1648, années 1431 et 1559; et Diegerick, sur les chambres de rhétorique d'Ypres et de Neuve-Église. Annales de la Société d'émulation pour l'étude de l'Histoire et des antiquités de la Flandre, t. X, 2, p. 253-256. Conf. *Ibid*, sur celle de Nieuport, Lecluyze, t. III, 2, p. 220.

(³) Michelet, *La Renaissance*, p. cxiii.

qu'elles renverront son collègue et qu'elles le garderont, lui, au monastère, où il verra quelle belle vie c'est la leur : Bien boire, bien manger et bien s'amuser (¹).

Dans une autre pièce du même genre, on disait : « Dieu ! quelle vie mènent ces prêtres ! Et comme ils se moquent de nous ! Le vin, la bonne chère et les beaux habits, voilà toute leur pensée et toute leur occupation (²) ! »

Bien loin de se soucier du précepte si bien exprimé plus tard par Boileau :

> De la foi du chrétien les mystères terribles
> D'ornements égayés ne sont point susceptibles,

les poètes flamands transportaient le catéchisme tout entier sur la scène. On en vit un exemple en 1496, quand les *Violieren* d'Anvers, voulant ouvrir un concours général de rhétorique, proposèrent pour un drame sérieux le sujet suivant : «Quelle est l'œuvre la plus merveilleuse que Dieu ait accomplie pour le salut de l'humanité? » Vingt-huit sociétés rivales répondirent par autant de mystères différents qu'elles vinrent jouer tour à tour. Six représentèrent *la Passion,* cinq *l'Incarnation,* trois *le Verbe,* deux *le Sacrement de l'autel,* deux *la Charité,* d'autres *les Trois Vertus théologales, la Péni-tence, la Prédestination, l'Ordre établi par la Providence, la Grâce d'une bonne mort, la Réconciliation de l'homme avec Dieu le Père par l'intervention du Christ* et *Notre formation à l'image de Dieu.* Les chroniques du temps nous apprennent que le premier prix fut adjugé à la société de Lierre ; mais elles nous laissent ignorer si c'était le choix du sujet, la valeur des arguments (³), le mérite du style ou le talent des acteurs qui avaient déterminé le don de la palme. Ce qui est certain,

---

(¹) *Een Referijn van twee Pateren,* etc. (*Manuscrits de la Bibliothèque de Bour-gogne,* n° 10946.) — WILLEMS, *Belgisch Museum,* t. IX.

(²) MONE, *Uebersicht der Niederländischen Volksliteratur.* Tübingen, 1838, p. 299 et 300.

(³) La société avait répondu : *La mort de Notre Seigneur.*

c'est que le catholicisme souffrait beaucoup d'être ainsi transporté sur la scène; car les farces qui succédaient aux pièces sérieuses roulaient d'ordinaire sur quelque aventure ignoble où le mauvais rôle était souvent donné à des moines [1].

Plus tard, lorsque les doctrines de la Réforme eurent pénétré dans les diverses contrées de l'Europe, les rhétoriciens contribuèrent puissamment à les répandre parmi nous. Dans un immense concours qui eut lieu en 1539 [2], à Gand, ils représentèrent l'homme mourant en proie aux mauvaises passions et que l'on excitait à mettre sa confiance dans la miséricorde de Dieu, dans la mort du Sauveur, sans ajouter aucune foi aux doctrines humaines, aux indulgences, aux pèlerinages et aux œuvres de la religion catholique [3].

La question proposée était celle-ci : *Qu'est-ce qui donne le plus de consolation à l'homme au moment de la mort ?* La *Fontaine de Tirlemont* concourut avec une satire mordante contre les ordres religieux, et conçue dans les opinions luthériennes [4]. Huit personnages, la plupart allégoriques, y figuraient, à savoir : *Cœur propice, Intelligence aimable, Bienveillance honnête, Homme mourant, Hypocrisie, Vain Propos, Sens scriptural* et *Démonstration figurée.* Dans un long prologue, *Cœur propice, Intelligence aimable* et *Bienveillance honnête,* après avoir exposé à l'auditoire les motifs qui ont engagé la *Fontaine de Tirlemont* à répondre à l'appel des rhétoriciens de Gand, forment des vœux pour la prospérité des magistrats de cette ville, qui ont montré tant d'empressement pour assister à cette fête. Les trois interlocuteurs finissent par exprimer l'espoir de conserver la bienveillance de leur auditoire. Après ce prologue, qui a toutes les allures du poème lyrique et qui,

---

[1] *Revue nationale de Belgique*, t. VIII, p. 231 et 233.

[2] Kop, *l. c.*, p. 242-245.—La société de Messines s'y distingua particulièrement. (Voy. Kop, *l. l.*, 245-247.) — Conf. Vanderhaeghen, *Bibliographie gantoise.* Gand, 1858, t. I, p. 62 et 63.

[3] Snellaert, *Verhandeling*, p. 161. — Blommaert, p. 52. — Cornelissen, *Over den oorsprong der rederykkamers.* Gent, 1813, p. 28.

[4] Bets, *Histoire de la ville de Tirlemont.* Louvain, 1846, t. II, p. 42 et 43.

sans doute, a été goûté, l'*Homme mourant* arrive sur la scène. Les premiers personnages, gais et bruyants, ne s'étaient guère exprimés qu'en petits vers. L'*Homme mourant* se sert du traînant hexamètre pour se plaindre du malheureux sort des enfants d'Adam, condamnés à mourir en expiation de la faute de leur premier père. Cependant, comme tous doivent faire le saut périlleux, il finit par se résigner et par chercher des consolations dans les enseignements du christianisme. Son long monologue est interrompu par l'arrivée d'*Hypocrisie* et de *Vain Propos*, qui, habillés en moines, viennent consoler le moribond. Ils lui disent que, pour décéder sans crainte, il n'a qu'à revêtir leur costume; pour cela seul, il ira droit au ciel. Mais, comme ils portent des habits de deux ordres différents, chacun de ces acteurs s'évertue à défendre la supériorité du sien et à discréditer la règle de l'autre. Il en résulte un grand embarras pour le mourant, qui finit par les chasser tous les deux [1].

Après un nouveau monologue, dans lequel le mourant paraphrase le *Credo,* on voit venir *Sens scriptural* et *Démonstration figurée,* deux personnages représentant des prédicants luthériens. Leur présence effraye d'abord le moribond. Ils se hâtent de le rassurer, en lui faisant comprendre qu'ils ne se sont rendus auprès de lui qu'en vrais amis, pour lui apporter des consolations. S'autorisant de citations de la Bible, ils l'engagent à se jeter dans les bras de cette miséricorde divine qui a pardonné à David, aux habitants de Ninive, au prince des apôtres et aux autres pécheurs semblables. Le mourant finit par obéir à leur conseil et récite des vers dans lesquels, plein d'espérance dans le Dieu de toute miséricorde, il remet, calme et paisible, son esprit entre ses mains.

La prière se termine par un court épilogue, où *Sens scriptural* et *Démonstration figurée* engagent le public à

[1] *Analyse de la pièce,* par M. Bets, *l. c.,* p. 43 et 44.

faire, à la dernière heure, comme le héros du drame (¹).

Une foule immense avait assisté à cette représentation, donnée en plein air, relevée par un grand luxe de costumes et égayée par des intermèdes burlesques. Toute cette fête avait duré du 23 juin au 12 juillet. Presque aussitôt après éclata cette mémorable insurrection gantoise qui força Charles-Quint à accourir d'Espagne pour la dompter (²).

Les tendances réformistes des rhétoriciens leur portèrent malheur : successivement persécutés par Charles-Quint, par Philippe II (³) et par le duc d'Albe, ils furent enfin supprimés par Alexandre Farnèse, duc de Parme (⁴). Ils n'avaient cependant jamais attaqué la base fondamentale de la religion chrétienne, car ils plaçaient constamment le Christ au-dessus de tout (⁵).

Une collection de leurs principaux jeux de moralité (*spelen van sinne*) avait été imprimée à Gand en 1539, et répandue dans la Flandre. Mais bientôt on découvrit qu'elle était imprégnée d'hérésies, ce qui la fit dénoncer au pouvoir par les inquisiteurs ; un édit impérial, publié en septembre 1540, en défendait la lecture et la vente, ainsi que celles de quelques autres ouvrages réprouvés. C'est la première série de l'*Index belge*, qui grossit considérablement dans la suite (⁶).

(¹) BETS, p. 45.

(²) VAN DER MEERSCH, *Mémoire justificatif du magistrat d'Audenarde*. Gand, 1842, p. VIII.

(³) Ordinairement, on se bornait à saisir leurs pièces. Voir *Archives du royaume*, pièces du XVIᵉ siècle, vol. I, f. 116.

(⁴) Dans les lettres de pardon que le duc de Parme accorda, au mois de mai 1584, à la ville de Dunkerque, on lit : « Attendu qu'il s'est reconnu, par expérience, que les chambres de rhétorique estans en plusieurs villes de par deçà, non seulement estre inutiles, mais aussi occasion d'oisiveté à plusieurs esprits légiers, adonnez à nouvelles et pernicieuses opinions, dont sont procédez plusieurs scandales, mauvaises édifications et erronées doctrines, celles qui existeroient à Dunkerque sont abolies, et leurs biens appliqués au fisc. — GACHARD, *Rapport sur les Archives de Lille*, p. 25.

(⁵) BLOMMAERT, p. 29 et 30. — Conf. une étude sur les chambres de rhétorique, par Onésyme Leroy, dans les *Archives historiques et littéraires du nord de la France et du midi de la Belgique*, t. IV, nouvelle série, p. 101 et suiv.

(⁶) VAN DER MEERSCH, *Mémoire justificatif du magistrat d'Audenarde*, p. VII.

Il est vrai que parfois il y avait dans ces jeux des morceaux d'une violence inouïe « contre la prostituée de Babel, ivre du sang des martyrs; contre le siège babylonien de la pestilence; contre le grand antechrist, l'auteur de tous les péchés (¹) ». Il est vrai aussi que dans quelques-uns, comme ceux de Corneille Éveraert (²), il y avait des traces visibles des doctrines théologiques de Luther (³). Mais ce fut en vain que l'autorité proscrivit les *spelen van sinne*, que, sous des peines sévères, elle réitéra à tout facteur, orateur ou poète en titre des chambres de rhétorique la défense de parler en public sans le consentement des échevins et sans examen préalable de leurs œuvres; ce fut en vain qu'on livra au bourreau le poète Pierre Schuddematte pour avoir composé une ballade « contre quelques cas commis par les cordeliers », nul frein ne pouvait plus désormais arrêter l'intelligence humaine (⁴).

Mais plus les temps devinrent perplexes, plus le gouvernement se montra rigoureux pour les rhétoriciens. En 1560, la chambre de Gand fut obligée de retirer son programme du concours; en février 1565, le *Landjuweel* d'Anvers ne put avoir lieu qu'après de longues négociations avec le pouvoir. En 1562, la *Fleur de blé* de Bruxelles, ayant proposé la question de savoir ce qui pouvait tenir le pays dans la tranquillité, une des chambres de Lierre remporta le prix; mais les sentiments libéraux dont elle avait fait preuve dans sa réponse lui suscitèrent à la fois le mécontentement du magistrat et des autres chambres de cette ville (⁵).

Le prince d'Orange, Guillaume le Taciturne, avait accepté le titre de prince des *Violieren* d'Anvers, et quoique cette

---

(¹) Willems, *Belgisch Museum*, t. X, p. 325.

(²) Établi à Bruges de 1509 à 1533.

(³) Van Dale, *Bydragen tot de oudheidkunde en geschiedenis van Zeeuwsch Vlaenderen*, t. V, p. 311-329, et *ibid.*, Van Vloten, t. VI, p. 226-237, 328-337.

(⁴) Henne, t. IX, p. 63.

(⁵) Van Duyse, *Verhandeling over den drievoudigen invloed der rederykkamers*, p. 128 et 129 du t. XI coll. in-8° des *Mém. cour. de l'Acad. de Bruxelles*.

chambre fût très catholique, elle ne manqua pas d'exciter des soupçons de toute espèce. La présidence du prince lui valut de nombreuses adhésions de gentilshommes et d'hommes politiques et jeta sur elle un grand éclat. Ce fut pour ce motif qu'à la fin de septembre 1565, elle fut forcée de renouveler son serment de fidélité au roi. Ses membres, du reste, faisaient une active propagande de la Bible et en représentaient les principales scènes sur les planches de leurs théâtres. Aussi encoururent-ils plus tard la disgrâce du duc d'Albe, et le nom de leur principal protecteur fut pour beaucoup dans la cruauté du proconsul contre Van Straelen, bourgmestre de la ville, violences qui déterminèrent un grand nombre de rhétoriciens à émigrer et à grossir les rangs de leurs compatriotes réfugiés à Franckenthal, Cologne, Wessel, Emden, Londres et Norwich ([1]).

Lorsque, plus tard, le duc d'Albe restitua à Malines les privilèges dont il l'avait dépouillée en 1572, il en excepta formellement la chambre de rhétorique ([2]).

Les chambres de Hollande rivalisaient avec celles de Belgique dans leur ardeur à faire connaître au peuple les abus de l'Église et l'iniquité des persécutions religieuses ([3]). Ce fut la chambre de Flessingue qui se distingua le plus par son esprit de libre examen; les autres chambres des provinces septentrionales l'imitèrent. Leurs membres ne cessaient de mettre en scène le clergé, non sans s'exposer à la colère des magistrats ([4]).

Les *Fontainistes* de Gand avaient embrassé avec chaleur les principes de la révolution du xvi° siècle; à l'époque de la Pacification (1576), quand les patriotes faisaient le siège de la citadelle de Gand, les bannières de ces rhétoriciens s'unirent souvent aux drapeaux des métiers et des confréries.

[1] Van Duyse, p. 131. — Snellaert, *Histoire*, etc., p. 91.
[2] Van Duyse, p. 131 et 132.
[3] Wagenaar, *Vaderlandsche Historie*. Amst. 1752-59, t. VI, p. 70.
[4] Van Duyse, p. 45.

Lorsqu'en 1577, le prince d'Orange, salué ruwaert ou protecteur de la patrie, fit son entrée solennelle à Gand, les mêmes rhétoriciens allèrent au-devant de lui pour réciter en son honneur des drames joyeux et des jeux de moralité; des jeunes filles, figurant les Grâces et les Muses, chantaient les exploits du prince, et une d'entre elles, qui représentait la pucelle de Gand, lui offrit un cœur d'or [1].

Si les rhétoriciens exerçaient une influence prépondérante sur l'état politique et religieux du pays, leur action fut également puissante sous le rapport littéraire; mais, malheureusement, elle fut aussi, sous ce rapport, extrèmement préjudiciable. La maison de Bourgogne ne comptait que des princes français; à la cour, on ne parlait que français, et comme cette langue avait fini par prédominer dans les provinces wallonnes et par devenir populaire dans le sud-est de la Flandre, les hautes classes se modelèrent peu à peu sur les usages de la cour, et si elles conservaient encore la langue flamande, ce n'était pas sans un énorme mélange de mots français, surtout en Flandre et en Brabant, où résidait la cour. Les rhétoriciens, et particulièrement ceux qu'on disait libres, c'est-à-dire ceux de la cour, mettaient de la vanité à se signaler par des manières de parler précieuses et recherchées, de sorte que la langue flamande atteignit insensiblement un degré de corruption jusqu'alors inconnu [2].

Au moyen âge, les chants religieux étaient relégués dans les couvents et les églises; mais lorsqu'on eut commencé à lire la Bible dans les langues modernes, ces chants pénétrèrent tous les jours davantage dans l'intérieur des familles. Les femmes elles-mêmes substituèrent les évangiles à l'histoire de Saladin et de la belle Marie de Nimègue, qui avait

---

[1] CORNELISSEN, p. 26 et 27. — VAN DER MEERSCH, *Kronyk der rederykkamers van Audenarde.* Gent, 1844.— Cette chambre datait du commencement du xve siècle.
[2] VAN KAMPEN, t. I, p. 318 et 319, d'après Kops, *l. c.* — DE CLERCQ, p. 77-98. — YPEY, *Beknopte geschiedenis der Nederlansche tale.* Utrecht, 1812, t. I, p. 362-367.—VAN WYN, *Historische Avendstonden.* Amst., 1800, t. I, p. 347-359.

fréquenté le diable pendant sept ans. Chaque maison avait ses chœurs de chant où l'on priait Dieu de délivrer le monde de la tyrannie pontificale; et pour initier plus facilement le peuple à ce nouveau mode de propagande, on les régla sur des airs connus de chansons mondaines. Quelques-uns de ces chants n'étaient que des traductions rimées des psaumes.

Un gentilhomme patriote, Guillaume Van Zuylen Van Nyevelt, en avait édité une collection à Anvers en 1540 (¹). Ces mélodies, si gaies, appelées *souterliedekens*, qui retentissaient dans les banquets solennels et dans les bruyantes réunions nocturnes, excitèrent plus d'une fois les colères et les récriminations du pouvoir, sans doute parce qu'on y mêlait les psaumes traduits par Marot et par Théodore de Bèze, le fougueux disciple de Calvin (²).

Les *souterliedekens*, dont Van Zuylen se fit l'éditeur, avaient été composés depuis que le psautier allemand avait été imprimé à Anvers, c'est-à-dire depuis 1526. Les rhétoriciens avaient eu une large part dans leur rédaction d'après le texte hébraïque de l'Écriture et les explications de saint Augustin, de saint Hilaire et d'autres Pères. Dans les provinces wallonnes, on chantait les psaumes de Marot et de Th. de Bèze, sur des airs populaires. Il y en eut une édition à Anvers, en 1555. Au commencement, ils étaient chantés par les catholiques aussi bien que par les protestants; mais ils devinrent suspects lorsqu'on y introduisit les formulaires de Calvin (³). Plus tard, en 1565, Lucas d'Heere, peintre, poète et, pendant la révolution, favori du Taciturne, publia à Gand les psaumes de David traduits et chantés d'après Marot, qui, ainsi que les *souterliedekens*, furent défendus par le synode de Malines en 1570 (⁴).

(¹) Van Iperen, *Kerkelyke Historie van het psalmgezang*. Amst., 1777, t. I, p. 101.

(²) Munch, *Niederländisches Museum*. Carlsruhe, 1837, t. I, 4ᵉ cahier, p. 3-5. — Snellaert, p. 189-193. — Sacher-Masoch, *Der Aufstand in Gent unter K. Carl. V*. Schaffhausen, 1857, p. 31.

(³) Van Iperen, p. 107-109.

(⁴) Id., p. 137.

Mais la vraie sphère d'activité des chambres de rhétorique était toujours le théâtre. Ce fut, en effet, par ce
moyen qu'elles exercèrent une heureuse influence sur l'esprit
national; quoiqu'elles eussent leurs pièces bouffonnes, les
productions les plus graves conservèrent toujours le premier
rang, grâce sans doute à l'intelligence de ceux qui savaient
les représenter. La scène, qui devint de plus en plus populaire, ne cessa point d'offrir des tableaux virils, où la foule
s'inspirait de grandes pensées et que l'histoire devra compter
parmi les éléments de notre antique civilisation. Aussi
n'est-ce pas sans motif que leurs représentations théâtrales
paraissent avoir été chères à nos aïeux. Il est peu fait mention dans nos annales de leurs rimes et de leurs refrains;
mais leurs concours dramatiques y sont enregistrés comme
des événements mémorables. On ne saurait croire combien
ces solennités littéraires avaient de retentissement.

Les communes du second et du troisième ordre imitaient
le spectacle qu'avaient donné les grandes villes, et les scènes
jouées d'abord à l'ombre du beffroi s'y représentaient au
pied de chaque modeste clocher de village. C'est un fait
généralement reconnu aujourd'hui que nulle part, pendant le
moyen âge, le drame n'obtint plus de splendeur et ne jouit
d'une faveur plus soutenue; le goût particulier des Belges
pour tout ce qui parle aux yeux les rendait plus sensibles à
ces tableaux animés, et ils se plaisaient à les entourer d'une
magnificence proportionnée à leur enthousiasme et à la
richesse du pays (¹).

Les représentations des rhétoriciens étaient sérieuses ou
comiques; les premières portaient le nom de jeux de sens
(*spelen van sinne*), les autres celui d'ébattements. Dans un
de ces jeux, qui avait pour but de montrer ce qui excite le
plus l'homme aux arts, les personnages étaient allégoriques
et représentaient le cœur qui désire, l'esprit de sagesse,

____

(¹) *Revue nationale de Belgique*, t. VIII, p. 228.

l'inclination naturelle, l'homme, le travail, l'espoir de parvenir, la crainte de la honte et l'honneur. A l'ouverture du premier acte, on voyait le Cœur qui désire, sous la forme d'un homme comme il faut, assis sur un siège et récitant un long monologue dans lequel il se plaignait de son abandon. Là-dessus apparaît l'Esprit de sagesse, sous la figure d'un ange avec des ailes et le caducée de Mercure à la main. Dans un autre acte, l'Homme est endormi dans la chaire de l'ignorance. Deux femmes, l'Inclination naturelle et le Désir de la science, se disputent entre elles jusqu'à ce qu'il se réveille et leur demande ce qu'il leur faut. Dans le dernier acte, l'Esprit de sagesse et le Cœur qui désire tranchent tout en disant : « N'est-ce pas la louange, l'honneur et la récompense qui excitent le plus aux arts? [1] »

Sur la même scène, où figurait Caron, le batelier de l'enfer, Mars et Vénus, Jupiter et Io faisaient l'amour, et l'on regardait, en versant des larmes, Énée et Didon. On admirait encore le couple malheureux de Pyrame et Thisbé, le Faust et la Marguerite de ce temps-là [2].

Parmi les poètes auteurs de jeux de sens, il faut citer encore Jean-Baptiste Houwaert, de Bruxelles, qui joua un certain rôle dans la révolution et termina ses jours à Saint-Josse-ten-Noode, où se trouvent sa tombe et celle de sa femme, derrière le chœur de l'église [3].

Mais le premier de tous les poètes dans ce genre fut Pierre de Diest, qui paraît avoir vécu au commencement du XVIᵉ siècle et dont une pièce, *Homulus*, remporta le prix dans un concours à Anvers. Son héros est un don Juan qui fait pénitence au lit de mort, sans pouvoir s'abstenir d'injurier encore ces papalins qui « l'ont trompé si longtemps ». « Ce que j'ai, continue-t-il, est pourtant à moi. Pourquoi donc serais-je obligé d'en rendre compte à Dieu? »

[1] SNELLAERT, *Verhandeling*, p. 165-168.
[2] ID., *ibid.*, p. 169. — SACHER, p. 32. — Conf. JONCKBLOET, *l. c.*, p. 440 et suiv.
[3] HENNE et WAUTERS, *Histoire de Bruxelles*, t. III, p. 601 et 602.

Toute cette pièce était bien conduite et rédigée dans un style plein de vigueur (¹).

Les jeux de sens de l'année 1539 prouvent aussi que les rhétoriciens professaient déjà les principes fondamentaux de la réforme, et notamment le libre examen du texte de la Bible. Les refrains de cette année furent très acerbes contre les hypocrites « qui juraient d'être purs et pourchassaient les femmes ; qui faisaient semblant d'être humbles et recherchaient les honneurs, les beaux chevaux, les somptueux festins, s'habillaient comme des princes et priaient Dieu avec des momeries (²) ». Ces jeux furent mis à l'index et condamnés au feu ; mais ils furent réimprimés en Allemagne et de là répandus partout. En Flandre, néanmoins, on continua de déployer les mêmes rigueurs, et de plus grandes encore : à Gand, un patricien, Jean Utenhove, fut banni, et ses biens furent confisqués, pour une pièce hérétique de sa composition, représentée sur le territoire de Sottegem (juin 1543). Réfugié dans Emden, il y fit une traduction des psaumes, qui parut en 1557 et en 1561, et d'une manière complète, en 1566, à Londres (³).

Dans une réponse de la chambre de Leyde à une question mise au concours par celle de Rotterdam, non seulement les pèlerinages, mais encore les canonisations par le pape étaient attaqués (⁴).

En 1559, défense de répandre, chanter ou jouer chansons et ébattements sans autorisation préalable. Dès ce moment, on rechercha inquisitorialement les opinions religieuses des rhétoriciens, et même, l'année d'après, un d'entre eux, Guillaume Touwaert Cassererie fut, malgré son âge de 80 ans, secrètement décapité dans Anvers, parce qu'il possédait quelques livres défendus (⁵).

(¹) Snellaert, p. 174.
(²) Voy., pour plus de détails, Jonckbloet, *l. c.*, p. 450 et suiv.
(³) Van Duyse, p. 147-151. — Snellaert, *Histoire*, p. 91 et 92.
(⁴) Id., p. 163.
(⁵) Van Duyse, p. 167.

Les drames destinés aux concours étant des réponses aux questions données, leur nombre s'accrut considérablement, et chaque chambre eut son répertoire. Ces divers répertoires sont généralement restés inédits, et même la plupart des auteurs des pièces publiées ne sont connus que par leur devise. Parmi ceux qui ont écrit des pièces allégoriques au xvie siècle, on cite Ryssaert van Spiere, d'Audenarde, et Guillaume Van Haecht, d'Anvers (¹).

On peut indiquer encore comme tombés dans le même oubli les auteurs des *esbattements*, les satiriques par excellence, les continuateurs de la farce du moyen âge, parfois plus spirituelle, plus mordante, mais tout aussi peu pudique. La domination bourguignonne n'introduisit aucun changement sous ce rapport. Les pièces de Corneille Everaert, qui écrivit entre les années 1509 et 1531 pour le théâtre des *Drie Sanctinnen*, de Bruges, sont des fabliaux mis en action : il y règne parfois une licence étonnante.

Nos aïeux avaient d'autres idées que nous sur le théâtre : ils y représentaient le scandale, le vice, dans toute leur nudité, en les montrant à travers le prisme de la satire et du burlesque ; mais à la fin de la pièce arrivait l'application morale. Les modernes, au contraire, veulent qu'on les amuse sans leur faire l'application du sujet (²).

Les pièces d'Everaert, restées inédites, sont au nombre de trente, presque tous ébattements, entremêlés de quelques *spelen van sinne* et de jeux de table (*tafelspelen*), petites pièces que l'on représentait dans les festins, compositions de diverse nature, empreintes souvent des opinions politiques et religieuses prédominantes (³).

Longtemps l'opinion a prévalu que les chambres de rhétorique étaient uniquement composées de savants qui s'occupaient de littérature et faisaient déclamer ou déclamaient

<hr>

(¹) Snellaert, *Histoire*, p. 79.
(²) Id., *ibid.*, p. 79 et 80.
(³) Id., p. 80 et 81.

eux-mêmes leurs œuvres sur un théâtre, en même temps qu'on y exécutait les ébattements. Ces compagnies étaient le plus souvent formées de gens de métier : c'étaient les bouchers, les drapiers, les sayeteurs qui se chargeaient des représentations théâtrales des rhétoriciens [1].

Au surplus, l'engouement pour ces représentations était extraordinaire ; ainsi, en 1558, à Dunkerque, quelques semaines seulement après la rentrée des habitants dans leur ville abandonnée et à demi ruinée, les jeux de rhétorique se faisaient au milieu d'une foule qu'on n'avait pas vue auparavant. Le pouvoir ombrageux de Philippe II les défendit l'année suivante ; mais les habitants n'en tinrent pas compte, et les représentations dramatiques furent continuées jusqu'en 1583 [2], où la politique cauteleuse d'Alexandre Farnèse, beaucoup plus perfide et plus désastreuse que celle du duc d'Albe, les supprima complètement par un de ces décrets avec lesquels sa main de velours tuait la liberté.

Si, du théâtre, on porte ses regards sur cette autre forme poétique tant cultivée par les rhétoriciens, le refrain, on voit cette même tendance à s'assimiler l'esprit du temps. Le refrain, manifestation plus individuelle, n'avait pas besoin du concours de plusieurs personnes pour se faire comprendre. Les pièces de théâtre étaient pour la plupart favorables à la réforme, tandis que le refrain, sans être exclusivement à l'avantage de Rome, eut de rudes jouteurs au service de la cause pontificale ; et si, en général, le refrain catholique ne l'emporta pas sur le refrain réformiste, au moins il lutta avec succès, et Anna Byns [3] est reconnue comme s'étant dignement placée à la tête des poètes de la première moitié du XVIe siècle, par la vigueur de la diction, la pureté du style et l'harmonie des vers. Anna Byns, femme d'une dévotion

[1] DE VIGNE, *Mœurs et usages des corporations des métiers*. Gand, 1857, p. VII.
[2] CARNEL, *Annales du Comité flamand en France* (1855), p. 76.
[3] Voir COLLARS, dans *De Dietsche Warande*, t. VII, p. 40-70. — JONCKBLOET, *Geschiedenis der nederlandsche letterkunde*, t. I, p. 486 et suiv.

ardente, après une vie orageuse (¹), était devenue institutrice à Anvers, sa ville natale, où elle mourut vers le milieu du siècle, dans un âge avancé. Elle était l'oracle des catholiques, qui lui donnèrent le nom de Sapho brabançonne, bien qu'à leur point de vue elle méritât celui de Madeleine repentante. Ils traduisirent ses vers en langue latine et réimprimèrent ses œuvres pendant un siècle et demi.

Toutefois, malgré sa violence contre les hérétiques, Anna Byns appartenait à la vieille école des mystiques de l'opposition. En se prononçant contre « la secte maudite de Luther », elle n'en reconnaît pas moins, comme les seules ancres de salut, Dieu et les mérites et la grâce du Christ. Dans ses refrains, elle ne ménage pas non plus les vices du clergé de son temps : « Maintenant, dit-elle, l'Église est pleine de confusion et de trouble ; mais il n'en fut pas ainsi lorsque les abbés demeuraient dans des antres, comme des souris dans des trous. Aujourd'hui, ils se prélassent dans des palais, vivent dans l'abondance, roulent à cheval dans le monde, se livrent à ses distractions et à ses plaisirs, sans réfléchir que quand les bergers s'égarent, les loups enlèvent les brebis. »

Mais, quand il s'agit de Luther, Anne est impitoyable : « Les partisans du moine renégat n'adorent que Mammon ; ils veulent anéantir la croix, plient les genoux devant Bacchus et Vénus, se vautrent dans l'ordure, croient entrer dans le royaume des cieux en chantant et en dansant, et ont l'impudence de se dire les seuls vrais chrétiens. Comme leur esprit et leur cœur ne connaissent que Jésus-Christ, ils verraient avec plaisir la destruction des saintes images et des statues. Tous ceux qui refusent de danser aux sons du fifre de leur maître ne sont que des vauriens... L'impiété triomphe, la vertu succombe, la vérité est persécutée et la foi chancelle (²). » Anna Byns avait une amie qui partageait tous ses

(¹) Voir les preuves dans JONCKBLOET, *l. c.*, p. 481-486.
(²) *Apud* WILLEMS, *Verhandeling*, p. 228-233.

sentiments, Rosine Coleners, de Termonde. Cette femme ne savait ni lire ni écrire, mais la nature l'avait faite poète, et elle dictait ses vers, qui coulaient de la même source que ceux d'Anna [1].

Quels que fussent d'ailleurs le talent et le mérite d'Anna Byns, elle est loin de cette autre Sapho, d'origine anversoise [2], la brillante Anne-Marie Schuurman, qui, à trois ans, savait déjà lire, à sept ans, commençait à parler latin ; qui apprit successivement le hollandais, l'allemand, le français, l'anglais, l'italien, le grec, l'hébreu, le chaldéen, le syriaque, l'arabe, en attendant qu'elle pût y joindre le samaritain, l'éthiopien et le persan.

Cette femme remarquable parvint à s'approprier tous les secrets de l'éloquence et de la philosophie. Elle excella également dans la poésie, et les épigrammes latines qu'elle écrivit ont ce cachet de causticité qui rappelle la malignité de Catulle et de Martial.

Mais le but principal de ses études fut une connaissance approfondie de l'Écriture sainte et de la théologie, suivant les doctrines du protestantisme, sans toutefois renoncer aux subtilités scolastiques du moyen âge. Aussi fut-elle l'admiration des plus grands savants de son siècle, des Vossius, des Saumaise, des Spanheim, des Gassendi et de bien d'autres. La reine de Pologne, Louise-Marie de Gonzague, l'honora de sa visite et fut émerveillée de sa conversation. Celle de Bohême et la princesse Louise, sa fille, qui se faisaient gloire d'être savantes, entretenaient avec elle une active correspondance. Mystique comme Anna Byns, Anne-Marie Schuurman finit par se dégoûter de la scolastique, prendre en pitié les sciences, dédaigner sa religion et, à la manière du Français

---

[1] Van Duyze, *Belgisch Museum*, t. II, p. 93-101.

[2] Son grand-père était noble et natif d'Anvers, d'où il avait été forcé d'émigrer pour cause d'hérésie. Anne-Marie naquit à Cologne en 1607 et alla s'établir avec son père à Utrecht.

Labadie, fameux visionnaire de son temps, « elle se contenta de la lumière interne (¹) ».

Ce que cette femme ingénieuse a produit dans les arts n'est pas moins estimable : elle jouait du luth, dessinait au crayon et à la plume, gravait sur cuivre, au burin, à l'eauforte, et sur verre avec le diamant ; elle travaillait fort nettement en bois ; jetait des figures en fonte et en cire. Après avoir fait le portrait de ses parents en miniature, elle fit de même le sien à l'aide d'un miroir, puis le grava et l'envoya à quelques dames de ses amies, en y ajoutant des vers de sa composition. Elle mourut à Utrecht en 1678.

Un poète tournaisien, le chartreux Jean Morocourt (*Morocurtius*), traita aussi Luther avec une grande acrimonie. A l'imitation de Lucain, il se passe d'invocation dans son poème latin, dirigé contre lui sous le nom de *Threnodia*. Après une apostrophe au Dieu tout-puissant, au roi immortel, il nous montre les éléments suivant le cours naturel que Dieu leur a indiqué. « D'où vient donc que l'homme, créé à l'image de Dieu, est sorti de sa voie? Il a oublié les enseignements anciens. Les juifs recevaient en aveugles les erreurs et le culte infâme des gentils, les luthériens admettent sans contrôle les doctrines erronées des faux prophètes. Avec leurs belles paroles, ils ébranlent la foi dans ses bases, ils sapent l'autorité du pontife romain et les institutions monastiques. Incapables par leurs doctrines de mener à la certitude, ils se sont souillés de tous les crimes. Ils se plongent dans les plaisirs. Ils nient le mérite provenant de bonnes œuvres, rejettent la tradition, tournent la loi chrétienne en ridicule. Ils ne veulent relever que d'eux-mêmes, et en cela, ils ne font que suivre les anciens hérétiques. Les luthériens vantent leur chef comme le meilleur interprète des Écritures. Leur fureur ne connaît pas de bornes ; on les connaît à leurs traits. Tout leur encens est pour Vénus, et ils sont esclaves de

(¹) BULLART, *Académie des sciences et des arts*. Paris, 1682, t. II, f. 229 et 230. — VAN KAMPEN, *Beknopte Geschiedenis*, t. I, p. 298-301.

Satan. Ce sont des hommes sans foi ni loi, des hommes perdus (¹). » C'est pourquoi le poète invoque Dieu pour qu'il mette une digue à ce débordement, qui menace de tout engloutir.

A côté des vaudevilles satiriques des rhétoriciens, on continuait à jouer les mystères. D'Outreman (²) nous donne de curieux détails sur une représentation du mystère de la passion qui, en 1547, eut lieu avec grand appareil à Valenciennes (³). Un manuscrit plus précieux est la *Passion* en vingt journées, jouée en 1402 à Paris, manuscrit refait en 1486 et dont l'auteur a pu être un Wallon de l'ancienne Flandre (⁴).

On y voit le ton de l'époque et les mœurs même les plus frivoles du temps mêlées à des sujets pieux.

Les représentations de mystères en désaccord avec l'esprit nouveau furent le signal d'un mouvement de réaction qui ne manqua pas de trouver dans le peuple des poètes; le même esprit qui composait les vers ou la prose des pièces de rhétorique, qui sculptait sur les stalles des églises le renard en chaire vêtu de l'habit d'un moine et mettant des poules dans son capuchon, ce même esprit de moquerie et d'hostilité qui s'établit entre la chape et le froc, se répandit au dehors et composa les noëls bourguignons et franc-comtois, chansons grossières, stupides en général, mais empreintes d'une critique railleuse à l'égard du genre dramatique introduit dans le culte par le spectacle des mystères; et, il faut le dire, sous ce rapport, le bon sens populaire avait apprécié le moyen âge religieux beaucoup plus justement que tous nos romantiques contemporains.

En Belgique, les représentations des mystères remontent au xii⁰ siècle, et ce furent alors les prêtres qui, les premiers, se donnèrent en spectacle, dans leurs églises, pour l'inter-

(¹) Lecouvet, *Mémoires de la Société des sciences, des arts, des lettres du Hainaut*, t. VI, p. 344-348.

(²) *Histoire de Valenciennes*. Douai, 1636, f. 396.

(³) O. Le Roy, *Études sur les mystères*, p. 128 et suiv.

prétation des cérémonies liturgiques. A la Toussaint, ils représentaient ordinairement le jugement dernier ; à la Noël, la naissance du Christ ou les trois rois ; vers Pàques, la passion ou la résurrection du Seigneur ; à la fête de la Vierge, l'Assomption. Tous ces ouvrages furent originairement confectionnés par des ecclésiastiques. Plus tard, ces représentations se répandirent tellement que des laïques durent s'y joindre, et ce fut ainsi qu'elles dégénérèrent insensiblement en un mélange de sacré et de profane, et qu'elles furent défendues par des statuts synodaux d'Utrecht en 1297 ; mais, en Belgique, elles se maintinrent jusqu'au xvie siècle (¹). Non contents de célébrer la passion avec tout l'appareil d'une pièce de théâtre, les prêtres sortirent de leurs temples pour jouer leurs mystères en plein air, en pleine place publique. A Audenarde, les frères mineurs donnèrent, au commencement du xve siècle, des représentations de pantomimes, en s'aidant de rouleaux où se trouvaient inscrites des maximes et des allégories. Ils firent le tour de la ville en traîneaux auxquels étaient attelés les jeunes religieux du même ordre. Le clergé continua ces représentations jusqu'à ce qu'au commencement du xvie siècle, il se vit détrôné par les laïques (²).

D'autre part, on vit les sociétés de tir à l'arbalète qui jouèrent d'abord elles-mêmes des pièces dramatiques avec tous les attributs d'une véritable société de rhétorique, tels que rois, doyens, syndics, fous, blasons, bannières. Elles avaient l'habitude de saisir l'occasion d'un tir solennel pour donner leurs joyeux ébattements, bouffonneries grossières auxquelles les fous prenaient une part considérable (³).

On jouait aussi en Belgique des farces qui venaient de France, telles que celle de *Maistre Pierre Pathelin*, si connue,

<hr>

(¹) VAN EVEN, *Landjuweel van Antwerpen*, p. 10. — Edm. VAN DER STRAETEN, *l. c.*, p. 123 et 124.

(²) VAN DER STRAETEN, p. 124.

(³) ID., p. 124 et 125.

ou celle du *Munyer*, représentée pour la première fois dans une petite ville de Bourgogne, Seurre, en 1490, à la suite du *Mystère de Saint-Martin*, et d'où est sorti le Pierrot enfariné du xviie siècle [1].

On est moins étonné de la violence de la satire, de la licence des farces, lorsqu'on sait que même la naïveté poétique des mystères poussait l'action jusqu'au point extrême où l'intelligence du spectateur devait achever un épisode dont les préludes avaient déjà de quoi offenser la pudeur la moins craintive. Dans la *Vie et Histoire de madame sainte Barbe*, qui fut représentée et imprimée vers 1520, quoique le mystère commence par un sermon sur un texte de l'Évangile, la première scène s'ouvre sur un mauvais lieu, où une femme *folle* de son corps chante une chanson et fait des gestes obscènes. L'Empereur ordonne à cette femme d'engager la sainte à faire *fornication*, et la conseillère de débauche s'efforce de séduire Mme Barbe, qui se recommande à Dieu. Aussi la représentation d'un grand mystère donnait-elle lieu souvent à des orgies sans nombre et à des désordres de toute espèce.

[1] P.-L. Jacob, *Recueil de farces, soties et moralités du* xve *siècle.*

CHAPITRE XIII.

LES HISTORIENS, LES GÉOGRAPHES ET LES NUMISMATES.

Sous le rapport de la littérature historique, la Belgique n'a pas connu d'enfance, ainsi que le prouvent les trois grands historiens qui s'y succèdent, à peu près comme Hérodote, Thucydide et Xénophon chez les Grecs [1]. A leur tête est Jean Froissart [2], qu'il suffit de nommer pour avoir tout dit. N'oublions pas cependant qu'il eut pour précurseur Henri de Valenciennes [3] et pour maître Jean le Bel [4], chanoine de Saint-Lambert, à Liége. Jean le Bel, en effet, l'a inspiré; Froissart lui doit son premier style et les plus belles parties de son livre. Comme Froissart, Jean le Bel peint avec de simples et fortes couleurs; son récit est vif, attachant, plein de charme, comparable, en un mot, à celui de Froissart, dont on admirera toujours l'art de conter, si net et si naïf; souvent même il l'emporte sur son élève en profondeur. Jean le Bel est, pour la Belgique, un grand prosateur de plus, dont elle a droit d'être fière, et qu'elle peut hardiment placer à côté des plus illustres noms littéraires de la France [5]. Il est vrai que, dans son âge mûr, Froissart sacrifia son modèle, qu'il fit table rase de l'imitation et nous donna, dans les dernières

---

[1] Du Rozoir, *Mémoires de la Société d'émulation de Cambrai*, 1828, p. 15-18.

[2] Né à Valenciennes vers 1337.

[3] Helbig, *Annuaire de la Société libre d'émulation de Liége*, 1861, p. 361 te suiv.

[4] Né à Liége le 2 janvier 1338 et mort dans cette ville vers 1400.

[5] Paulin Paris, *Bulletins de l'Académie royale de Belgique*, t. XII, 2, p. 351. — Polain, *Les vrayes chroniques de messire Jehan Le Bel*. Brux., 1863, t. I, p. xxxv. — Conf. de Reiffenberg, *Bulletin de la Société de l'histoire de France*, t. I, p. 295-299.

années de sa vie (1400-1402) (¹), une rédaction entièrement nouvelle des premiers livres de ses chroniques (²).

C'est ensuite Enguerrand de Monstrelet qui se présente à notre estime, avec des titres divers. Son ouvrage subsiste en entier; mais l'homme est à peine connu, bien que la ville de Cambrai, dont il fut prévôt et où il résida du temps de la composition de son livre, puisse à ce double titre l'adopter pour un de ses enfants. L'opinion générale est qu'il naquit (³) dans le Ponthieu (⁴), où se trouvait la terre de Monstrelet. Enguerrand tenait encore à la Belgique par la dignité de bailli de Walincourt (⁵).

Sous le nom de *Chroniques*, il a donné, à l'exemple de Froissart, une véritable histoire. Non content d'indiquer les événements, il remonte à leurs sources et les suit dans leurs moindres détails, interrompant sa narration pour appuyer les faits sur des pièces justificatives : édits, déclarations, mandements, lettres, négociations, traités, plaidoyers, etc. Cette manière est, sans contredit, la plus profitable pour l'exactitude; mais combien elle entrave la marche du récit! « A l'exemple de Froissart, Monstrelet ne se borne pas aux événements qui se sont passés dans un seul pays : il embrasse tout à la fois et presque avec la même étendue ce qui s'est passé en France, en Angleterre, en Écosse, en Irlande, en Belgique. Il rappelle, mais plus succinctement, ce qu'il pouvait savoir des affaires d'Allemagne, d'Italie, de Hongrie, de Pologne, en un mot, des différents États de l'Europe; quelques-unes même de ces affaires sont traitées plus au long qu'on n'aurait lieu de l'attendre d'une histoire universelle. Enfin, quoiqu'il

(¹) Voy. H. BEAUNE, *Revue contemporaine*, t. LXVIII, p. 179-182.

(²) Publiée par M. Kervyn de Lettenhove. Brux., 1867-1877.

(³) Entre les années 1390 et 1395. Il mourut en 1453.

(⁴) DACIER *apud* BUCHON, *Chroniques de Monstrelet*, t. I, p. 2, soutient qu'il naquit dans le Boulonnais. Dans sa *Biographie des hommes célèbres du département du Pas-de-Calais*, Mᵐᵉ Clément-Hémery dit, au contraire, qu'il vit le jour, en 1390, à Bus, village de l'arrondissement d'Arras. (Voy. *Mémoires de l'Académie d'Arras*, 1839, p. 76.)

(⁵) DU ROZOIR, *l. c.*

semble avoir eu pour objet principal de conserver la mémoire
des guerres qui désolèrent, de son temps, la France et les
pays voisins, de faire connaître particulièrement les personnages qui se distinguèrent dans les batailles, les assauts, les
rencontres, les duels, les tournois, et d'apprendre à la postérité que son siècle a produit autant de héros qu'aucun de
ceux qui l'ont précédé, il ne néglige pas de rendre compte
des grandes choses, soit politiques, soit ecclésiastiques, qui
tombent au temps dont il ne paraît vouloir écrire que l'histoire militaire. On y trouve, sur les conciles de Pise, de Constance et de Bâle, des renseignements importants que les
auteurs qui en ont écrit l'histoire ont dû lui emprunter pour
les combiner avec les autres mémoires sur lesquels ils tra-
vaillaient (¹). »

Ce que l'on peut reprocher à Monstrelet, c'est la pesanteur
de son style : rien, chez lui, ne rappelle le charme de diction qui distingue Froissart. Toutefois, sa narration ne
manque pas de clarté; ses réflexions sont en petit nombre,
mais pleines de justesse. Enfin, ce qui est beaucoup plus
remarquable, son esprit ferme et judicieux s'élève au-dessus
des préjugés de son siècle : ce n'est pas dans son livre qu'il
faut chercher ces faits ridicules de sorcellerie, de magie,
d'astrologie, et ces prodiges absurdes qui déshonorent la plupart des ouvrages de ses contemporains (²).

Ce n'est pas tout; les observations auxquelles il se livre
dans les récits de batailles, de sièges, de prises de villes
emportées d'assaut, indiquent généralement un cœur compa-
tissant aux malheurs du peuple. « Il semble alors s'élever
au-dessus de lui-même; son style, d'ordinaire lâche et sans
vie, acquiert de la force et de la chaleur. S'il raconte les pré-
paratifs et le commencement d'une guerre, son premier mouvement le porte à déplorer les maux dont il prévoit que les

---

(¹) Dacier, p. 15 et 16. — Du Rozoir, p. 45 et 46.
(²) Dacier, p. 16-24. — Du Rozoir, p. 45 et 46. — Conf. Dusevel, *Bulletin de
la Société de l'histoire de France*, t. II, p. 226-228.

classes laborieuses seront bientôt accablées. Peint-il le
désespoir des infortunés habitants de la campagne, pillés et
massacrés par les différents partis, on sent qu'il en était
pénétré et qu'il s'attendrissait en écrivant. L'humanité était
le fond de son caractère ; on peut y ajouter l'amour de la
vérité (¹) », bien que son affection pour Philippe le Bon l'ait
fait accuser de partialité pour la maison de ce prince (²).

Froissart et Monstrelet n'appartiennent qu'à l'histoire littéraire ; Commines (³), leur successeur, appartient à l'histoire
politique. Élevé à la cour de Philippe le Bon, compagnon
des plaisirs du jeune Charles le Téméraire, il était appelé,
selon son expression, *à voguer sur la grande mer* des affaires
humaines (⁴).

« Pour apprécier le mérite de Commines, mérite isolé dans
son époque, dit Philarète Chasles, il faut le comparer aux
chroniqueurs contemporains : à Jean de Troy, dont la plume
scrupuleuse notait en style de greffier tous les événements
survenus dans Paris, le sermon d'aujourd'hui, l'orage de la
veille, et écrivait avec la même bonhomie les détails d'une
fête populaire, l'arrivée des ennemis, les bons tours que les
dames de la capitale jouaient à leurs époux, et la misère du
royaume. »

Ce qui excite l'étonnement, c'est que voyant la monarchie
moderne sur le point de se former, victorieuse de la féodalité
et entièrement indépendante de son action temporelle, Commines élève la voix en faveur des peuples et leur reconnaît
des droits que les princes sont obligés de respecter. Le premier de ces droits, parce que tous les autres en découlent et
le supposent, c'est que personne n'étant autorisé à prendre
le bien d'autrui, pas plus le roi celui d'une nation qu'un

____

(¹) DACIER, p. 25. — DU ROZOIR, *Nouveau dictionnaire de la conversation,*
t. XVIII, p. 76.

(²) DACIER (p. 25-32) a cependant prouvé que dans cette accusation on a beaucoup
exagéré.

(³) Né en 1445, au château de Commines, sur la Lys, à deux lieues de Menin.

(⁴) DU ROZOIR, *Mémoires* cités, p. 48 et 49.

simple particulier celui de son prochain, l'impôt doit être voté librement et n'est légitime qu'à cette condition. Mais s'il en est ainsi, il faut que la nation soit représentée par des délégués qui aient mission de parler en son nom et de voter pour elle les sommes jugées nécessaires à l'entretien et à la défense de l'État. Le pouvoir des rois ne doit donc pas être absolu; il faut qu'il soit tempéré par celui des États généraux. De là la prédilection de Commines pour ces assemblées et la préférence qu'il donne au gouvernement anglais sur tous les autres. Il regarde le pouvoir absolu comme aussi dangereux pour ceux qui l'exercent que pour ceux qu'il opprime; car, ne connaissant plus de frein, les rois ne compteront plus avec les obstacles, n'écouteront plus la voix de la modération et de la sagesse et se précipiteront à leur perte [1].

Si l'on peut admirer, dans Commines, l'homme de génie dont l'œuvre fut involontairement l'expression de l'esprit belge, positif et libre, on chercherait en vain chez lui l'honnête homme et le citoyen [2]. Commines a trahi son souverain, son protecteur et sa patrie pour se vendre à un tyran dont il a secondé tous les actes injustes, cruels, perfides et révoltants. Son nom a été justement flétri par la plume indignée de Voltaire.

Dans deux châteaux voisins des bords de la Lys et situés à trois lieues l'un de l'autre, l'on montrait, au xve siècle, le berceau de deux nobles chevaliers dont la naissance avait été à peine séparée par un intervalle de treize ans : le premier se nommait Philippe de Commines, le second était Jean de Dadizeele [3].

Philippe de Commines et Jean de Dadizeele vécurent

---

[1] FRANCK, *Réformateurs et publicistes de l'Europe*, p. 423.

[2] CAM. PICQUÉ, *Mémoire sur Philippe de Commines* (*Mém. cour. de l'Acad.*, in-8°, t. XVI, p. 3, 4 et 13).

[3] *Mémoires de Jean de Dadizeele*, dans le *Recueil de chroniques, documents*, etc., concernant l'histoire de la Flandre occidentale, 3e Série, p. i.

ensemble à la cour des ducs de Bourgogne, mais ils écoutè-
rent des influences toutes différentes. Tandis que Philippe
de Commines jouissait du succès d'une trahison, Jean de
Dadizeele se plaçait à la tête des communes flamandes et
assurait leur triomphe, que de terribles revers semblaient
avoir rendu à jamais impossible. Néanmoins, Commines a
passé à la postérité avec l'éclat d'un génie immortel. Les
éditions de ses mémoires se sont multipliées, et il est devenu,
entre Froissart et Machiavel, le représentant le plus habile de
la forte littérature historique. Dadizeele avait aussi écrit ses
mémoires. Ils ne font pas, malheureusement, un monument
littéraire; ils offrent cependant un haut intérêt et ils formeront désormais le titre le plus respectable de l'indépendance
flamande au xve siècle. Ce qui peut manquer à l'élégance du
récit y est compensé par le souvenir d'une vie toute remplie
de loyauté, de dévouement, de vertu, et tranchée, en 1481,
par un assassinat qui seul aurait suffi pour déshonorer le
règne de Maximilien d'Autriche [1].

Chastellain n'a pas l'indignation profonde et les haines
vigoureuses d'un Tacite; il a, dit M. Kervyn, « un jugement
supérieur, qui dépasse celui de la postérité [2] ».

Olivier de La Marche, qui proclama Chastellain « son père
en doctrine, son maistre en science et son singulier amy, la
perle et l'estoile de tous les historiographes de son temps »,
Olivier de La Marche occupe aux yeux de la critique une
place importante entre son maître et Commines. Il est toujours intelligible et clair, et, par ce mérite essentiel, il
l'emporte sur le style souvent énigmatique de son modèle.
Son œuvre offre un horizon politique moins étendu et,
par conséquent, un moindre intérêt que celle de Commines. Quoiqu'il eût été attaché à la cour depuis sa tendre
jeunesse, il ne prit jamais part aux affaires importantes et,

[1] *Recueil* cité, p. II-IV.

[2] Kervyn de Lettenhove, *Œuvres de Chastellain.* Brux., 1863-1865, t. I, p. V.

par cela même, il ne put voir les choses du côté remarquable. Les joutes, les fêtes, les coutumes de la noblesse, les graves futilités du cérémonial l'occupent trop souvent, et, quoiqu'il soit en général plein de candeur et de sincérité, on lui a reproché d'avoir manqué parfois d'exactitude [1].

Olivier trouva, au xvi⁰ siècle, un annotateur et un correcteur intelligent dans le Gantois Jean Lauts [2], qui, le 24 janvier 1560, fut décapité sur la place Sainte-Pharaïlde, à cause de son zèle pour les prédications réformées [3].

Jean Molinet, dont j'ai déjà parlé comme poète et qui était aussi élève et ami de Chastellain, mérite d'être cité comme historien. Il ne faut cependant lui demander ni les causes des événements qu'il décrit, ni l'explication des hommes dont il parle, ni la révélation des pensées secrètes qui les dirigent. Il raconte, et ne commente pas; sans théorie, sans dessein arrêté, il peint la vie humaine avec ses faiblesses, ses légèretés et ses péripéties diverses. Mais les couleurs de ce peintre sont mal broyées, et ses tableaux, chargés d'ornements, souvent ridicules d'emphase et de bizarrerie [4].

Toutefois, lorsque Molinet est entraîné par la vivacité de la narration, il oublie cette affectation de bel esprit qui lui a justement attiré les sarcasmes de Rabelais; quand il est ému par l'intérêt des situations historiques, il abandonne ses fades déclamations pour devenir un historien.

La Belgique possède encore tout un peuple d'historiens qui ne peuvent être tous rappelés ici, mais dont je dois mentionner les plus saillants. Au xiv⁰ siècle, c'était Jacques de Guyse, qui composa, en latin, les *Annales* ou *Chroniques des souverains du Hainaut*. C'est de lui que M. Onésyme Leroy

[1] DE REIFFENBERG, *Mémoires de Jacques Du Clercq*, t. I, p. 20.

[2] *Mémoires de messire Olivier de la Marche, avec les annotations et corrections de J. L. D. G.* Gand, 1567, gr. in-4°.

[3] VAN DER AA, *Biographisch Woordenboek*, t. XI, p. 214.

[4] DE REIFFENBERG, *Mémoires de la Société d'émulation de Cambrai*, 1833, p. 223 et 224, et *apud* BARANTE, *Histoire des ducs de Bourgogne*. Brux., 1835, t. X, p. 118 et 119.

disait : « Si les suffrages se pesaient, quel rang n'occuperait
pas déjà notre frère mineur, dont MM. de Châteaubriand et
Raynouard font un cas particulier ! Ce dernier surtout ne
craint pas de remonter, sur les pas de notre récollet, dans la
nuit des temps, et de lui emprunter sa lumière [1] ».

A Jacques de Guyse nous ferons succéder Edmond de
Dynter, ainsi nommé du village où il est né [2], près de Bois-
le-Duc. Il appartenait à une branche collatérale de l'ancienne
et noble famille seigneuriale de Dynter. Il entra de bonne
heure au service du duc de Brabant, Antoine de Bourgogne.
Une grande variété de connaissances, beaucoup d'aptitude
aux affaires, peut-être aussi la position de sa famille, le firent
distinguer par ce prince, qui lui donna un poste de haute
confiance en le nommant son secrétaire. Cette confiance lui
fut continuée par Jean IV, Philippe de Saint-Pol et Philippe
le Bon, de sorte que Dynter s'y maintint pendant plus de
quarante années. Mais la période la plus brillante de sa carrière doit être placée sous le règne du duc Antoine [3], qui
l'employa dans diverses ambassades importantes. Les dissen-
timents qui s'élevèrent entre Jean IV et sa femme, Jacqueline
de Bavière, l'exposèrent à jouer un rôle actif dans les divers
épisodes de cette odyssée matrimoniale, sur laquelle il est
loin d'avoir dit toute la vérité. L'ancien et dévoué serviteur
de trois ducs de Brabant se sentait mal à l'aise à la cour du
puissant chef de la maison de Bourgogne. Devenu veuf et
fatigué des ennuis de cette cour, il embrassa l'état ecclésiastique et fut pourvu d'un canonicat à l'église de Saint-Pierre,
à Louvain [4].

Ce fut à Bruxelles qu'il passa les dernières années de sa
vie, et quelquefois, pour se distraire et continuer dans la soli-

[1] *Histoire de Hainaut*, par J. DE GUYSE, traduite en français avec le texte latin
en regard par le marquis Fortia d'Urban. Paris, 1826-1838, t. X, p. 393 et 394.

[2] Vers 1382.

[3] De 1405 à 1415.

[4] DE RAM, *Chronique des ducs de Brabant*, par Edmond de Dynter. Brux.,
1854-1857, t. I, p. III-XXV.

tude le travail qu'il avait entrepris sur l'histoire du Brabant, il se retirait chez les chanoines réguliers de Corsendonck, près de Turnhout (¹).

De Dynter eut le bonheur, bien rare alors, de puiser les matériaux de sa *Chronique des ducs de Brabant* dans les dépôts les plus authentiques.

Tous les actes publics qui concernent les trois derniers siècles, à partir de l'époque de l'empereur Henri V et de Godefroid le Barbu, duc de Lothier et de Brabant vers l'an 1100, sont tirés des archives des princes au service desquels il avait été attaché, ou des collections de chartes des provinces et des communautés religieuses, qui ne pouvaient que favoriser les recherches du secrétaire ducal, excité à ce travail par Philippe le Bon.

De Dynter nous a transmis ces actes dans toute leur intégrité. Arrivé, dans son sixième livre, à l'année 1400, dès le règne de son premier maître, le duc Antoine, le chroniqueur participe en personne à plusieurs événements de l'époque, et se trouve placé fort avantageusement pour les connaître et les apprécier. Ce sixième livre s'arrête vers l'année 1442 et est resté inachevé à cause de la mort de l'auteur (17 février 1448) (²).

Ses premiers livres n'ont pas le même mérite, il y reproduit souvent des récits fabuleux. L'auteur ne devient réellement maître de son sujet que dans le quatrième, parce que les documents authentiques abondent pour lui.

Ce fut en 1447 que de Dynter présenta sa chronique à Philippe le Bon. Le nombre considérable de copies faites pendant trois siècles du manuscrit de de Dynter atteste suffisamment le prix qu'on y a toujours attaché. Ce qui prouve d'ailleurs combien son ouvrage était estimé non seu-

---

(¹) DE RAM, p. XXV-XXVIII.

(²) NELIS, *Belgicarum rerum Prodromus*. Antv., 1790, p. 33 et 34. — DE REIFFENBERG, *Histoire des troubles des Pays-Bas*, par Van der Vynckt. Brux., 1822, t. I, p. XX. — DE RAM, p. XXVIII et XXIX.

lement dans les provinces belges, mais aussi en Allemagne, c'est que, depuis trois siècles, les historiens n'ont pas cru pouvoir puiser à une meilleure source (¹).

La chronique de de Dynter a été traduite par Jean Wauquelin, Montois (²) ou Picard, calligraphe, traducteur, historien, littérateur et secrétaire particulier de Philippe le Bon. Wauquelin était de l'école de Froissart, dont il avait étudié et transcrit les œuvres. Son style même rappelle quelquefois la gracieuse simplicité du vieux langage de l'immortel historien valenciennois. A ce titre, le traducteur de de Dynter mérite une place distinguée parmi les écrivains qui, au xvie siècle, florissaient à la cour des ducs de Bourgogne.

Wauquelin a, d'ailleurs, traduit encore d'autres ouvrages, et il paraît même qu'il fut un excellent rimeur (³).

Ceux qui aiment à surprendre le génie des peuples et le caractère des siècles dans les lois des diverses époques consulteront avec fruit le recueil (⁴) de Pierre à Thymo ou Van der Heyden (⁵), chanoine et trésorier de l'église de Sainte-Gudule en même temps que syndic ou conseiller-pensionnaire de la ville de Bruxelles.

Ce recueil, ou plutôt cette histoire diplomatique du Brabant est une des plus étendues et des plus exactes qui aient paru sur nos annales.

On y trouve encore çà et là, surtout au commencement, quelques traits apocryphes qu'il faut moins imputer à l'auteur qu'au siècle où il vivait, et qu'il a cru, dans un autre manuscrit, devoir corriger ou supprimer; ce qui fait à la fois l'éloge de son exactitude et de son discernement (⁶).

(¹) Voy. les preuves *apud* NELIS, p. 35-37. — Conf. DE RAM, p. xcv.

(²) Ce qui est certain, c'est qu'il demeurait à Mons et qu'il y mourut en 1453.

(³) DE RAM, p. xcix-cxii.

(⁴) Publié par de Reiffenberg sous ce titre : *Petri à Thymo, Historia Brabantiæ diplomatica.* Bruxelles, 1830.

(⁵) Né en 1393, à Gierle, dans la province d'Anvers, arrondissement de Turnhout, mort à Bruxelles, le 26 février 1473.

(⁶) DE NELIS, p. 45.

Ce qui justifie cet éloge, c'est que chez lui les événements publics sont développés dans le plus grand détail et avec le plus grand soin, tandis qu'il se contente, pour ainsi dire, d'effleurer les faits particuliers et moins importants.

Tantôt il copie les lois en entier en les incorporant dans son livre, tantôt il se borne à en rapporter les articles les plus remarquables. De cette manière, si la plupart des lois anciennes des rois francs, si les constitutions tant ecclésiastiques que civiles des empereurs germaniques étaient perdues ailleurs, on en retrouverait dans ce recueil le texte ou du moins de quoi y répandre quelque lumière. Ainsi ce livre peut servir à développer non seulement notre histoire, mais encore celle de la France et de l'Allemagne.

Ce livre resta longtemps enfoui. L'auteur avait ordonné que son ouvrage, fruit de cinquante années de recherches, fût déposé, après sa mort, dans la bibliothèque de la ville de Bruxelles et que, pour en assurer la conservation, il y fût attaché avec des chaînes de fer, suivant l'usage de ce temps. Il est probable que ces précautions parurent insuffisantes, puisque l'ouvrage fut tiré de là pour être enfermé dans un lieu plus secret encore, de sorte que ce fut seulement vers 1774 qu'on le découvrit et le reconnut dans le grenier de l'hôtel de ville, sous un tas de papiers [1].

Une chronique très agréable à lire est, sans contredit, celle de Jacques Du Clercq, seigneur de Beauvais, qui fut contemporain des événements qu'il décrit. Issu d'une noble famille de l'Artois [2], il vécut à la cour de Philippe le Bon, avec la qualité de gentilhomme et de conseiller du prince. Ses ancêtres, attachés aux comtes de Flandre, les avaient constamment servis, soit dans leurs conseils, soit dans leurs armées [3].

---

[1] De Nelis, p. 45-51. — Voy., pour plus de détails, de Reiffenberg, *Bulletin de la Commission d'histoire*, t. I, p. 184 et suiv.

[2] Il naquit en 1424.

[3] De Reiffenberg, *Mémoires* de J. Du Clercq. Brux., 1823, t. I, p. 9-14.

Les mémoires de Du Clercq parcourent un espace d'environ dix-neuf années, de 1448 à 1467. Leur mérite consiste dans la simplicité de la narration, dans un ton de bonne foi et dans un certain air de franchise qui captivent la confiance du lecteur; mais le style en est incorrect, diffus et barbare. En revanche, ils font connaître une foule de détails curieux que rejette l'histoire proprement dite (¹). Les événements racontés par Du Clercq ont été retracés par Monstrelet (²), Commines (³) et Olivier de la Marche (⁴); mais Du Clercq y ajoute des particularités qu'ils ont omises.

« Depuis la brillante, mais trompeuse domination des ducs de Bourgogne, qui mutilèrent nos vieilles libertés et affaiblirent notre vieille énergie, sans avoir ni le génie ni le temps de nous donner en compensation l'unité nationale, tout ce que la Flandre avait accompli de gloire et de grandeur paraissait oublié pour jamais, et tout faisait présager que les Flamands en viendraient un jour à ce point d'égarement d'oublier les Artevelde pour ne plus se rappeler que Charles-Quint. Un homme se rencontra qui osa protester contre cet étrange abaissement de tout un peuple, et qui, au milieu de la plus glaciale indifférence, se prit à célébrer avec amour les grandes choses de la Flandre au moyen âge. C'était un pauvre curé de Blankenberghe, et la postérité s'est montrée si ingrate à son égard que son nom a franchi à peine le cercle étroit des hommes de science (⁵). »

Jacques De Meyere (Meyer ou Meyere) naquit, le 27 janvier 1491, à Vleteren, pauvre village à deux heures de Bailleul (⁶), qui ressortissait alors à l'antique châtellenie de Cassel. Né d'un père qui avait quelques relations avec les humanistes du temps, le futur annaliste se prit, dès sa jeunesse,

---

(¹) De Reiffenberg, *Mémoires* de J. Du Clercq, p. 14-19.

(²) Il commence en 1400 et finit en 1444 et il a été continué par d'autres.

(³) Il commence en 1464 et finit en 1498.

(⁴) Il commence en 1435 et finit en 1492.

(⁵) *Flandre libérale*, t. I, p. 58 et 59.

(⁶) Ce qui l'engagea à se nommer quelquefois *Baliolanus*.

de respect et d'enthousiasme pour l'antiquité et puisa dans les écoles de la Flandre ce goût pour la belle latinité qui s'est reflété dans ses écrits ([1]).

Un riche ecclésiastique, devinant son mérite, offrit aux parents de Jacques de se charger de l'éducation de l'enfant, en leur promettant de le conduire à Paris, pour qu'il pût y achever ce qu'il avait si bien commencé en Flandre. De Meyere y conquit ses grades de docteur en philosophie et de docteur en théologie. Son bienfaiteur voulut ensuite le conduire en Italie et lui assurer dans ce pays une position honorable; De Meyere refusa : il aimait trop la Flandre. Il retourna dans sa patrie, pauvre de fortune, mais riche de connaissances; il avait résolu de consacrer ses veilles à l'histoire de Flandre. Mais avant de réaliser ce désir, il entra dans les ordres et s'établit à Ypres, qui brillait alors par son commerce, le nombre et l'activité de ses habitants et une propension particulière vers l'étude de l'antiquité. Il ouvrit une école, et de nombreux élèves y affluèrent pour entendre l'éloquence cicéronienne du jeune gradué de l'université de Paris ([2]). Lié particulièrement d'amitié avec Despautère, dont il avait fait la connaissance à Ypres, il parvint à conquérir l'amitié d'Érasme, qui, comme plus tard Voltaire, dispensait la gloire. Dès lors, il se trouve partout des amis pour le philosophe et le grammairien qui allait restaurer les bonnes études en Flandre. Bruges devint jalouse d'Ypres et lui disputa l'honneur de posséder ce fameux latiniste, en le nommant titulaire d'une chapelle à l'église collégiale de Saint-Donat. A Bruges, le concours de ses auditeurs fut plus grand encore qu'à Ypres. Et cependant, les vœux de Meyere tendaient plus haut qu'à susciter dans l'esprit de ses compatriotes l'amour de l'antiquité classique; il se croyait appelé à mieux les servir en leur rappelant les glorieux souvenirs

([1]) *Flandre libérale*, p. 59 et 60.
([2]) *Flandre libérale*, p. 59-63. — *Recueil de documents* concernant l'histoire et les antiquités de la Flandre, 2ᵉ série, p. VIII et IX.

de leurs ancêtres. Ce besoin d'interroger les temps qui ne
sont plus, si généralement répandu aujourd'hui, Meyere alors
était seul à l'éprouver. Au fond des vieux monastères, quelques moines continuaient les chroniques, époussetaient les
cartulaires, enluminaient des missels. Les chapelains de
quelques seigneurs dressaient des arbres généalogiques; çà
et là un secrétaire de commune mettait en ordre les comptes
de sa ville; mais c'était tout. Aucun de ces hommes ne se
souciait de la véritable histoire. Il fallut du courage à Meyere
pour entreprendre cette tâche, et ce dut être émouvant de le
voir prendre le bâton de voyage pour aller de cloître en
cloître, de château en château, de ville en ville, réclamer
comme une faveur le droit de compulser des manuscrits auxquels peut-être personne ne songeait plus. Les épreuves ne
lui furent pas épargnées. La plupart des villes se défiaient de
cet homme comme d'un émissaire du pouvoir, qui venait surprendre leurs secrets et trouver contre elles quelque nouveau
moyen d'exaction. Les châteaux ne s'ouvraient pas plus facilement, et les craintes puériles des moines lui rendaient très
souvent inaccessibles les documents des monastères. A force
de patience et même de sacrifices pécuniaires (il avait vendu
son modeste patrimoine), Meyere réussit mieux qu'il ne l'avait
espéré d'abord, et, en 1531, parut à Anvers un in-4° de
60 pages, intitulé : *Jacobi Meyeri Baliolani, flandricarum
rerum, tomi X.* Ces dix tomes ne faisaient réellement qu'autant de chapitres ou sections, précédés d'une préface dans
laquelle l'auteur donnait cette publication comme un prélude (¹).

Contre toute espérance, ce mince opuscule fut accueilli
favorablement par ceux auxquels il était destiné, si bien que,
dans le courant de la même année, une seconde édition parut
à Bruges (²).

Quelque bruit que ce livre eût fait tout d'abord, le pouvoir

(¹) *Flandre libérale*, p. 67-70. — *Recueil* cité, p. x et xi.
(²) *Ibid.*, p. 70 et 71. — *Recueil* cité, p. xi.

sembla ne pas s'en inquiéter. Cela s'explique. Il ne remuait que des cendres. S'il disait avec orgueil comment le comte de Flandre n'avait jamais été soumis d'une manière absolue à la couronne de France; comment, au contraire, nos princes s'intitulaient, à la face de tous, comtes et marquis par la grâce de Dieu; si l'historien patriote parlait avec amour de ce plantureux pays flamand, riche de tant de productions diverses; s'il célébrait l'origine de ce peuple pieux, intrépide, sobre et prévoyant, il ne réveillait pas encore la redoutable mémoire de ses tribuns. Pourquoi craindre ces fouilles, qu'escortaient un innocent avant-propos et une hymne au saint nom de Jésus? Il n'y avait guère que la latinité d'Érasme qui, alors, eût été mise en suspicion (¹).

Cet ouvrage forme une sorte d'introduction aux *Annales*. Évidemment, De Meyere avait l'intention de le compléter. Ce qui est certain, c'est qu'un ouvrage de lui, qui doit avoir paru avant 1538, est complètement perdu. On attribue la cause de sa perte au gouvernement de Charles-Quint, qui ne permit pas de rappeler au peuple ses privilèges (²).

Après cette publication, Meyere se remit à l'œuvre avec une nouvelle ardeur; mais les veilles et les voyages compromirent sa santé et épuisèrent ses ressources. Il rouvrit son école à Bruges et, après quatre années d'enseignement, il reprit ses voyages historiques en Flandre.

Pendant ces quatre années, il avait fait paraître à Anvers, en 1534, un long fragment d'un poème bien connu aujourd'hui, mais parfaitement oublié alors.

C'étaient quelques centaines de vers de la *Philippide* de Guillaume le Breton. Meyere les avait découverts à Bruges et en avait corrigé le latin barbare. Dans ces fragments, un étranger, un écrivain à la solde de la France, en célébrant les guerres de Philippe-Auguste, exaltait la richesse et la prospérité de la Flandre. Quelle bonne fortune pour Meyere,

(¹) *La Flandre libérale,* p. 70 et 71.
(²) *Recueil* cité, p. XI-XIV.

dont toutes les pensées tendaient à la réhabilitation de son pays (¹) !

Ce fut en 1538 que parut son *Abrégé des chroniques de Flandre*. Il avait été imprimé à Nuremberg ; mais comme Nuremberg relevait de l'Empire et que la chronique ne pouvait être imprimée sans un privilège impérial, il n'y eut sorte de mutilations qu'on n'eût fait subir au manuscrit de Meyere. On ne recula pas même devant l'absurdité de le mettre en contradiction avec lui-même. Le texte significatif du privilège ne permettait l'impression du livre que si l'auteur se conformait aux corrections et aux changements qui y avaient été faits par le conseil de Flandre, et supprimait le texte des privilèges de certaines villes et communautés particulières dont le volume faisait mention (²).

Ces mutilations s'expliquent si l'on réfléchit que Charles-Quint, jaloux d'étouffer les libertés flamandes, comme il avait étouffé celles de l'Espagne, voulait faire plier sous sa monarchie universelle nos vieilles mœurs et s'efforçait de comprimer l'esprit de nos coutumes et d'effacer jusqu'au souvenir de tout ce qui aurait pu les rappeler. Cette première édition, écourtée encore par suite d'une maladie grave de l'auteur, s'arrêtait à l'an 1278. Si Meyere avait eu à retracer nos luttes intérieures contre Louis de Male, contre Louis de Crécy, contre Philippe le Bon, contre Maximilien d'Autriche, il est probable que la censure de Charles-Quint aurait rendu la publication des *Chroniques de Flandre* impossible (³).

Les deux cent soixante-six pages de l'édition de Nuremberg présentaient un aperçu net et substantiel de ce que les annales de la Flandre offrent de plus remarquable et de plus attrayant. Le récit prenait date des grandes migrations germaniques et se poursuivait sans se briser jusqu'à l'année 1278, alors que la comtesse Marguerite cédait le trône à son

(¹) *La Flandre libérale*, p. 71-73.
(²) *Id.*, p. 73 et 74.
(³) Voisin, dans le *Recueil* cité, p. XVI et XVII.

fils Gui de Dampierre. On n'y faisait encore que pressentir vaguement les révolutions démocratiques du xive siècle ; et, dans tout ce long espace de 445 à 1248, le peuple flamand n'avait usé qu'une seule fois de sa terrible souveraineté : c'était sous Guillaume Cliton.

Que n'eût pas fait la censure si, dès lors, Meyere, comme il le fit plus tard, avait poussé son histoire jusqu'aux temps de la puissance des communes ?

De 1537 à 1540, où il devint chapelain de l'église de Saint-Donatien à Bruges, De Meyere dut interrompre la rédaction de ses chroniques parce qu'il avait été chargé de l'éducation des enfants de Louis de Flandre, seigneur de Praet. En 1543, il devint curé de Blankenberghe, où il ne mit jamais le pied, s'étant fait remplacer par un vice-curé, de scandaleuse mémoire. Enfin, le 5 février 1551, une fièvre maligne emporta le célèbre historien. Il avait continué ses chroniques jusqu'au temps de Charles le Téméraire, mais le bonheur de les voir entièrement imprimées lui fut refusé (¹).

Son neveu, Antoine Meyere (²), avait reçu ses dernières confidences et il avait accepté la mission de publier son manuscrit. Mais les circonstances étaient devenues de plus en plus difficiles : la grande émeute de Gand avait éclaté et Charles-Quint construisait aux portes de cette ville une citadelle formidable pour mater la commune. On comprend que le neveu dut d'abord n'essuyer que des refus quand il demanda un privilège d'impression pour les écrits de son oncle. Cependant, en 1561, les *Commentaires* ou *Annales des événements de Flandre* paraissaient, à Anvers, avec le privilège de rigueur. Mais à quelle condition? A condition que l'éditeur fît disparaître « toutes les digressions qui paraissaient avoir peu

---

(¹) *Recueil* cité, p. xxi-xxiv. — *La Flandre libérale*, p. 78.

(²) Né en 1527, il se distingua comme professeur de grec à Louvain, puis ouvrit une école latine à Tirlemont (1550) et devint successivement recteur de l'école latine de Cambrai et de celle d'Anvers. Il mourut en 1597. VAN DER AA, lettre M, p. 744-745.

de rapport avec cette histoire ». Ces digressions étaient, sans doute, des aperçus généraux, des réflexions lumineuses sur le caractère des hommes ou des événements, que Jacques De Meyere avait le talent de jeter dans ses narrations, et qui aujourd'hui pourraient nous donner l'intelligence de bien des choses. Antoine De Meyere fut aidé dans cette charge pénible de censeur des œuvres de son oncle par deux savants : Jean Houtsanens et Pierre Libbus, dont il vante la grande dextérité dans ce genre de travail.

Ce n'est pas tout : Antoine, pour se soustraire aux persécutions que lui suscita cette publication, fut forcé de s'abriter sous la protection de Maximilien de Berghes, archevêque de Cambrai. Son oncle n'avait-il pas osé parler d'Artevelde et des Chaperons blancs, qui, en 1359, avaient reparu sous le nom de *Creesers* ([1])?

Non contente d'avoir fait subir des mutilations à l'œuvre de Jacques De Meyere, la censure s'y permit encore des falsifications. De Meyere, en effet, n'était pas un annotateur de faits et d'anecdotes, mais un historien, un historien tellement considérable qu'il a justement mérité le titre glorieux de père de l'histoire de Flandre.

Malgré tous ses soins, il craint de n'avoir pu donner à ses *Annales* un caractère de vérité. « Il a existé, dit-il, parmi nos ancêtres, et même à des époques reculées, beaucoup d'hommes courageux et d'un grand caractère, mais nous n'avons pour eux ni larmes ni souvenirs, leur mémoire est ensevelie dans une nuit profonde, et leurs noms même ne sont pas arrivés à la postérité. Pourquoi? Parce qu'il leur a manqué, comme dit le prince des poètes lyriques, un historien. Et nous, Flamands, pourquoi ne pas nous réveiller enfin de notre léthargie? Pourquoi préférer les ténèbres à la lumière? Pourquoi ne pas dissiper la nuit profonde qui enveloppe encore les fastes de nos glorieux ancêtres ([2])? »

([1]) *La Flandre libérale*, p. 78 et 79. — Voisin, p. xviii.
([2]) Voisin, p. 245 et 246.

On a aussi de Meyere quelques poésies, parmi lesquelles
un iambe contre les mauvais imprimeurs d'Anvers (¹).

Outre ses propres poésies, morales et satiriques, De Meyere
a publié les élégies d'un poète yprois, de Jacques De Pape.
Il les jugea dignes de voir le jour sans doute parce qu'elles
étaient un monument historique présentant un tableau assez
fidèle des douleurs d'une partie du règne de Charles-Quint.
Des faits dont alors on aurait prohibé la publication en
prose échappaient à la censure lorsqu'ils étaient racontés en
vers.

Avant Meyere, l'histoire en langue flamande n'était pas une
science, elle se bornait aux événements vulgaires, écrits en
mauvaise prose ou en chroniques rimées. Marc Van Vaerne-
wyck, né à Gand, d'une ancienne famille noble, publiait
encore, en 1574, une histoire de Belgique (*Historie van Belgis*)
dans ce genre (²).

Ces historiens s'arrêtaient à des sujets tels que l'incendie
de l'église de Notre-Dame à Anvers ou celui de la tour de
Saint-Pierre à Louvain. D'autres faisaient comme le Brugeois Corneille De Man ou Manilius, imprimeur à Gand, qui,
au milieu du xvi⁵ siècle, composa de pitoyables rimes sur la
mort ou sur le triomphe de Philippe, fils de Charles-Quint,
à Gand, en 1549 (³). La géographie elle-même, écrite en
flamand, était condamnée à la rime. Ainsi, en 1577, Pierre
Heyns édita un *Miroir du monde* où étaient dépeintes la nature
et toutes les contrées de la terre. Heyns, né à Anvers (1537),
y remplissait les fonctions de maître d'école et réussit à s'y
faire un nom comme géographe et comme poète.

Il avait pour émule le maître d'école Étienne de Wal-
court, chez lequel les enfants allaient apprendre le français.
Étienne était auteur de deux publications, aujourd'hui d'une
excessive rareté : l'une intitulée *A B C*, contenant plusieurs

---

(¹) P. De Decker, dans le *Bibliographe belge*, t. II, p. 387-396.
(²) Snellaert, p. 200 et 201.
(³) Id., p. 173 et 203.

sentences, très utiles pour apprendre à écrire et pour l'instruction de la jeunesse, le tout en *rime française*; l'autre, *Recueil ou eslite de plusieurs belles chansons, joyeuses, honnestes et amoreuses, partie non encore veues et autres, colligées des plus excellents poètes françois.*

Cette collection, par sa variété et le bon goût avec lequel elle a été faite, a dû être bien accueillie de son temps.

« La géographie moderne ne date que de Gérard Mercator (de Cremer) », dit Malte-Brun [1]. Ce révolutionnaire de la science était le fils d'un cordonnier de Rupelmonde, où il était né le 9 mars 1512. Après avoir acquis dans sa ville natale les premières notions de la langue latine, il fut envoyé par son grand-oncle, le curé Gisbert Mercator, à Bois-le-Duc, pour y apprendre la dialectique, et de là à Louvain, où il acheva son cours de philosophie. Il apprit ensuite les mathématiques sous la direction de Gemma Frison, un des plus habiles astronomes de son siècle, qui lui enseigna en même temps les procédés de la gravure. Ses progrès furent très rapides, et il se trouva bientôt à même de donner avec succès des leçons de géographie et d'astronomie.

Une constitution qui le rendait capable d'un travail long et soutenu, une ardeur qui lui faisait dévorer sans dégoût et presque sans ennui les détails les plus fastidieux d'une science si vaste et si abstruse, tout portait Mercator aux investigations savantes. Le temps, d'ailleurs, où il vivait était propice aux découvertes. C'est au milieu d'un beau mouvement littéraire qu'il se mit à l'œuvre [2].

Un de ses premiers mérites est d'avoir perfectionné les instruments dont la science géographique peut faire usage et d'en avoir inventé de nouveaux. Il fabriqua lui-même des astrolabes et des sphères avec un talent et une précision remarquables; il s'occupa aussi à graver des tables de

[1] Malte-Brun, *Géographie universelle*. Paris, 1868, t. I, p. 258. — Conf. *ibid.*, p. 319 et 320.

[2] M. Van Raemdonck, *Gérard Mercator*. St-Nicolas, 1869, p. 317 et suiv.

cuivre pour la description de la Palestine, dont il publia, en 1537, une carte qu'il avait composée en discutant avec soin les matériaux fournis par les voyageurs. « La carte de Flandre, qu'il publia trois ans plus tard, reposait entièrement sur ses propres observations. Muni de ses instruments et armé du bâton du voyageur, il avait parcouru la Flandre, du nord au sud, de l'est à l'ouest, bravant également les privations et les dangers, mesurant, dessinant et notant tout ce qui devait servir à la description du pays. Il ne reste malheureusement aucun vestige de ces deux cartes ; nous ne les connaissons que par les réductions qui en ont été faites [1]. »

Jusqu'au xvi⁰ siècle, la géographie avait partagé le sort commun des sciences. Les relations de voyages étaient des tissus de fables plus propres à plaire à l'imagination du lecteur qu'à éclairer son intelligence. Les cartes étaient plus déplorables encore. Les limites du monde connu étaient déterminées d'après l'antique système de Ptolémée, modifié quelquefois par les relations d'un voyageur contemporain qui ne faisait qu'ajouter des erreurs nouvelles aux erreurs anciennes. Les noms des peuples et des pays, tout était confondu. Les îles devenaient des continents, et les continents, des îles. Mercator fit crouler cette fausse science pour la remplacer par l'exactitude des faits.

En 1541, il construisait un globe terrestre qui obtint les applaudissements de tous les connaisseurs et qui plut tellement à Nicolas Perrenot de Granvelle, à qui Mercator le dédia, que cet illustre chancelier présenta l'auteur à Charles-Quint comme un personnage digne de son estime et de sa reconnaissance. Charles l'employa à faire plusieurs instruments de mathématiques, dans la confection desquels le géographe fit preuve de son habileté et de son expérience.

Au mois de février 1544, Mercator, s'étant rendu à Rupelmonde pour recueillir la succession du curé, son grand-

<hr>

[1] Radau, *Revue des Deux Mondes*, t. 84, p. 510 et 511.

oncle, fut arrêté par le bailli du Pays de Waes et conduit au château de cette ville : il avait été dénoncé comme hérétique par le procureur général du conseil de Brabant. Le curé de sa paroisse, Pierre De Corte, essaya d'intercéder pour lui auprès de la gouvernante des Pays-Bas, Marie de Hongrie; il ne réussit qu'à se rendre suspect lui-même. Cette arrestation ayant eu lieu contrairement aux privilèges de l'université de Louvain, dont Mercator était « suppôt », c'est-à-dire dépendant de sa juridiction, l'abbé de Sainte-Gertrude, conservateur des privilèges de l'université, réclama sa mise en liberté; le recteur, François Sonnius (Van Son), écrivit lui-même à la reine, mais on allégua que Mercator s'était enfui pour éviter un emprisonnement; qu'il avait perdu, par ce fait, le bénéfice des privilèges de cet établissement et que dès lors il fallait laisser le procureur général poursuivre la procédure. Elle fut longue et minutieuse. On voulait à toute force convaincre Mercator d'hérésie. On alla jusqu'à envoyer le bailli de Waes au gardien du couvent des Frères mineurs à Malines, afin que celui-ci employât tous les moyens possibles pour découvrir une lettre que l'illustre géographe avait écrite à un des religieux de sa communauté, lettre dans laquelle on espérait trouver un témoignage utile au procès; mais cette perquisition demeura sans résultat. Partout on chercha, mais vainement, des preuves de culpabilité. Et, comme on ne trouva rien à sa charge, on finit par le relâcher après environ quatre mois de détention ([1]).

Tout en s'occupant de la confection d'instruments mathématiques, qu'il fabriqua deux fois pour Charles-Quint pendant un séjour de dix ans à Louvain, Mercator préparait ses grandes publications. En 1551, il avait achevé un globe céleste, et l'année d'après, il alla s'établir à Duisbourg, dans le duché de Clèves, où il n'avait pas à redouter les rigueurs de l'inquisition; il était accompagné de sa famille, dans

______

([1]) Alexandre Pinchart, *Messager des sciences historiques*, 1845, p. 273-275, et 1856, p. 180 et 181. — Radau, dans la *Revue des Deux Mondes*, t. 84, p. 511.

laquelle il avait trois fils pour collaborateurs. Ce fut là qu'au mois d'octobre 1554, il termina la publication de sa grande carte de l'Europe, pour la composition de laquelle il avait mis à contribution beaucoup de cartes spéciales. Il s'occupa ensuite de la gravure des cartes de l'Angleterre d'après la description que lui en avait faite un de ses amis : elles parurent en 1564. Il leva en même temps, sur l'invitation du duc de Lorraine, le plan de ce pays, en dressa la carte et envoya son dessin à ce prince.

Dans tous ses travaux topographiques et chorographiques, il s'appliquait à faire disparaître les discordances et les incohérences. En dressant sur une vaste échelle son *Europe,* il avait résolu de nombreuses difficultés; pour le reste du monde, il en rencontra moins quand il publia sa carte universelle.

Jusque vers le milieu du xvi⁰ siècle, les marins, pour fixer la position du navire à chaque instant du jour, se servaient exclusivement de cartes plates. Ces cartes, sur lesquelles ou figurait les différentes mers avec leurs îles, leurs bancs de sable, leurs côtes, etc., sont couvertes d'un réseau de petits carrés qui résultent, comme on le sait, de l'intersection de deux systèmes de lignes droites parallèles entre elles et perpendiculaires l'une à l'autre, et représentant les méridiens terrestres et les degrés de latitude. Dans ces cartes, les degrés des méridiens et des parallèles étaient tous égaux entre eux, ce qui n'est pas, pour les méridiens, conforme à la vérité, puisque ces derniers décroissent progressivement pour se rejoindre aux pôles. Ce vice de construction devait donner à ceux qui en faisaient usage des résultats inexacts et une fausse direction. Mais les marins, qui ignoraient la cause de ces erreurs et qui, les corrigeant par des observations astronomiques, trouvaient beaucoup de commodité dans la disposition de leurs cartes, ne songeaient guère à les modifier. Ce fut une véritable révolution lorsqu'en 1569, Mercator publia ses cartes marines réduites, qui, aux avantages des cartes plates, soigneusement conservées, joignaient celui de donner des résultats plus conformes à la vérité.

Le Portugais Pierre Nunez ou Nonnius avait attiré l'attention des géomètres sur les problèmes nouveaux que lui suggérait l'usage de la boussole. Mercator, considérant que les marins n'emploient pas la carte pour connaître la figure des pays, mais seulement pour y tracer exactement, d'après sa longueur et sa direction, le chemin qu'ils ont fait, et pour déterminer la distance où ils sont des divers points des côtes, ainsi que la direction qu'ils doivent tenir pour y arriver ou pour les éviter, imagina d'après ce principe la projection de ses cartes réduites, qui porte son nom (*projection mercatorienne*) et qui satisfait complètement à ces conditions. Les Wright, les Gregory, les Halley et d'autres également célèbres devaient en trouver, longtemps après, la théorie mathématique.

Qui le croirait? les marins regardaient avec indifférence ce magnifique travail. De longues années s'écoulèrent avant qu'ils le prissent en considération, tant était grande leur aversion pour la cartographie continentale, où ils voyaient des rivages négligés dans leurs cartes nautiques et des proportions contraires à leurs connaissances.

Cependant, grâce à l'ardeur des éditeurs et des reproducteurs de cartes volantes que l'on copiait pour l'usage vulgaire et dont on commençait à faire des recueils, de gros volumes, la vogue ne tarda pas à se prononcer pour Mercator. Dans Anvers, la fabrication des cartes augmentait de jour en jour. De chez Jérôme Cock, Jean Liefrink, Christophe Plantin, Gilles Coppen, Gérard de Jode, elles se répandaient partout. L'activité de de Jode, de Nimègue, surpassait celle de tous les autres. Habile graveur et excellent mathématicien, il fut le chef d'une famille de graveurs qui ont illustré l'école d'Anvers. En 1569, il mit en vente une quarantaine de cartes pour l'Allemagne seulement.

Ce fut en 1595, quatre mois après la mort de Mercator,

que parut sa description de l'Europe. Il avait conçu la colossale idée de lier toutes ces parties entre elles pour en former un tableau général du monde, et pour composer un vaste corps d'ouvrage auquel il a donné le nom d'*Atlas*, afin d'exprimer par la grandeur du titre celle de l'entreprise. Il avait employé quatorze ans à préparer des matériaux, à former des combinaisons, à s'instruire dans la science des faits et à se perfectionner dans l'art d'écrire. Cette œuvre, qu'il ne put terminer, fut achevée après sa mort par Josse Hondius, de Wacken ([1]), qui avait appris sans maître à graver et à dessiner sur le cuivre et sur l'ivoire. Il ajouta au travail de Mercator les découvertes faites en Amérique depuis la mort de son illustre compatriote.

Mercator nous montre l'homme dans tous les climats; il le suit sous les zones torrides, glacées, tempérées, déterminant sa couleur, ses traits, ses habitudes. Ce fut surtout sous ce dernier rapport qu'il sut donner de l'intérêt à son sujet : il joignit un tableau philosophique des mœurs et des coutumes aux descriptions des localités; il mit enfin à la portée des lecteurs une science qui n'existait encore que pour quelques géographes.

Mercator gravait et enluminait lui-même ses cartes avec beaucoup d'habileté. Il avait fait précéder son *Atlas* d'une dissertation sur la création du monde (*De creatione et fabrica mundi*), où il s'éprend particulièrement de cette nature à la fois riante, majestueuse et terrible dont la puissance s'étend partout. Il faut entendre avec quelle touchante simplicité il parle de la terre, « mère vénérable » : « Elle nous reçoit dès notre première entrée en ce monde, nous nourrit étant nés et maintient sans cesse dès le jour de notre naissance, et pour le dernier devoir, nous ayant receus en son sein, abandonnez du reste de la nature, nous couvre comme bonne mère »; — de l'air : « douce, débonnaire et indulgente,

---

([1]) Village de la Flandre occidentale. *Hondius*, né en 1546, mourut en 1617.

s'accommodant comme une servante à l'usage humain » (¹).

Il ne se bornait pas seulement aux études géographiques ; il fut en quelque sorte l'Alexandre de Humboldt du xvi° siècle. Voici son programme tel qu'il le formule dans la dédicace de ses *Tables de la Gaule :* « Méditant la description de l'univers, la distribution de mes travaux exigeait de traiter d'abord de la formation du monde et de la disposition de ses parties en général ; ensuite, de l'ordre et du mouvement des corps célestes ; en troisième lieu, de leur nature, de leur rayonnement et du concours de leurs influences, pour en inférer la véritable astrologie ; en quatrième lieu, des éléments ; en cinquième lieu, de la description des royaumes et de la terre entière ; en sixième lieu, des généalogies des princes depuis le commencement du monde, pour rechercher les émigrations des peuples, les premiers habitants du pays, les dates et l'antiquité des inventions. Tel est, en effet, l'ordre naturel des choses, qui nous en fait connaître les causes et les origines, et qui est le meilleur guide pour arriver à la vraie science et à la vraie sagesse. »

Mercator accompagnait toujours ses grandes cartes de la description détaillée du pays. Sous la rubrique : *Géographie mathématique,* il coordonnait les positions de lieux qu'il avait pu se procurer, en comptant généralement les longitudes à partir du méridien de l'île de Fer, parce qu'il admet que c'est là que l'aiguille aimantée vise directement au nord. Sous le titre de *Géographie physique,* il décrivait les rivières, les forêts, les montagnes et les plaines, les routes et les canaux (²). Mais il exposait aussi la *Géographie politique,* la constitution civile du pays, l'administration de la justice et l'organisation ecclésiastique, et ses renseignements sont si complets, si exacts, que pendant longtemps ils ont servi de base à toutes les publications analogues.

En philosophie, Mercator a été soupçonné de panthéisme,

(¹) *Atlas,* traduction française publiée à Amsterdam en 1609.

et peut-être avec raison. Aussi sa dissertation sur la création du monde a-t-elle été condamnée, notamment pour les passages suivants, comme renfermant des propositions contraires aux sentiments de l'Église : « Quand Moyse dict : *Dieu dit*, il ne monstre point une sentence donnée pour quelque temps particulier, mais la perpétuelle volonté d'iceluy, laquelle parle et effectue les choses sans mots ou paroles expresses, et les produit au temps défini. Ainsi aussi aux actions de Dieu ; quand il dict : *Dieu sépara la lumière des ténèbres*, il n'entend pas une action externe, mais la volonté perpétuelle de Dieu, par laquelle seule il commence et parfait toutes choses au temps préordonné ; or, il ne veut pas dire en ce jour avoir esté complette cette division après laquelle le quatrième jour finalement, le soleil et tous les astres ont été parfaicts, — mais il donne à cognoistre non obscurément à l'intelligence, cette collection de lumière que j'ay dicte, et qu'icelle est procédée ce jour jusques-là que la lumière amassée en une partie du ciel a peu coucher, laissant après elle la nuit et les ténèbres (¹). »

Mercator soutient ensuite « que les anges et l'âme de l'homme ont été créés des eaux les plus limpides de l'empyrée ». « En cette âme, dit-il, il y a l'intellect, la raison, le jugement, l'amour du vray bien, la justice, la joie au Saint-Esprit, le libre choix de la volonté (²). »

Mais plus loin il résout avec beaucoup de netteté et dans le sens catholique la grave question du péché originel et du libre arbitre :

« L'homme pouvoit interrompre le serpent et le rejecter, et il n'eust point péché. Dieu avoit donné à l'homme le libre arbitre, et l'avoit laissé en la puissance de son conseil, lui donnant ses ordonnances et commandemens. Il t'a mis au devant le feu et l'eau pour avancer la main où tu voudras.

(¹) *Atlas*, etc. *De la création du monde*. Amsterdam, 1633, p. 31.
(²) *Ibid.*, p. 45.

Or, depuis que Dieu sçavoit auparavant qu'il pécheroit, pourquoy ne l'a-t-il créé tel qu'il ne peust tomber? Dieu a bien et paternellement faict toutes choses; c'estoit de grâce qu'il l'avoit orné, de dons d'esprit si excellens qu'il pouvoit aisément obéir à un si léger commandement; et c'estoit raison que l'homme, pour avoir été orné de si excellens dons d'esprit, se monstrast recognoissant envers son créateur. Il pouvoit donc demeurer debout s'il eust voulu, et ce qu'il est tombé, c'est par sa faute, non pour ce que Dieu l'ait ainsi prédestiné ou voulu (¹). »

Mercator touchait, on le voit, à une des questions les plus vitales et les plus controversées du xviᵉ siècle. Lorsqu'on jette un coup d'œil sur l'ensemble des ouvrages de Mercator, on ne sait ce qu'on doit admirer le plus, ou la vigueur de son esprit, ou la variété de ses connaissances. Tête encyclopédique, il a écrit sur tous les sujets. Nous possédons même de lui un traité de calligraphie.

L'exemplaire que j'ai devant moi est de l'an 1557 (²). Il est de toute beauté et appartient à la Bibliothèque royale. Mercator s'élève, dans la préface, contre les vieilles idées d'après lesquelles un homme comme il faut était obligé d'écrire d'une manière illisible. Mais il avait encore un autre but, c'était de substituer, dans les cartes, l'écriture cursive à l'écriture gothique.

Mercator a abordé avec la même supériorité les difficultés de la chronologie. Il distingue très ingénieusement une époque mystique, un temps vide (*œvum inane*), comme il dit. Son livre s'étend depuis la création du monde jusqu'en 1577 avant l'ère vulgaire (³). L'auteur admet quatre grandes monarchies comme autant de périodes humanitaires : ces monarchies sont la chaldéenne (babylonienne, assyrienne), la persane, la grecque et la romaine. Il établit ensuite les

---

(¹) *De la création du monde.* Amsterdam, 1633, p. 31.

(²) *Litterarum latin. scribendarum ratio*, etc. Antverpia, *apud* Bellerum.

(³) *Chronologia mundi*, etc. Cologne, 1568, et Bâle, 1577, in-fol.

synchronismes, en faisant accorder entre elles les ères des Égyptiens, des Olympiades, des Héroïdes, etc.

La théologie, cette science à la mode au XVIe siècle, ne fut pas étrangère à notre géographe. Mais s'il a hasardé quelques opinions trouvées hétérodoxes, il n'a pas embrassé le luthéranisme. Son *Harmonia evangelistarum* ([1]), dirigée contre Charles Dumoulin, le prouve. Ce grand jurisconsulte, qui fut pour le droit français ce que Cujas fut pour le droit romain, était aussi odieux à Rome que cher à son pays pour ses doctes écrits sur les libertés de l'Église gallicane; c'est de lui que le connétable de Montmorency disait : « Ce que Votre Majesté n'a pu faire avec trente mille hommes, ce petit homme l'a achevé avec un petit livre ». Il avait fini par entrer dans la communion réformée, mais uniquement selon le programme primitif de Luther; n'acceptant aucune règle ni autorité ecclésiastique, il prêchait et administrait les sacrements dans sa maison et de son propre chef ([2]).

Un écrivain moderne, M. De Félice, méconnaît ce qu'il y avait de sentiment de liberté dans le programme. Cela dénote une bien petite confiance dans le développement de l'esprit de la Réforme en France. Ce n'est pas à ce point de vue que Mercator combattit Dumoulin. Le géographe était de ceux qui, obligés de choisir entre la science et la révélation, se prononçaient pour les textes sacrés, et son livre de l'*Harmonie des évangélistes* n'avait pas d'autre objet que de prouver la parfaite concordance des quatre récits de la vie de Jésus-Christ, déjà attaquée alors comme aujourd'hui.

En émigrant de Louvain à Duisbourg, Mercator avait aussi transporté dans sa nouvelle résidence sa fabrique d'instruments mathématiques, qui occupait ses fils et un assez grand nombre d'ouvriers. Ses sphères célestes et ses globes ter-

---

([1]) Duisbourg, 1592, in-4°.

([2]) DUPIN, *Nouveau dictionnaire de la conversation*, t. X, p. 385 et 386. — DE FÉLICE, *Histoire des synodes nationaux des Églises réformées de France*. Paris, 1864, p. 77.

restres étaient si beaux et si recherchés, qu'il ne pouvait satisfaire à temps aux nombreuses demandes qu'il recevait. Un de ses amis en achetait plusieurs chaque année pour les faire revendre aux foires de Francfort-sur-le-Mein.

J'ai parlé de l'étendue du savoir de Mercator; comment peindre ses qualités et ses vertus, l'heureuse alliance de la bonté du cœur et de la simplicité du caractère avec toutes les grandes facultés de l'esprit? Rien de plus pur que ses mœurs, de plus paisible ni de plus édifiant que sa vie privée, dans ses deux mariages et au milieu d'une nombreuse famille de collaborateurs. Du génie pour la science, de l'ardeur pour entreprendre, du courage pour exécuter, de la constance pour achever, de l'amitié pour ses rivaux, de l'enthousiasme pour l'humanité, tels furent les nobles avantages que possédait à un si haut degré cet homme vraiment grand, vraiment admirable.

Il vécut jusqu'au 2 décembre 1594; il avait atteint sa 83e année (¹).

On voit, dans la cathédrale d'Anvers, une pierre à demi usée, consacrée par Anna Ortélia à son très cher frère Abraham Ortélius, géographe du roi, né à Anvers; c'est le seul monument élevé à l'émule de Mercator.

Abraham Ortélius (Ortell) naquit à Anvers, le 2 avril 1527, de parents originaires d'Augsbourg (²), qui jouissaient d'une grande fortune. A l'âge de vingt ans, il fut inscrit dans la corporation de Saint-Luc, comme marchand et enlumineur de cartes. Ce ne fut qu'à l'âge de trente ans qu'il se mit à étudier les lettres; mais il y fit des progrès tellement rapides, qu'il étonnait les plus habiles et les plus heureuse-

---

(¹) Cette notice sur Mercator est en grande partie extraite : 1° des ouvrages précédemment cités en notes ; 2° de la *Géographie du moyen âge* par Lelewel, t. I, p. xcıv et suiv. ; t. II, p. 181-232 ; 3° d'une étude sur les cartes géographiques, par Walckenaer, dans le *Répertoire universel des sciences, des lettres et des arts ;* 4° de l'article *Mercator* publié par Weiss dans la *Biographie universelle* de Michaud.

(²) Son aïeul paternel, Guillaume Ortell, avait quitté Augsbourg vers 1400, pour venir se fixer à Anvers.

ment doués sous ce rapport. Il avait un goût particulier pour l'antiquité, et, dès l'an 1562, il fut en possession d'un cabinet de médailles qui méritait d'être compris parmi les plus considérables de la ville d'Anvers.

Ortélius, ayant obtenu la vie du peintre liégeois Lombard par son élève Dominique Lompson, poète et philosophe comme son maître et comme son condisciple Hubert Goltz[1], le créateur de la numismatique, l'envoya à ce dernier, qui l'imprima sur-le-champ avec une épître dédicatoire dans laquelle on voit que, dès lors, Ortélius s'appliquait sérieusement à l'étude de la géographie. Il y fut puissamment secondé par Mercator, plus âgé que lui de dix ans. Dans le courant de ses travaux, il dessina des cartes de l'Asie, de l'empire romain et de l'Égypte ancienne et moderne. En même temps, il faisait copier et graver par François Hogenberg et par quelques autres graveurs de renom, comme Ferdinand et Ambroise Artsenius, les cartes modernes de différents auteurs de sa collection; il en composa un recueil, et tout incomplet qu'il était encore, il le publia, en 1570, sous le titre de *Théâtre du globe terrestre (Theatrum orbis terrarum).*

La moitié de cet atlas était faite quand il en parla pour la première fois à Mercator, qui lui dit : « Vous avez fait les cartes de la moitié de votre monde; mon univers, à moi, est entièrement achevé. » Et il disait vrai, car tous les deux avaient conçu et exécuté en même temps ce gigantesque projet. Mercator, cependant, laissa s'épuiser deux éditions de l'atlas d'Ortélius avant de publier le sien, et il loua publiquement l'œuvre de son rival, en en faisant habilement ressortir tout le mérite. Au fond, la question de priorité ne pouvait guère le tourmenter; chacun de ces hommes avait sa tâche spéciale : Ortélius rassemblait, amassait, formait un recueil; Mercator élaborait et organisait. La priorité était réellement à lui, car, dès 1569, il éditait sa carte marine,

[1] Né à Venloo le 30 octobre 1526.

sur laquelle Ortélius dressa son type du globe, qui parut, en 1570, en tête de son *Théâtre*. Ortélius se hâtait en entrepreneur qui disposait de toutes les ressources nécessaires au succès. Mercator, enfermé dans son cabinet et accablé des soins de sa famille, ne pouvait pas publier aussi vite; l'exécution de son travail exigeait des sacrifices d'argent qu'il ne lui était pas possible de faire avec autant de facilité que son ami Ortélius, riche et célibataire, dans la collection cartographique duquel il puisa avec une reconnaissance touchante.

A l'exception de l'Asie, il n'y a, dans l'importante publication d'Ortélius, rien qui soit directement de sa composition. Il avait mis à contribution les géographes de tous les pays. Quand l'auteur d'une carte était connu, il n'y touchait point, sauf en ce qui concerne quelques places de la Belgique, où la mer avait changé les rivages. Quand la carte était d'un auteur inconnu, il se montrait plus hardi et il y ajoutait ou changeait ce qu'il jugeait nécessaire. L'Asie, qui lui appartient en entier, diffère virtuellement de celle de Mercator.

Son *Théâtre,* quoique incomplet, et malgré plus d'une carte peu recommandable, n'en valut pas moins à l'auteur une haute célébrité; car il réunissait, en un volume, une infinité de cartes dispersées et offrait une exécution supérieure. Les cartographes les plus renommés de l'époque, Jordan, Clusius, Sambucus ([1]), ambitionnaient l'honneur de voir leurs noms figurer dans le recueil d'Ortélius et se faisaient un plaisir et un devoir de lui communiquer les fruits de leurs veilles.

Le succès de cet atlas surpassa même les espérances de son auteur. Cinq réimpressions successives furent faites à Anvers, de 1571 à 1587, sans compter ses traductions italiennes, espagnoles, allemandes, françaises, flamandes, et un abrégé en latin par Coignet. Les réimpressions se faisaient avec des

---

([1]) Chrétien Sgrooten, géographe de Philippe II depuis 1557, avait fait la carte du pays de Gueldre et de Zutphen, sur laquelle fut publiée celle d'Ortélius. (PINCHART, *Archives des arts,* etc. Gand, 1860, t. I, p. 32, 33, 138 et 139.)

changements qui en rendent les différentes éditions très inté-
ressantes pour connaître l'état et les progrès de la géographie au xvie siècle. L'auteur envoya à Philippe II un exemplaire du *Theatrum*, qu'il avait pris le soin de colorier
lui-même; il en donna au duc d'Albe un exemplaire semblable, et le secrétaire d'État, Gabriel de Çayas, chargé à
Madrid des affaires des Pays-Bas, en reçut un troisième
exemplaire, colorié par la sœur d'Ortélius. Philippe II
ordonna qu'une gratification de 300 florins fût payée au géographe, et le grand commandeur de Castille, don Louis de
Requesens, gouverneur général des Pays-Bas, lui remit, au
nom du roi, une médaille en or de la valeur de cette somme.
Philippe, voulant en outre reconnaître l'hommage qu'il lui
avait fait du *Theatrum*, le nomma son géographe en titre
(20 mai 1575) (¹).

A cette époque, la censure s'exerçait sur les cartes géographiques comme sur les livres. Ortélius s'était procuré, en
Allemagne, différentes cartes dont il se proposait d'augmenter son atlas; il s'adressa au conseil privé pour obtenir
l'autorisation de les faire imprimer. Parmi ces cartes se
trouvaient celles du Hainaut et du Luxembourg. Le duc
d'Albe, informé de la demande d'Ortélius, défendit au conseil
privé d'y répondre d'une manière affirmative et lui ordonna
de faire remettre au gouvernement les planches des deux
cartes et les exemplaires qui en avaient été tirés (²).

En 1575, Ortélius entreprit, avec son ami Jean Vivien, de
Valenciennes, un des plus savants archéologues de son
temps, un voyage scientifique en Belgique et dans la partie
de l'Allemagne voisine de la Belgique, voyage dont la relation, très élégante, renferme des notions qui sont encore
aujourd'hui du plus haut intérêt pour l'histoire littéraire
contemporaine. Parmi les savants dont ils parlent avec éloge

(¹) GACHARD, *Bulletins de l'Académie de Bruxelles*, t. VI, 1re s^{ie}, p. 524 et 525;
t. XVIII, 2e s^{ie}, 2, p. 335 et 336.
(²) GACHARD, *l. c.*, t. XVIII, p. 336.

. figure Arnold de Wachtendonck, chanoine de Saint-Barthé-
lemy et doyen de Saint-Martin à Liége, qui avait acquis de
vastes connaissances dans les antiquités et s'occupait spécialement de ce qui concernait la numismatique et l'histoire (¹).

De retour à Anvers, Ortélius reprit ses études favorites. Il
semble avoir pris quelque part aux luttes qui, dans ce temps-
là, déchiraient le pays, puisqu'il accompagna à Londres son
cousin Emmanuel Van Meteren, si connu par son attachement au protestantisme et par son histoire des troubles des
Pays-Bas. Van Meteren voulut bien servir de guide à son
parent dans les excursions qu'ils firent ensemble en Angleterre et en Irlande (1575).

Celui des ouvrages d'Ortélius qui, au jugement des savants,
doit surtout consacrer sa renommée scientifique, est son
grand dictionnaire de géographie, qu'il publia d'abord sous
le titre de *Synonymie géographique ;* puis, avec des additions
considérables, sous celui de *Trésor géographique.* « Ce livre
est un vrai trésor », disait Juste-Lipse, en remerciant l'auteur
de l'exemplaire qu'il lui avait envoyé.

L'Italien Zacharie Lilio avait le premier donné, à Florence, en 1493, l'esquisse d'un dictionnaire, ou pour mieux
dire une simple liste alphabétique de quelques noms de
lieux. « Depuis Lilio, dit de Macedo, personne n'avait traité
cette matière, lorsque Ortélius se proposa de donner un dictionnaire de géographie ancienne. Il y réussit... »

En 1578, Ortélius se concerta avec son concitoyen Georges
Hoefnagel, miniaturiste, peintre de genre, paysagiste et
archéologue, pour entreprendre avec lui un voyage en Italie.
À Augsbourg, les Fugger les accueillirent avec beaucoup de
bienveillance dans leur splendide maison et les engagèrent
à se rendre à Munich pour visiter le cabinet du duc de
Bavière. En Italie, et principalement à Rome, Naples, Venise,
Hoefnagel s'occupa de son art et saisit l'occasion de faire

(¹) POLAIN, *Revue belge,* t. I, p. 31 et 32

valoir ses talents (¹). Ortélius s'arrêtait de préférence partout où il trouvait des inscriptions, pour reconnaître les anciens noms de chaque lieu et pour fixer les rapports de l'ancienne géographie avec la moderne, sans négliger de faire provision de médailles, de vases antiques, de statues et de tout ce qu'il pouvait se procurer en ce genre. C'est de son musée que furent tirées toutes les figures qui composent le joli recueil intitulé : *Têtes des dieux et des déesses, d'après d'anciennes médailles, par François Sweert* (²).

Un nouvel atlas pour la géographie ancienne, qu'il publia d'abord sous le titre de *Parergon*, à la suite de son *Théâtre du monde* (1595), puis séparément pour l'usage de son *Trésor de géographie ancienne*, la fameuse carte de Peutinger et une carte de géographie sacrée complètent le cycle géographique qu'Ortélius eut le courage de parcourir tout entier.

On sait que ce fut le fameux archéologue Conrad Peutinger, d'Augsbourg, qui fit connaître et nomma de son nom une ancienne carte romaine, composée vers l'an 230, sous l'empereur Alexandre-Sévère (³), et sur laquelle étaient tracées les grandes voies de l'empire, avec la distance respective des villes, stations, relais et généralement de tous les établissements publics de quelque importance. Cette carte, transmise à la postérité par deux copies, passait pour un des plus précieux documents de la riche collection que Peutinger légua à ses compatriotes. Il l'avait acquise de Conrad Celtes, qui l'avait découverte chez les bénédictins de Tegernsée. Mais au grand regret des érudits, elle ne s'était point retrouvée à sa mort (1547).

(¹) Voir l'intéressante biographie de Hoefnagel par M. Éd. Fétis, dans les *Artistes belges à l'étranger*. Brux., 1857.

(²) *Deorum Dearumque capita, ex antiquis numism.*, a Sweertio. Antv., 1602, in-4º.

(³) C'est une carte de poste et de voyage empruntée à une mappemonde commencée par Agrippa, achevée par Auguste et suspendue aux parois du portique construit par ce même Agrippa. (WIETERSHEIM, *Geschichte der Völkerwanderung*, Leipz., 1859-64, t. II, p. 365. — SCHAYES, *La Belgique et les Pays-Bas*, etc. Brux., 1858, t. II, p. 245-249.)

Son digne parent, Marc Welser, après s'en être procuré des fragments, qu'il publia à Venise (1591), retrouva la carte qui avait appartenu à Peutinger. Son premier soin fut d'en faire faire une bonne copie pour la livrer à l'impression. Il aurait aisément trouvé dans sa ville natale, et il pouvait choisir dans toute l'Europe, les savants les plus illustres, qui se seraient mis à sa disposition. Lui-même était très en état de se constituer l'éditeur du document. Il préféra en confier la publication au Belge Plantin et faire don à Ortélius de cette copie. Ce dernier, malgré son grand âge, ne recula point devant cette tâche, et la fameuse carte de Peutinger sortit bientôt des presses de Plantin, dirigées alors par son gendre, Moretus. Elle parut l'année même de la mort de notre illustre géographe (1598).

Le graveur des cartes d'Ortélius fut François Hogenberg, de Malines ([1]), qui, en 1560, travaillait avec son frère Remi en Angleterre, pour les libraires de ce pays. Il finit par s'établir à Cologne, où il mourut, en 1590, dans la religion protestante ([2]).

L'ami d'Ortélius, Philippe Galle, avait gravé le portrait du géographe en tête des belles éditions de l'atlas, ainsi que les figures des dieux et des déesses d'après d'anciennes médailles, recueillies par Ortélius. Cet artiste, né à Haarlem en 1537, mais établi dans Anvers, se rendit célèbre par la multiplicité de ses travaux et par la vaste étendue de ses connaissances. Sa triple qualité de dessinateur, de graveur et d'écrivain, jointe à celle de riche marchand d'estampes, le mit en relations suivies non seulement avec les artistes les plus illustres de la Belgique, mais encore avec les hommes de lettres les plus distingués de ce pays. Il suivit les conseils d'Ortélius et fit une carte fort étendue, qui rappelait avec exactitude les dix-sept provinces des Pays-Bas, avec une légende explicative, renfermant, sous la forme d'éphémérides relatives à chaque

---

([1]) Il était fils de Jean Hogenberg, de Munich, né en 1500 et fixé depuis à Malines.
([2]) Van der Aa, t. VIII, 2, p. 927 et 928.

localité, les faits principaux des troubles de la contrée, de 1566 à 1579. Cette pièce historique obtint un grand succès, mais comme les explications étaient en latin et que la pancarte *in plano* avait un grand développement, le public en désira une version française. Galle s'empressa de la faire dans une édition où les annotations de la carte, au lieu d'être consignées en marge, sont réunies dans un petit livre.

Parmi les amis d'Ortélius, l'histoire doit distinguer Hubert Goltz, le créateur de la science des médailles [1].

Peintre, graveur [2], antiquaire et imprimeur aussi grand que Plantin, Goltz n'avait guère plus de vingt ans lorsqu'il s'établit à Anvers, où le goût de la numismatique était général, surtout chez les quatre frères Schetz, qui méritent, eux aussi, une mention particulière. Gaspar Schetz, baron de Wesemale, seigneur de Grobbendonck et poète distingué; Melchior Schetz, seigneur de Willebroeck, etc., savant mathématicien; Balthasar, seigneur d'Hoboken, et enfin Conrad, seigneur de Bornhem, également versés dans les lettres et dans les sciences, rivalisaient alors de zèle pour exciter une noble et féconde émulation entre les savants et les artistes [3].

Goltz étudia d'abord les médailles au point de vue du progrès de l'art de la gravure aux diverses époques où elles avaient été frappées; il ne tarda pas à comprendre toute l'importance de la numismatique et à voir qu'elle pouvait devenir une riche mine de découvertes historiques, le moyen le plus sûr de relever les faits de l'antiquité, dont la chaîne est souvent interrompue. En achetant partout des médailles, en prenant les empreintes de celles dont les possesseurs ne

[1] Van Hulst, *Hubert Goltzius*. Liége, 1846, p. 7.

[2] Graveur en bois et en taille douce, Goltz a exécuté plusieurs pièces en clair-obscur; il gravait les traits de ses estampes à l'eau-forte, et il y appliquait des rentrées avec des planches de bois : cette manière, qui imite les dessins tracés à la plume et lavés avec diverses couleurs, a été souvent mise en pratique. (Emeric David, p 190.)

[3] Goethals, *Histoire des lettres, des sciences et des arts en Belgique*. Brux., 1842, t. III, p. 56 et 57. — Serrure, *Bulletin du bibliophile belge*, t. II, p. 318. — Hoffmann, *ibid.*, t. II, 2, p. 399. — Van Hulst, p. 16 et 17.

consentaient pas à se dessaisir, il recomposa les séries historiques les plus importantes et rendit ainsi à l'histoire ses
preuves chronologiques les plus irrécusables (¹).

En fixant ainsi d'une manière incontestable la chronologie
ancienne, il fit faire un pas immense à un art encore dans
l'enfance, et on doit lui savoir gré de s'y être livré avec tant
de constance, quelles que soient d'ailleurs les méprises qu'on
peut lui reprocher (²).

Goltz avait passé près de douze ans à Anvers, partagé entre
la peinture et ses études de numismatique, lorsqu'il publia,
en 1557, son premier ouvrage, contenant les médailles des
empereurs, depuis Jules-César jusqu'à l'empereur Maximilien II. C'est une suite de cent cinquante médaillons, du
module de 18 centimètres, gravés en camaïeu et accompagnés
d'un texte historique. C'est une œuvre d'art admirable. Ce
qui frappe surtout dans ces planches des *Imperatorum ima-
gines*, c'est le goût de l'artiste et particulièrement l'expression
des diverses physionomies (³). Pendant son séjour à Anvers,
les frères Laurin (Marc et Gui), de Bruges, avaient employé
tous leurs moyens de séduction pour l'attirer chez eux. Ils y
réussirent. C'étaient des hommes de savoir qui se plaisaient
à encourager les travaux sérieux. L'un deux, Marc Laurin,
seigneur de Watervliet, dut la plus grande partie de sa
renommée à la généreuse protection ou, pour mieux dire, à
l'amitié dont il entoura Goltz, l'aidant de sa fortune dans la
dépense de ses excursions scientifiques, dans l'acquisition
des médailles et dans la publication de ses ouvrages (⁴).

Après quatre mois de séjour à Bruges, Goltz parcourut
l'Allemagne, la France et l'Italie. Son mérite et les recom-
mandations de Marc Laurin lui ouvrirent tous les cabinets et

(¹) Van Hulst, p. 10 et 11.

(²) Goethals, p. 57.

(³) *Les images de presque tous les empereurs depuis César jusques à Charles V
et Ferdinandus, son frère, pourtraictes au vif, prinses des médailles anciennes.*
Anvers, 1557.

(⁴) Van Hulst, p. 19 et 20.

toutes les bibliothèques. Il revint à Bruges en 1560 et y établit un atelier complet. Ses divers ouvrages de numismatique embrassaient non seulement les Césars et les empereurs, mais encore : les fastes consulaires de Rome, pour lesquels il reçut de Juste-Lipse les éloges les plus explicites, et du sénat de Rome, le diplôme de citoyen; — la Sicile et la grande Grèce; — la Grèce proprement dite et ses îles, ainsi que plusieurs traités particuliers sur les médailles des villes grecques. Cette division de l'œuvre semblait, à l'illustre auteur du *Voyage d'Anacharsis*, un des plus beaux titres de la renommée de Goltz, et tous ses ouvrages (¹) ont été jugés dignes d'entrer dans les trésors des antiquités grecques et romaines publiés par Grævius et Gronovius.

Dans le principe de l'opposition contre le gouvernement espagnol, Goltz suivit le torrent général, et on louait beaucoup une charge piquante qu'il fit à Bruges du prédicateur connu sous le nom de frère Corneille, le fameux Adriaensen, accusé par tous les écrivains protestants et par J. Boileau d'avoir institué pour les femmes et pour les jeunes filles un genre de discipline qui blessait toutes les lois de la décence. Cet Adrien prêchait comme un furieux et entremêlait ses exhortations d'obscénités qui, du reste, ne devaient pas tant blesser qu'on le croirait des oreilles généralement peu délicates alors. Le curé de Saint-Jacques de Bruges, Jean de Casteele, publia, pour les tourner en satire, les bouffonneries prêchées par Corneille, et Goltz lui prêta ses presses (1569). Si l'on réfléchit que ce frère est également représenté comme un fanatique sanguinaire, on doit reconnaître qu'à une époque où la Belgique était sous la domination du duc d'Albe, le curé de Saint-Jacques faisait une bonne œuvre en cherchant à détruire, par le ridicule, l'influence de ce prédicateur furibond, et si cette publication est souvent obscène, la faute n'en doit retomber que sur le grotesque sermonaire (²).

(¹) Publiés de 1563 à 1566.
(²) Van Hulst, p. 30 et 31.

En 1574, parut le *Caius Julius Cæsar*, dédié à Maximilien II, enrichi de vers apologétiques d'Adrien de Jonghe [1],
un des savants les plus féconds d'un siècle qui en a tant
produit; de Charles Utenhove, poète gantois, qui passait une
grande partie de son temps à Paris dans la société des
Turnèbe, des Lombin et des Dorat; enfin, de l'antiquaire et
philosophe brugeois Meetkerke, qui travaillait souvent lui-
même avec Goltz, aux presses duquel il confia la première
édition des *Idylles de Bion et Moschus*, texte grec accompagné
d'une traduction latine et de notes [2].

Goltz mourut à Bruges le 24 mars 1583.

Goltz et Marc Laurin étaient en correspondance avec
Étienne-Winand Pighius [3], neveu du célèbre Albert Pighius,
secrétaire de Granvelle [4]. Winand Pighius a laissé la description d'un voyage qu'il avait fait en Italie; elle est pleine d'observations sur les antiquités romaines et germaniques. Nous
avons, en outre, de lui plusieurs autres ouvrages également
remplis d'érudition, dont quelques-uns ont été insérés dans
le neuvième volume des antiquités grecques de Gronovius [5].

Un élève de Goltz, comme graveur au burin, Barthélemy
Dolendo, de Leyde [6], exécuta, avec beaucoup de finesse, plusieurs pièces, tant de sa composition que d'après d'autres
maîtres. On y désirerait plus de correction dans le dessin,
mais ce défaut est racheté par la perfection des détails. A la
même époque florissait, à Leyde, Zacharie Dolendo, dont le
style de graveur ressemblait beaucoup à celui de Barthélemy,
avec cet avantage toutefois que Zacharie était beaucoup plus
correct [7].

---

[1] Adrianus Junius, né en 1511, à Hoorn, dans la Hollande septentrionale.

[2] Van Hulst, p. 3, et Weiss, *Biographie universelle*, article Meetkerke.

[3] Né en 1520, à Kampen, petite ville de l'Overyssel, mort en 1604, à Zanten.

[4] Hoffmann, dans le *Bulletin du bibliophile belge*, t. II, 2e part., p. 399-405,
et t. III, 2e part., p. 369-377.

[5] *Biographie universelle*, article E.-W. Pighius.

[6] Né vers 1556.

[7] *Biographie universelle*, article Dolendo.

Goltz avait eu pour maître et pour collaborateur un homme devenu célèbre dans la révolution du xvie siècle par son patriotisme et sa tolérance : Thierry Coornhert. Né en 1522, à Amsterdam, il avait appris à graver en taille douce. Il s'établit à Haarlem pour y tirer parti de son talent et abandonna ensuite cet art pour se livrer entièrement à la culture des lettres et à l'étude de la théologie [1].

Dans la science des Euclide et des Ptolémée figure avec honneur un géomètre dont les travaux sont en général peu connus, mais auquel M. Quetelet a rendu pleine justice dans l'*Annuaire de l'Observatoire* de Bruxelles : Gemma Frisius, ainsi nommé de la Frise, sa patrie [2]. « Rainerus Gemma était né à Dockum en 1508. Il fit ses premières études à Groningen, puis passa à Louvain, où il s'occupa surtout de mathématiques et de médecine. Il commença à se faire connaître en donnant chez lui des leçons qui furent très fréquentées. Suffridus [3], qui les suivit, nous apprend qu'il y faisait preuve d'un profond savoir. Il avait vingt et un ans à peine quand il publia ses corrections à la cosmographie d'Apien [4]. Un an après, il donnait trois opuscules sur l'astronomie et la cosmographie. Il y propose, pour dresser la carte d'un pays, une espèce de triangulation prenant pour point de repère les tours des villes principales, telles que, pour la Belgique, celles d'Anvers, de Lierre, de Malines, de Tournai et de Bruxelles. Képler et les grands géomètres qui sont venus après lui ont fait oublier ces premières indications. Mais Lalande et Delambre ont reconnu le mérite de ses deux opuscules : *De orbis divisione* et *De usu globi*. Quetelet constate que son

----

[1] *Biographie universelle*, article Coornhert. — DUMAS, *Nouveau dictionnaire de la conversation*, t. VIII, p. 169.

[2] *Annuaire*, 3e année, p. 236-239. A cette étude de Quetelet, il faut en ajouter une plus complète, par Ekama, publiée dans les *Verhandelingen der eerste klasse van het koninklyk nederlandsche Instituut*, etc. Amsterdam, t. VII, p. 215-260. — **Voy.** aussi un article de REIFFENBERG, dans les *Archives philosophiques*, t. I, p. 302-308.

[3] L'historien Pierre Sjoerd (Suffridus Petrus).

[4] Pierre Apien était professeur à Ingolstadt, où il mourut en 1552.

plus beau titre de gloire est son idée de déterminer les longitudes par le moyen des montres qu'on venait d'inventer. « C'est exactement ce que l'on fait aujourd'hui », dit-il. Moins les instruments étaient perfectionnés, plus Gemma avait de mérite de leur trouver de si savantes applications. Aussi Lalande l'appelle-t-il l'inventeur de la méthode pour déterminer les longitudes.

A quarante-deux ans, Gemma fut reçu docteur en médecine de l'université de Louvain. Mais les sciences mathématiques l'attiraient davantage; son arithmétique pratique était très estimée. En 1540, à la suite d'une nouvelle édition d'Apien, il publia son traité *De annuli astronomici usu*, où il décrit l'instrument appelé l'anneau astronomique, qu'il avait assez perfectionné pour qu'on lui en attribuât l'invention.

Son recueil de problèmes de géographie, d'optique, de géométrie et d'astronomie, résolus au moyen du rayon astronomique, qui parut en 1545 (¹), montre une fois de plus la sagacité du savant dans l'observation et la détermination des éclipses, dans l'emploi ingénieux qu'il fit du rayon astronomique, dans le perfectionnement qu'il apporta à l'astrolabe et au carré nautique. Une des aspérités de la lune porte son nom, et son œuvre posthume publiée, par son fils, était un livre sur l'astrolabe. Il mourut en 1575.

Le fils de Gemma Frisius, nommé Corneille, était un habile mathématicien et un médecin instruit. Mais il partageait les préjugés de son temps, dont son père avait su se défaire; il en donna la preuve dans un petit livre publié en 1575, à l'occasion d'une étoile qui s'était montrée tout à coup dans la constellation de Cassiopée.

Gemma avait eu pour disciples Mercator et J. de Roias. On doit à ce dernier un commentaire sur l'astrolabe et une méthode de projection pour la construction des cartes.

(¹) *De usu radii astronomici*. Antv., 1545.

CHAPITRE XIV.

L'ANATOMIE ET LA BOTANIQUE.

Vers le milieu du xvie siècle vivait à Bruxelles Pierre van Bruhesen ou Bruheze (Bruhezius), docteur en médecine et médecin pensionnaire de cette ville. L'ancienne et noble maison de ce nom, originaire du Brabant, descendait de celle de Hornes. Pierre van Bruhesen était né au commencement de ce siècle, à Rythove, dans la Campine. Il succéda à son père dans le poste de premier médecin de la reine Éléonore de France, sœur de Charles-Quint, et se retira, après la mort de cette princesse, à Bruges. En 1547, le Brugeois Corneille Scutius, à la fois médecin et mathématicien, écrivit, contre les doctrines astrologiques de Bruhesen, un livre (¹) qui souleva une ardente polémique entre les savants de l'époque. Bruhesen n'en publia pas moins, en 1550, à l'usage de la ville de Bruges, un *Grand et perpétuel Almanach*, très exactement rédigé sur les principes de l'astrologie judiciaire et dans lequel il déterminait avec beaucoup de précision les moments favorables pour se purger, pour prendre des bains, se saigner et se faire la barbe. Cette production excita un enthousiasme presque général et en même temps de vives réclamations. Ce furent les barbiers, qui, gênés dans l'exercice journalier de leur profession, se récrièrent le plus. Mais l'engouement allait si loin pour l'almanach que le magistrat de Bruges promulgua gravement un édit ordon-

---

(¹) Sous ce titre : *Disputatio astrologica et medica contra diarium, quod Almanachum vocant Petri Bruhesii a Rythovem; græce ad Franciscum Craneveldium et latine ad D. Haloinum, equitem.* Antv., 1547.

nant à « tous ceux qu'il appartiendrait » de s'y conformer ponctuellement (¹).

La réputation de Bruhesen en acquit plus d'éclat, et sa renommée s'étendit même en France. Il fallait du courage pour s'opposer à cet enthousiasme. Un homme cependant osa élever la voix contre le charlatanisme de Bruhesen. Ce fut François Rapaert, docteur en médecine de Pise et médecin pensionnaire de la ville de Bruges. Il lutta contre tous, jeta le ridicule sur l'ordonnance du magistrat et publia à son tour (1551) un almanach dont il se faisait « un fouet contre les empiriques et les médicastres ». Il s'attachait à démontrer combien étaient absurdes, principalement en médecine, les prédictions astrologiques, et il n'hésitait pas à déclarer que les médecins astrologues étaient aussi dangereux que les charlatans, qu'ils exploitaient comme eux l'ignorance et la crédulité et ne méritaient que le mépris (²).

Rapaert avait pour lui le bon sens; mais le public se déclara pour son adversaire, qui trouva un défenseur dans un de ses confrères, Pierre Haschaerdt, d'Armentières, lequel opposa au *Flagellum* le *Bouclier astrologique;* et cette querelle à propos de barbe eut l'avantage d'attirer l'attention sur une foule de points intéressants qu'on aurait pu perdre de vue (³).

La médecine produisit un plus grand nom dans Adrien Junius (Adrien de Jonghe ou le Jeune). Son père, homme d'un grand mérite, ancien bourgmestre de Hoorn, où Junius vit le jour, le 11 juillet 1511, l'envoya, encore enfant, à l'école latine de Haarlem. Il fit ensuite ses premières études à Louvain. En 1517, il voyagea à l'étranger et, en 1540, reçut le grade de docteur en médecine à Bologne. Durant les deux années

(¹) QUETELET, *Correspondance mathématique et physique*, t. VIII, p. 287, article de DE REIFFENBERG. — DE MEYER, *Analectes médicaux*. Bruges, 1851, t. II, p. 62, 63 et 86.

(²) *Magnum et perpetuum almanach... medicastrorum flagellum.* (DE MEYER, p. 63 et 64.)

(³) DE REIFFENBERG, *l. c.*

qui suivent, ses lettres sont datées de Paris. A compter de
1542, il séjourne dix ans en Angleterre, attaché au duc de
Norfolk en qualité de médecin en titre. Après la mort du
duc, il retourne dans sa patrie, mais bientôt, plongé dans la
plus profonde misère, il est forcé de retourner à Londres, où
il édite, en 1548, le dictionnaire grec de Cératin, enrichi
de près de 6,000 mots. En 1551, dans une nouvelle lettre
datée de Haarlem, Junius exprime le désir de se fixer dans sa
ville natale; il se voit de nouveau aux prises avec la misère.
Afin de se procurer de l'argent, il écrit sa *Philippéide*, poème
sur le mariage de Philippe II avec Marie Tudor (1554). La
récompense qu'il en avait espérée fut loin d'être princière;
elle suffit à peine à le dédommager de la moitié des frais
du voyage qu'il fit à Londres pour offrir son œuvre à Philippe.
Junius immortalisa le procédé du roi par une comparaison
épique où il voulait prouver ce qu'il y avait d'injuste à récom-
penser plus richement un portrait de commande qu'un épithalame offert spontanément ([1]).

En 1559, Junius résidait à Haarlem; il y épousa une femme
riche; dès ce moment, ses plaintes cessent.

Vers 1562, l'ambassadeur du roi de Danemark lui offrit la
charge d'instituteur de l'héritier présomptif. Ni le climat de
ce pays, ni l'accueil qu'il y trouva ne paraissent lui avoir
convenu, car il revint à Haarlem en 1563. Quelque temps
après, il est nommé médecin de la ville et recteur des écoles
latines; il remplit cette dernière charge jusqu'en 1569. Il
s'appliqua à y faire fleurir les bonnes études et écrivit son
Nomenclator, vocabulaire en huit langues, et sa *Batavia*, dont
il sera question ci-après.

Lors de la prise de Haarlem (1575), sa bibliothèque fut
pillée, et plusieurs de ses manuscrits furent perdus. Le regret
qu'il en ressentit lui fit rechercher le titre de médecin de la
ville de Middelbourg. Il ne supporta pas mieux le climat de la

______

([1]) VAN DER LINDE, dans le *Bibliophile belge* de 1870, p. 211 et 212.

Zélande que celui du Danemark, et, le 16 juin 1575, il succomba. La longue épitaphe que son fils Pierre fit graver sur le mausolée qu'il lui éleva le préconise comme l'auteur de la *Batavia* et comme un homme d'une érudition sans bornes. Juste-Lipse ne pensait pas autrement; il le déclare le plus savant des Hollandais après Érasme.

Quel était donc ce fameux livre de *Batavia?* Dans l'assemblée des États de Hollande, à La Haye, le 14 septembre 1565, le président, parlant au nom du prince d'Orange, émit l'avis qu'il serait à désirer que l'on fit écrire l'histoire des choses dignes d'être conservées et des anciennes institutions de la Hollande; il proposait de confier ce travail à Junius, moyennant une pension annuelle de 200 livres. Ce fut ce qui donna lieu à la publication d'un livre vanté outre mesure et qui n'est souvent qu'une élucubration pitoyable. L'étonnante érudition dont l'auteur croit faire preuve n'est qu'un étalage de grec et de latin joint à une crédulité ridicule. Junius raconte gravement que les frais de la construction de l'église de Dordrecht ont été payés par la Vierge; qu'un vaisseau chargé de 11,000 vierges, venant d'Angleterre, était entré dans le port de Verone, ville située aux environs d'Alkmaar, mais dont il ne reste plus de trace; que la pierre de l'église Saint-Pancrace, à Leyde, avait été autrefois du pain.

Il n'épargne pas même à ses lecteurs le miracle de cette comtesse de Hennenberg donnant le jour à 364 enfants vivants, baptisés par l'évêque Guido, qui, pour plus de facilité, les appela tous Jean et Jeanneton.

Heureusement, Junius était tout autre comme médecin et comme humaniste. On a de lui : 1° des traductions latines des Questions naturelles et médicales de Cassius (Paris, 1541); des Propos de table de Plutarque; des Vies des philosophes d'Eunape et des Hommes célèbres d'Hésychius; 2° des éditions de Nonius Marcellus et de Fulgentius Placiades; des Épigrammes de Martial; l'abrégé des Épithètes de Ravisius

Textor et un abrégé du Commentaire d'Eustathe sur Homère; 3° des remarques critiques sur l'*Apokolokintosis* de Sénèque, sur les comédies de Plaute, sur l'épître de Lucain à Calpurnius Pison, sur le *Satyricon* de Pétrone, etc. ; 4° *Lexicon græco-latinum auctum*. Bâle, 1548, in-fol. ; 5° *De anno et mensibus commentarius*. Bâle, 1553; 6° et 7° *Animadversorum, libri VI, et De coma commentarius*. Bâle, 1556; Francfort, 1604; Rotterdam, 1708; 8° *Adagiorum ab Erasmo omissorum*, etc., recueil de sentences des anciens qui a eu plusieurs éditions; 9° *Phalli ex fungorum genere in Hollandiæ sabuletis passim crescentis descriptio*, etc. Delft, 1564; Leyde, 1601; c'est la monographie d'une plante de la famille des champignons; 10° *Emblemata et Ænigmata*. Anvers, 1565 et 1569; Leyde, 1596; traduit en français par Jacques Grevin. Anvers, 1570; 11° *Nomenclator omnium rerum propria nomina variis linguis*, etc. Augsbourg, 1557; Anvers, 1577; 12° *Poemata pia et moralia*. Leyde, 1598; 13° *Epistolæ* et *Oratio de artium liberalium dignitate*. Dordrecht, 1652 ([1]).

Plusieurs de ces traités ont été insérés depuis dans diverses collections de Gronovius, de Gruter, de Dornau, etc. Le *Nomenclator* polyglotte a été réimprimé plusieurs fois jusqu'au milieu du XVIIᵉ siècle, car on en trouve une édition de Liége, 1654; mais on ne fait cas que de celles qui sont en un grand nombre de langues. Celle de Francfort, in-8°, en a sept, et celle de Genève, 1619, in-8°, huit. On recherche surtout l'édition de 1633, à laquelle Guillaume Quignier a joint une traduction en bas-breton.

Le dictionnaire grec-latin que Junius avait composé en Angleterre fut mis à l'*Index* à Rome, parce qu'il l'avait dédié à Édouard VI, que le pape ne voulait pas reconnaître. Il fit des démarches pour obtenir la levée de la censure et il y parvint, grâce au cardinal de Granvelle et à Lindanus, évêque

---

([1]) DELVENNE, t. I, p. 577 et 578. (Extrait de la *Biographie universelle* de MICHAUD.) — VAN DER AA, t. IX, p. 240.

de Ruremonde, qui attestaient son attachement sincère à la
foi catholique.

Dans la seconde moitié du xve siècle, florissait à Liége un
astrologue que l'on peut considérer comme le devancier de
Michel Nostradamus et de Mathieu Laensberg. Il était né à
Looz-le-Château ou Borchloon (Limbourg) et s'appelait Jean
De Laet. Ses pronostications, imprimées en latin à Paris,
en flamand à Audenarde, appartiennent aux raretés bibliographiques. Celles pour 1477, 1478 et 1481 sont dédiées à
*Très-Révérend Père en Dieu Monseigneur de Bourbon, par la
grâce de Dieu et du Saint-Siège, évêque de Liège.* Toutes ont
dû jouir de quelque vogue, car l'auteur ne se mêlait pas
seulement d'astrologie, mais encore de prédictions politiques.

En 1480, il avait écrit que l'on eût à se tenir en garde
contre trois maux à venir : la guerre, la peste et la famine,
sans préciser ni l'époque, ni le pays où ces maux devaient
éclater. Mais, en 1482, sa prédiction, qu'il venait de renouveler, devint une douloureuse vérité pour les Liégeois [1]. Il
avait pour rival un autre Belge célèbre en astrologie [2]
et en chiromancie, Jean Taisnier, d'Ath [3], mathématicien,
poète et chapelain de la cour de Charles-Quint.

Les astrologues s'étaient emparés de bonne heure du privilège de dresser les almanachs, dont ils accompagnaient les
indications utiles destinées au peuple de prédictions et d'avis
absurdes, qui ne furent que trop bien accueillis par la multitude et qui servirent à enraciner des préjugés dont la population des campagnes n'est pas encore bien guérie. On a remarqué que les premiers spéculateurs sur le débit des almanachs

____

[1] TORFS, *Fastes des calamités publiques survenues dans les Pays-Bas.* Tournai,
1859-62, t. I, p. 40, 41, 270 et 271.

[2] *Astrologiæ judiciariæ et totius divinatricis artis encomia, etc., autore Joanne
Taisnier Hannonio.* Coloniæ, 1559. — *Ejusdem : De spheræ materialis fabrica et
usu.* Ibid , 1558.

[3] Né en 1509.

étaient tous des médecins : la médecine avait été si longtemps
subordonnée à l'astrologie! Aussi, point de livres plus populaires que les almanachs, au xvie siècle, époque où l'astrologie
jouait un si grand rôle.

Les deux plus anciens imprimés en Belgique sont des
années 1490 et 1492. D'après de curieux renseignements, le
domestique de maître Jean Spierinck, professeur de médecine à l'université de Louvain et, selon toute probabilité,
auteur de l'almanach de 1492, apporta, à la nouvelle année,
cette publication à l'abbé de Parc et en reçut un pourboire
de quatre sous. Ces almanachs étaient sans doute sortis des
presses de Jean de Westphalie, le seul imprimeur alors
connu à Louvain. L'un d'eux avait été précédé, en 1491, d'un
autre, imprimé à Anvers par Gérard Leeu. Le typographe
Guillaume Vorsterman, qui travaillait dans la même ville
entre les années 1500 et 1544, édita un livre ascétique sur
la Passion de Notre Seigneur, qui renferme un calendrier
perpétuel assez bien fait. En 1540, y parut la *Prognostication
de Louvain*, et en 1555 (chez Liesvelt), la *Grande et perpétuelle
Prognostication des laboureurs*, etc. (¹).

On lisait beaucoup les *Ephémérides perpétuelles de l'air*,
« par lesquelles on pouvoit avoir vraie et assurée cognoissance
de touts changements de temps, en quelque païs et temps
qu'on fust, en Anvers, chez Christofle Plantin, près de la
Bourse neuve, MDLVI ».

Ce petit livre, dont l'auteur est Antoine Mizauld, médecin
et astrologue (²), renferme une ode aux muses et poètes d'Anvers, qui est peut-être de Plantin lui-même. C'est une sorte
d'invitation qui leur est faite de confier leurs œuvres aux
presses nouvellement établies dans la grande et riche cité (³).

______

(¹) WARZÉE, *Recherches bibliographiques sur les almanachs belges*, p. 164-167.
— Il y avait des almanachs flamands rimés. Voir manuscrits de la Bibliothèque
de Bourg., n°s 837-845, fol. 162, v°, etc.

(²) Né à Montluçon en 1520, mort en 1578.

(³) RUELENS et DE BACKER, *Annales plantiniennes*. Brux., 1865, p. 10-12.

Le poète Molinet s'est également exercé dans ce genre, nous lui devons un

> Calendrier mis par petis vers,
> Selon le temps dur et divers...

Toutes les pronostications étaient loin d'être anodines. Le 16 février 1547, il en parut deux, par maître Ambroise Magretus, médecin chez Albert Pafraet [1], à Deventer. Le premier feuillet portait « une figure inouïe et scandaleuse contre le pape et l'état ecclésiastique », et l'almanach même renfermait divers points également « scandaleux ou séditieux ». L'auteur se déclarait fauteur de sectes réprouvées, tendant à soulever le peuple contre ses supérieurs laïcs et ecclésiastiques, « promettant richesse et bonheur aux pauvres et prédisant tous les maux aux sommités sociales [2] ».

Les éditions diamant ne datent pas d'aujourd'hui. Un calendrier accompagné de quelques autres opuscules par Plantin rentre dans cette classe des livres microscopiques. La hauteur des pages est de 35 millimètres, et leur largeur, de 23 [3].

Les almanachs imprimés en France étaient lus avec avidité par la foule à côté de ceux qui paraissaient en Belgique. C'était principalement le *Compost* ou *Kalendrier des Bergiers* qui faisait les délices du peuple : il donnait des renseignements sur tout, il indiquait jusqu'aux signes auxquels on reconnaissait le caractère ou le tempérament des individus. Des pièces en vers faisaient suite à cette physiologie. Une de ces pièces avait pour titre : *Secrets admirables sur les maladies qui peuvent arriver au sexe féminin, qui procèdent de l'acte de Vénus.* Puis on avait les *Admirables Secrets du grand Albert, contenant plusieurs traités sur la conception des femmes.* C'était le plus absurde et le plus dangereux des livres de ce genre [4].

---

[1] Ce nom s'écrit encore Paffraed et Paffroed.

[2] Archives du royaume, papiers d'État et de l'audience, liasses 33 et 34.

[3] *Kalendarium Evangelia. Psalmi pœnit. Psal. qui habitæ. Orationes variæ.* Antverpiæ, exc. C. Plantinus, MDLXX. — DE REIFFENBERG, *Annuaire de la Bibliothèque royale de Belgique*, 1840, p. 211 et 212.

[4] CH. NISARD, *Histoire des livres populaires.* Paris, 1854, t. I, p. 83 et suiv.

Je ne sais si, en Belgique comme en Allemagne, on faisait lire, avant l'invention de l'imprimerie, l'almanach dans les écoles; pour cela, on l'avait réduit à une série de vers barbares, qu'on faisait apprendre par cœur. Les premiers mots du premier vers : *Cisio Janus*, finirent par devenir synonymes du mot almanach. Après cela, venaient les *Diableries*, avec une nomenclature de toutes les espèces de diables, de leurs fonctions, de leur puissance et de leurs métamorphoses; enfin, des talismans de tout genre [1].

Quand les premiers réformateurs portèrent leurs vues sur l'amélioration de l'instruction populaire, ils pensèrent aussi à la réforme du *Cisio Janus*, et Mélanchton en composa un plus raisonnable. Mais le *Cisio Janus* barbare, à force d'habitude, se maintint longtemps dans les écoles [2].

Cependant, les sciences exactes, auxquelles il est temps de revenir, avaient atteint en Belgique un haut degré de développement et de perfection, qu'elles perdirent du jour où Philippe II fit peser sur le pays son joug de fer.

On vit alors une famille, originaire d'Anvers, illustrée par la série de géomètres de premier ordre qu'elle a fournis, aller s'établir dans une contrée plus libre. Jacques Bernouilli, qui mourut en 1583, fatigué sans doute d'un gouvernement dont il avait éprouvé les rigueurs sous le duc d'Albe, quitta sa ville natale et se retira à Francfort-sur-le-Mein. Plus tard, sa famille se fixa à Bâle, où elle parvint aux premières dignités de la république et où naquit Jacques Bernouilli, le premier qui ait acquis un nom célèbre dans les sciences [3].

La chirurgie, la médecine et la botanique furent illustrées dans ce siècle par deux noms immortels, Vésale et Dodonée.

---

[1] Pour les échantillons de talismans, voir le livre de M. CH. NISARD sur les calendriers avant l'invention de l'imprimerie; voir aussi la *Revue contemporaine*, t. XXXV, p. 406-412.

[2] DEPPING, *Nouveau dictionnaire de la conversation*, t. I, p. 467.

[3] QUETELET, *Histoire des sciences mathématiques et physiques chez les Belges.* Brux., 1864, p. 106.

Vésale ne put échapper à l'inflexible loi qui domine la destinée des grands novateurs. Son existence fut une alternative d'efforts, de luttes et de souffrances. Si, pendant quelque temps, la faveur d'un grand monarque semble le dédommager de ses travaux, la nécessité de combattre tous les jours pour défendre ses découvertes contre des détracteurs acharnés, l'impossibilité de les continuer dans une position qui le mettait en dehors du mouvement scientifique, les injustices, les calomnies, les sourdes persécutions auxquelles il fut en butte, vinrent trop souvent mêler d'amertume cette gloire qu'il avait la conscience de mériter, et enfin, une mort misérable sur la terre étrangère termina cette vie consacrée tout entière à la science [1].

Avant le xvie siècle, la médecine s'en tenait à la routine, écartant tout genre de recherche. Ce que Galien avait écrit était reçu comme un oracle. On jurait sur la parole du maître. C'est alors que le jeune et courageux savant examine l'homme de plus près, soulève le voile de la science, y découvre de nombreuses imperfections et lui applique une méthode qui sera infaillible, puisqu'elle repose sur l'observation des faits [2].

L'ardent novateur persista dans son œuvre. D'abord seul contre tous, il soutint la lutte, dédaignant la routine et l'envie, entraînant avec lui, dans les amphithéâtres, ceux qui voulaient s'éclairer et là leur faisant toucher du doigt la vérité méconnue. Il ne s'arrêta qu'il n'eût détruit complètement les erreurs de quatorze siècles [3].

André Vésale naquit à Bruxelles le 31 décembre 1514. Il appartenait à une famille où l'enseignement et la pratique de l'art de guérir étaient héréditaires [4]. Son père, qui portait

---

[1] DE MERSSEMAN, dans l'*Album biographique des Belges célèbres*. Brux., 1843-48, t. I, p. 31 et 32.

[2] BROECKX, *Histoire de la médecine belge*. Gand, 1837, p. 128. — DE MERSSEMAN, p. 35.

[3] DE MERSSEMAN, p. 35 et 36.

[4] Cette famille était originaire de Wesel, dans le duché de Clèves, d'où elle prit le nom de *Wesele* ou de *Wessale*, quoique son nom véritable fût Wittings.

également le nom d'André, était pharmacien de l'archiduchesse Marguerite, tante de Charles-Quint et gouvernante des Pays-Bas. Son grand-père, Évrard, était un mathématicien habile, auteur de plusieurs ouvrages sur la médecine, qu'il pratiquait, et son bisaïeul, Jean de Wesele, avait été médecin de l'empereur Maximilien et recteur de l'université de Louvain ([1]).

André fut envoyé très jeune à Louvain faire ses humanités. On ne peut mettre en doute les progrès qu'il y fit, jusqu'à l'âge de seize ans ; car, outre le latin, qu'il écrivait avec une grande pureté, et le grec, qu'il possédait assez pour avoir été chargé plus tard par l'imprimeur vénitien Junta, de corriger les épreuves du texte de Galien, il connaissait encore la langue arabe. Il ne s'appliqua pas avec moins d'ardeur aux études physiques et mathématiques ; on le vit rechercher le commerce de ceux qui les cultivaient, et se lier d'une étroite amitié avec son condisciple Gemma Frison. Il se rendit ensuite à Montpellier et à Paris, où il se livra à la chirurgie et à l'anatomie ([2]), dont il est à bon droit regardé comme le créateur.

Chez les anciens, le contact ou même le seul aspect d'un cadavre imprimait une souillure que de nombreuses ablutions et d'autres pratiques expiatoires pouvaient à peine effacer. Dans le moyen âge, la dissection d'une créature faite à l'image de Dieu passait pour une impiété. Mundanus, il est vrai, professeur de médecine à Bologne, avait offert, de 1315 à 1318, le spectacle nouveau de trois cadavres humains publiquement disséqués. Mais le scandale fut tel qu'il ne se répéta plus, et Mundanus lui-même, effrayé par l'édit récent du pape Boniface VII, ne tira point de ces dissections tout l'avantage qu'elles semblaient lui promettre. Cependant, les découvertes de la poudre à canon, de l'imprimerie et du

___

([1]) *Revue nationale de Belgique*, t. VI, p. 274, et BURGGRAEVE, *Études sur André Vésale*. Gand, 1841, p. 16.

([2]) BURGGRAVE dans *Les Belges illustres*. Brux., 1844-45, t. III, p. 44-46.

Nouveau-Monde, faites en moins d'un siècle, venaient de donner un nouvel élan à la science ; les chefs de l'Église permirent, allèrent même jusqu'à favoriser l'étude de l'anatomie, au moins dans ce qu'elle a d'indispensable pour les peintres et les sculpteurs. Mais cette étude, suffisante aux beaux-arts, était d'un faible avantage pour la science.

C'est alors que Vésale se prit d'une telle passion pour l'anatomie, qu'on le vit, à Paris, disputer leur proie aux corbeaux, et disséquer le corps des suppliciés. Toujours au cimetière des Innocents, ou à Montfaucon, au milieu des cadavres, il surpassa bientôt son maître, Gonthier d'Andernach, dont il commenta et publia les *Institutions*, en 1539 [1].

La guerre ayant éclaté entre Charles-Quint et François Ier, Vésale retourna à Louvain, où il obtint la permission de faire publiquement des démonstrations anatomiques. C'était alors un spectacle nouveau pour l'université, car l'enseignement de l'anatomie y était purement nominal. Son séjour à Louvain ne fut pas perdu pour ses études ; il se loue de l'appui qu'il y trouva, surtout auprès des jeunes professeurs de la faculté, qui, dit-il, comprenaient mieux les avantages de l'anatomie que les lieux communs de la scolastique.

Il parvint également à s'y procurer un squelette complet, préparation bien rare à cette époque et dont la possession lui fut d'un si grand secours pour ses études et ses leçons [2].

Les voyages continuels qu'il avait entrepris dans l'intérêt des troupes de Charles-Quint lui avaient procuré l'avantage de se faire connaître en Italie. A peine âgé de vingt-trois ans, il était déjà apprécié dans toutes les grandes villes, où il avait soutenu des thèses ou donné des démonstrations publiques. Paris, Louvain, Padoue, Venise, Bologne, Pise, avaient été, tour à tour, témoins de ses succès. Le sénat de Venise lui avait fait, en 1537, les offres les plus brillantes pour l'enga-

[1] RICHERAND, dans la *Biographie universelle* de MICHAUD, reproduit par DELVENNE, *l. c.*, t. II, p. 533 et 534.

[2] *Revue* citée, p. 276, et BURGGRAEVE, *Études sur Vésale*, p. 22.

ger à accepter la chaire d'anatomie et de chirurgie vacante à l'université de Padoue. Il s'y était rendu immédiatement. Ce fut dans cette ville qu'il composa son bel ouvrage sur l'anatomie du corps humain, qui parut en 1543, à Bâle. Persuadé qu'en anatomie, il faut avant tout parler aux yeux, il compléta son livre par de magnifiques planches sur bois. Un haut intérêt artistique s'y attache, s'il est vrai que le dessin en soit dû au Titien et le burin à Jean Kalkar, habile graveur flamand résidant alors à Venise (¹).

Vésale, à peine âgé de 28 ans, avait découvert un nouveau monde. Jusqu'alors, on s'était contenté d'anatomiser les singes, les porcs et d'autres animaux. Pour la première fois, les organes de l'homme se trouvaient décrits. Aussi l'admiration fut universelle.

C'est alors que Charles-Quint, averti par la renommée, éleva Vésale au poste de son premier médecin et l'appela auprès de lui. Le savant quitta l'Italie et traversa Bâle, dont il gratifia l'école de médecine d'un squelette, don alors précieux et conservé depuis avec une vénération religieuse.

L'écorce de kina venait d'être découverte ; Vésale fut le premier qui lui reconnut des qualités nombreuses. Il exposa les vertus du nouveau remède dans une lettre publiée à Ratisbonne, en 1546, où il consacre cependant moins de place à ses observations sur l'écorce de kina qu'à la défense de son anatomie contre ses adversaires.

Vésale avait rencontré, en Italie, un puissant et noble adversaire : Eustachi, professeur d'anatomie à Rome ; c'était un dévoué partisan de Galien, et il s'était constitué son défenseur contre les doctrines de notre compatriote, qu'il combattait avec des raisons scientifiques. Vésale comprit qu'il lui fallait obtenir raison d'Eustachi. Il se rendit donc de nouveau en Italie.

(¹) RICHERAND, dans la *Biographie universelle* citée, p. 534. — GOETHALS, *Lectures relatives à l'histoire des sciences, des arts*, etc., *en Belgique*, t. II, p. 117-119. — BURGGRAEVE, *Eloge de Vésale*. Brux., 1845, p. 3.

Arrivé à Venise, il fit annoncer publiquement qu'il se proposait de donner, à des jours déterminés, dans Padoue, Bologne, Pise, des conférences auxquelles il conviait ses adversaires. Les savants accoururent de toutes les parties de l'Europe pour assister à ces solennelles discussions, d'où Vésale sortit triomphant. Tels étaient ses succès, que les jeunes médecins abandonnaient leur clientèle pour le suivre; que les vieux professeurs descendaient de leur chaire pour l'entendre et que les amphithéâtres de Padoue, de Bologne et de Pise ne pouvaient contenir la foule de ses auditeurs. Mais le bonheur de Vésale ne dura guère. Un professeur d'anatomie de Paris, Jacques Sylvius, dont les cours étaient déserts, avait été jusque-là pour lui un adversaire déjà peu loyal. Voyant ses cours désertés, il se fit son persécuteur. D'abord, il entraîna dans son parti Corneille Van Baersdorp, qui était aussi médecin de Charles-Quint et qui conjura ouvertement l'empereur de ne pas permettre que la majesté de son nom couvrît plus longtemps les odieuses discussions et les scandales auxquels présidait Vésale. L'autorité de Sylvius, l'ascendant de Van Baersdorp, l'influence de quelques courtisans, et peut-être aussi le désir de mettre un terme à des controverses qui avaient le cadavre humain pour objet, décidèrent Charles-Quint à rappeler Vésale auprès de lui et à l'éloigner d'un théâtre où il défendait si courageusement les intérêts de la science.

Les ordres de ce prince étaient précis, sévères même, à ce qu'il paraît, car ils faisaient pressentir au novateur que ses opinions seraient soumises à un examen rigoureux. Vésale en fut atterré et indigné tout à la fois; il jeta au feu tous ses manuscrits. En un instant, la flamme dévora le fruit de vingt années de travail. Son exemplaire de Galien, qui était couvert de ses précieuses observations, ses commentaires sur Rhazès, son important ouvrage sur la matière médicale, une foule de consultations, tout fut consumé avant que ses amis et ses admirateurs eussent eu le temps de s'opposer à cet acte de désespoir, que Vésale devait déplorer amèrement dans la suite [1].

Ce fut en qualité d'archiâtre de Charles-Quint qu'il séjourna à Bruxelles pendant les dernières années de la vie de ce prince. Puis il passa en cette qualité au service de Philippe II.

Devenu homme de cour, à peu près étranger à l'anatomie, il sortit momentanément d'un long repos pour répondre sur des points de détail à Fallopia, un de ses élèves les plus distingués, dont l'anatomie, publiée en 1551, renfermait beaucoup de découvertes et indiquait avec respect quelques corrections à faire à celle du maître.

« Cependant, riche, puissant et considéré à cette cour de Madrid, où affluaient les trésors du Nouveau-Monde, Vésale jouissait de sa gloire et favorisait de tout son crédit l'étude de l'anatomie, lorsqu'une accusation étrange vint, dit-on, le précipiter dans l'abîme du malheur. On prétendit qu'ouvrant le cadavre d'un gentilhomme en vue d'y découvrir la cause de sa mort, le cœur avait palpité sous le scalpel, crime invraisemblable, mais que la mort devait expier. L'Inquisition demanda la tête du coupable, et les prières de Philippe II n'obtinrent que difficilement, ajoute-t-on, que la peine fût commuée en un pèlerinage à la Terre-Sainte [1]. »

Qu'y a-t-il de vrai dans cette histoire ? Il semble plus vraisemblable qu'à une époque où il y avait une vive animosité entre les Belges et les Espagnols, Vésale, qui appréciait les hommes et les choses dont il était entouré et se lassait de vivre dans une cour où les moines surtout ne lui pardonnaient point ses plaisanteries sur leur ignorance, leur costume et leurs mœurs, voulut quitter ce pays, et que, ne pouvant donner ses vrais motifs, il prit le prétexte d'un pèlerinage à Jérusalem, le moyen le plus propre à favoriser sa retraite sans déplaire au roi [3].

[1] J. De Mersseman, *Album biographique des Belges célèbres*, t. II, p. 52-54.
[2] Richerand, dans la *Biographie universelle* citée, p. 535.
[3] Richerand. — Goethals, p. 124-128.

Vésale s'achemina donc vers Jérusalem avec Jacques Mala-testa, général des Vénitiens. Ballotté par des fortunes diverses durant ce périlleux voyage, il fut, à son retour, jeté par la tempête sur les côtes de l'île de Zanthe, dans la mer Ionienne, vis-à-vis du golfe de Lépante, où il mourut de faim le 15 octobre 1564, à l'âge de cinquante ans. Peut-être ses restes mortels seraient-ils devenus la pâture des oiseaux de proie, si un orfèvre, qui l'avait connu par hasard et qui aborda dans l'île à cette époque, ne lui avait donné la sépulture.

En ce moment, la république de Venise l'appelait à l'université de Padoue, qui venait de perdre Gabriel Fallopia, de sorte que, s'il était revenu de son pèlerinage, Vésale aurait succédé à son élève dans la chaire d'une université que ces deux grands hommes avaient illustrée (¹).

« Que les astronomes, dit Portal (²), me vantent Copernic; les physiciens, Galilée, Torricelli, etc.; les mathématiciens Pascal; les géographes, Christophe Colomb, je mettrai toujours Vésale au-dessus de leurs héros. La première étude pour l'homme, c'est l'homme : Vésale a eu ce noble objet et l'a rempli dignement. En acquérant de nouvelles connaissances sur sa structure, l'homme agrandit, pour ainsi dire, son existence, au lieu que les découvertes de géographie et d'astronomie ne le touchent que d'une manière indirecte. »

Après les travaux d'anatomie de Vésale, il restait encore à faire la plus grande découverte de toutes, celle qui devait influer le plus sur l'état de la science, celle de la circulation du sang. Ceux qui prétendent qu'Harvey n'en est pas seul l'inventeur assurent que Vésale en avait parlé avant lui d'une manière précise, et, d'après les plus grands historiens de la médecine, ils n'ont pas tort (³).

<hr>

(¹) RICHERAND, p. 535. — GOETHALS, p. 128 et 129.

(²) *Histoire de l'anatomie et de la chirurgie.* Paris, 1770-73, t. I, p. 394 et suiv.

(³) KURT SPRENGEL, *Histoire de la médecine.* Paris, 1815, t. IV, p. 1 et suiv. (trad. de Jourdan). — GOETHALS, p. 130-132.

L'illustre chirurgien français Ambroise Paré se plaît à reconnaître la gloire de notre compatriote, qu'il appelle « grand et célèbre », et il ajoute : « Je dis grand et célèbre, duquel les livres préparent aujourd'hui les études des hommes doctes ».

Comme premier médecin de Charles-Quint, Vésale avait pour collègue Corneille Van Baersdorp, né à Bruges vers 1488 et descendant de l'illustre famille de Borsselen, investie de la seigneurie de Baersdorp, dans l'île de Zuid-Beveland ([1]).

Après avoir étudié la médecine en France et en Italie, Van Baersdorp revint dans sa ville natale, où il publia, en 1538, un grand ouvrage sur cette science ([2]). Soit que cette production eût fait parvenir sa renommée jusqu'au trône impérial, soit que sa haute naissance lui eût valu le privilège d'être distingué par l'empereur, Van Baersdorp fut appelé en 1550 à la dignité de chambellan et de médecin de Charles-Quint, et il lui resta attaché jusqu'à sa mort.

Le service médical de la maison de Charles-Quint était singulièrement composé : à côté de Vésale et de Van Baersdorp, se trouvaient une foule de médicastres et de charlatans. Pour peu que, parmi les fonctionnaires de la cour, une maladie offrît quelque résistance au traitement d'un des praticiens, tout le monde était consulté; il en résultait un conflit d'opinions qui ne pouvait guère tourner à l'avantage du malade et qui n'était pas fait non plus pour rassurer le praticien sérieux ([3]).

A quoi un médecin ne devait-il pas s'attendre de la part des courtisans, alors que Granvelle écrivait, le 20 octobre 1558, à Viglius : « M. de Lalaing se porte mieux, et je ne crains pas beaucoup les jugements de Vésale sur ses malades, parce qu'il les déclare toujours d'emblée en péril de mort, afin que,

---

([1]) De Meyer, *Analectes médicaux*, t. II, p. 17-19.
([2]) *Methodus universæ artis medici formulis expressa ex Galeni traditionibus*, etc.
([3]) De Mersseman, cité par De Meyer, *l. c.*, p. 22, 23 et 24.

s'ils meurent, ce dire l'excuse et que, s'ils vivent, il passe pour
avoir fait un miracle (¹). »

Quant à Baersdorp, les plus grandes contrariétés lui
venaient de l'empereur lui-même, qui s'obstinait, malgré ses
conseils, dans le régime le plus funeste à sa santé, tout en
reconnaissant, dans ses moments de crise, les mauvais effets
de ce régime (²).

La position de Van Baersdorp était d'autant plus pénible
qu'il ne rencontrait que de la malveillance et de la basse
jalousie chez les courtisans, qui s'indignaient, se récriaient
et tempêtaient contre la prétendue obséquiosité du médecin.

Que l'on se figure combien ces hommes de mérite devaient
souffrir d'un tel état de choses, et l'on ne s'étonnera pas que
Vésale ait eu deux maladies de langueur dans cette cour si
monotone, si triste à la fin de la carrière politique du maître,
qui, d'ailleurs, ne récompensait ses serviteurs qu'avec une
parcimonie voisine de l'avarice.

D'après Vésale, il était impossible de s'y livrer à des études
sérieuses; il n'est donc pas étonnant que Van Baersdorp n'ait
plus écrit d'œuvre importante depuis qu'il était au service de
Charles-Quint. Le seul livre qu'il composa fut un travail sur
la goutte (³), maladie princière dont ce monarque était particulièrement affligé (⁴).

Van Baersdorp fut sollicité par Sylvius de se coaliser avec
ce fougueux adversaire de Vésale pour perdre le grand anatomiste dans l'esprit de Charles-Quint. L'astucieux et passionné
Sylvius avait épuisé tous les moyens pour renverser son
glorieux antagoniste. Les épigrammes, les calomnies, les
injures qu'il lançait contre lui, loin de ternir sa réputation,
n'avaient servi qu'à faire ressortir l'implacable animosité du

---

(¹) WEISS, *Papiers d'État du cardinal de Granvelle*, t. V, p. 281.

(²) Voir, pour les détails, *Lettres de Molinæus sur la vie intérieure de Charles-
Quint*, publiées par DE REIFFENBERG.

(³) Sous le titre de *Consilium de Arthritide*, publié dans le *Recueil* de HENRI
GARET : *De Arthritidis præservatione*, etc. Francfort, 1592.

(⁴) MERSSEMAN, p. 27.

vieillard jaloux des succès de son ancien élève; Vésale avait
grandi dans l'opinion publique à mesure que Sylvius avait
perdu de son crédit par ses ridicules persécutions. Celui-ci,
ne sachant plus à qui se vouer, imposa silence à sa sordide
avarice et se décida à envoyer à Van Baersdorp un squelette
d'enfant, cadeau précieux et rare dans ce temps, à condition
que le médecin de l'empereur employât toute son influence
pour faire tomber Vésale, en le signalant comme un homme
dangereux. Pour l'honneur de Van Baersdorp, l'histoire ne
dit pas qu'il se soit rendu complice de la haine aveugle de
Sylvius (¹).

Il paraît qu'à la fin de sa vie, Charles-Quint rendit justice
au mérite de son médecin. M. Ferd. Vanderhaeghen, le savant
bibliophile gantois, possède une des plus belles chartes qu'il
soit possible de voir (²). Dans ce document, l'empereur se
plaît à reconnaître que c'est aux soins de Corneille Van
Baersdorp qu'il est redevable de la vie; en reconnaissance de
ses services, après avoir confirmé ses titres de noblesse et
reconnu ses armoiries, il le nomme conseiller de l'empire et
comte palatin avec le pouvoir de créer et d'établir, dans ce
même empire et dans quelque lieu que ce soit, des notaires
publics, des tabellions et des juges ordinaires; de légitimer
et d'émanciper des bâtards naturels ou autres; de relever
ceux qui étaient tombés dans l'infamie; d'affranchir les serfs
et d'autoriser leur affranchissement; d'élever chaque année
trois personnes au grade de docteur ou de licencié, tant en
médecine qu'en l'un ou l'autre droit, et autant de poètes lau-
réats, de bacheliers et d'officiers qu'il plairait à Van Baersdorp, pourvu cependant que, dans cette nomination au grade
de docteur ou de licencié, il consultât au moins trois docteurs de la même faculté, d'après le jugement desquels les

<hr>

(¹) De Mersseman, p. 27 et 28.

(²) M. Vanderhaeghen l'a mise à ma disposition avec tous les autres documents et
livres de sa bibliothèque. Qu'il veuille recevoir ici l'expression de mes publics
remerciements.

susdits candidats devraient être jugés dignes de leur grade après un rigoureux examen. Ce document est daté de Bruxelles, le 2 mai 1556, et porte la signature d'Antoine Perrenot de Granvelle.

Après la mort de l'empereur, Van Baersdorp se hâta de rentrer dans sa patrie ; il fut nommé échevin de sa ville natale en 1561, et bourgmestre en 1562 et 1563. Il mourut deux ans après (25 novembre 1565).

L'histoire de la médecine belge avant Vésale est peu connue ; mais si l'on croyait que la Belgique n'a possédé aucun médecin remarquable avant le créateur de l'anatomie, on serait dans une grande erreur. La Flandre, qui, au xive siècle, marchait à la tête de la civilisation, qui possédait la franchise des communes dès le xiie siècle, a produit beaucoup de médecins dont les ouvrages mériteraient l'attention des savants. Plus tard, l'université de Louvain jeta assez d'éclat pour prouver que les sciences médicales étaient cultivées aussi bien en Belgique qu'à l'étranger. Mais celui qui domine la médecine belge avant Vésale est Jean Yperman, chirurgien du xive siècle, dont on vient d'arracher les écrits à un oubli immérité ([1]).

Le xve siècle vit Jacques Desparts (en latin De Partibus), de Tournai, commencer ses études en médecine à l'université de Montpellier et recevoir le bonnet de docteur à Paris (1409). Ses talents, ses vertus et ses brillants succès l'élevèrent aux emplois les plus honorables. Il devint successivement chanoine et trésorier de l'église de Tournai, chanoine de celle de Paris, premier médecin de Charles VII, roi de France, et de Philippe le Bon, duc de Bourgogne. Desparts voulut que les richesses qu'il avait amassées servissent à faciliter l'étude de la médecine : il donna trois cents écus d'or, deux marcs d'argent, une partie de ses meubles et de ses manuscrits à la

---

([1]) BROECKX, *Annales de l'Académie d'archéologie de Belgique.* Anvers, 1863, t. XX, p. 128 et 129. — M. Littré a parlé avec éloge de Jean de Saint-Amand, médecin belge du xiiie siècle. (*Histoire littéraire de France*, t. XX, p. 254-266.)

Faculté de Paris qui put ainsi faire élever, dans la rue de la Bûcherie, les écoles de médecine qui existaient encore au moment de la révolution (¹).

Parmi les contemporains de Vésale qui se distinguèrent comme médecins ou anatomistes, je citerai les suivants : Antoine Busennius (Busen), natif de Breda, qui enseigna pendant quelque temps l'art de guérir à Louvain et fut appelé, en 1550, à Anvers, où les magistrats lui avaient accordé la place de médecin pensionnaire. On ignore à quelle époque il mourut. Versé dans la littérature antique, il s'efforça de ramener les esprits à la médecine hippocratique et de les détourner des théories arabes. Tel fut le but de son livre, intitulé : *Commentarius in Galenum, de inæquali temperie* (Anvers, 1555).—Jérémie De Drivere, dont on a latinisé le nom en celui de Driverius et quelquefois Triverius. Né en 1504, au village de Broeckel, dans la Flandre orientale, il fut docteur et professeur à l'université de Louvain. Doué d'un esprit vaste et pénétrant, pendant qu'il enseignait la philosophie, il étudiait l'art de guérir, et, devenu docteur, il ouvrit des cours publics de médecine, dans lesquels il fit preuve de beaucoup de savoir et d'élocution. Il n'était pas encore professeur, mais, deux chaires de médecine étant devenues vacantes, elles furent réunies en une seule, qu'on lui confia. Il justifia ce choix par toutes les qualités qui distinguent les hommes d'un ordre supérieur. Mais, sa passion pour l'étude grandissant incessamment, il mourut de consomption en décembre 1554. Malgré le temps qu'il consacrait à l'enseignement, De Drivere a beaucoup écrit; chaque année voyait éclore une de ses productions (²). — Josse Van Lom ou Lommius, né à Buren, province de Gueldre, vers 1500. Il exerça sa profession principalement à Tournai et à Bruxelles et mourut vers l'an 1562. On prétend qu'aucun médecin de son siècle n'a fait mieux

---

(¹) Il mourut dans un âge avancé, le 3 janvier 1457, et a laissé plusieurs ouvrages. (*Biographie universelle.*)

(²) MOLANUS, t. I, p. 566. — *Biographie universelle*, article DRIVÈRE.

connaître les maladies ni pratiqué son art plus judicieuse-
ment et plus sûrement. Ses observations sont sages et solides.
Tous ses ouvrages ont été imprimés à Amsterdam en 1745 et
1761 [1]. — Lemmens (Liévin), plus connu sous le nom de
Lemnius [2], après s'être appliqué, dans l'université de Louvain, à l'étude de la médecine et de la théologie, retourna
à Zierickzée (1527) et y pratiqua l'art de guérir avec tant de
succès que sa réputation ne tarda pas à se répandre en
Europe. Cependant, il ne suivit pas cette carrière jusqu'à la
fin de ses jours, car, après le décès de sa femme, il se fit
prêtre et fut pourvu d'un canonicat. La mort l'enleva le
1er juillet 1568. Son fils, Guillaume, étudia, comme lui, la
médecine et s'y distingua tellement que le roi de Suède,
Éric XIV, l'appela à sa cour, lui donna sa confiance et le
combla de bontés. Cette faveur devint fatale à Lemmens,
qui fut jeté en prison et étranglé (1568) lorsque son protecteur lui-même fut renversé du trône par Jean III. Nous
n'avons de lui qu'un opuscule tendant à prouver que l'éducation a plus d'influence que le climat sur le développement
des facultés intellectuelles. Les ouvrages de son père, remarquables par un style qui ne manque ni de force, ni d'élégance,
ont joui d'une grande vogue.

Henri Smet, d'Alost [3], embrassa la carrière de la médecine, après avoir étudié à Louvain et pris le grade de docteur à Bologne (1561). A son retour en Belgique, il s'établit
à Anvers ; mais la religion calviniste, qu'il professait, le mit
dans la nécessité de se réfugier en Allemagne, où il fut
successivement attaché au service du comte de Lippe et à
celui de l'électeur palatin. Il se rendit ensuite à Neustadt,
où il tint, pendant sept ans, une chaire de médecine, enfin
à Heidelberg, où il fut professeur de médecine pratique
jusqu'à sa mort (15 août 1614). Smet fut un des ennemis les

---

[1] *Biographie universelle,* article LOM.
[2] Né le 20 mai 1505 à Zierickzée.
[3] Né le 29 juin 1537.

plus déclarés de Paracelse, dont il dévoila le charlatanisme et les mensonges (¹).

Comme anatomiste, nous avons à mentionner Volcart Coiter ou Coyter (²). Jaloux de se perfectionner dans la science qu'il cultivait, il parcourut les universités les plus célèbres de la France et de l'Italie. A Montpellier, il se lia d'une étroite amitié avec le célèbre Bondelet. Les magistrats de Nuremberg lui offrirent, en 1569, la place de médecin pensionné de cette ville, qu'il accepta; mais un peu après, il abandonna ces fonctions pour aller remplir celles de médecin de l'armée française. Il mourut en 1576. Il fut un observateur judicieux. Personne, avant lui, ne s'était occupé de l'ostéologie du fœtus et de l'ostéogénie, dont il étudia les principaux phénomènes avec soin. Il reconnut toute l'importance de l'anatomie pathologique, dont il proclama l'utilité pour le médecin. On remarque qu'il se plaint déjà de ce qu'on néglige presque toujours d'examiner la moelle épinière des cadavres. L'anatomie comparée lui doit aussi quelques progrès. Enfin, l'anatomie proprement dite lui est redevable de plusieurs observations minutieuses et de quelques découvertes qui ont contribué puissamment à la perfectionner (³). J'ai hâte d'arriver à Dodonée.

En parcourant les écrits des anciens chroniqueurs, on trouve que la Frise possédait, vers la fin du xvᵉ siècle, une famille dont sortit plus tard l'homme illustre qui devait l'immortaliser. Cette famille ne commence à être bien connue qu'à dater de l'époque où florissait Jarick Joenckema ou Joenkens, né à Staveren, ville jadis puissante, riche, populeuse, mais successivement amoindrie par des causes physiques et commerciales (⁴). Jarick, qui devint bourgmestre de Leeuwaarden, fut le bisaïeul de Dodonée.

(¹) *Biographie universelle*, article SMET.
(²) Né à Groningue en 1534.
(³) *Biographie universelle*, article COITER.
(⁴) GUICHARDIN, f. 277.

Son fils, Rembert Joenkens, se distingua non seulement par sa grande aptitude à régir les affaires administratives que ses concitoyens lui avaient confiées, mais encore par ces vertus politiques qui font les hommes probes et réellement influents [1]. Rembert Joenkens donna le jour à un fils nommé Dodo (Denis) et à une fille appelée Tita ou Tidea, qui épousa le bourgmestre de Sneek, jolie petite ville située à trois lieues de Leeuwaarden. Rixtia, issue de ce mariage, s'unit à Suffrid Hopper, le père de Joachim Hopper, qui devint conseiller de Philippe II [2].

Denis Joenkens se fixa à Malines, où il put se livrer à son aise au commerce des lettres, auquel le portaient ses goûts et que les guerres civiles avaient troublé dans sa province. Le 29 juin 1517, un fils naît à Denis Joenkens. C'est celui que la postérité appellera un jour le grand Dodonée [3]. Envoyé de bonne heure à l'université de Louvain, le jeune Rembert Dodonée fit des progrès si rapides dans l'étude de la médecine, qu'il y obtint le grade de licencié, le 10 septembre 1535, à l'âge de dix-sept ans; puis il visita les universités les plus célèbres de l'Allemagne, de la France et de l'Italie. De retour dans sa patrie, en 1547, il fut nommé, deux ans après, médecin de sa ville natale [4].

Le premier ouvrage que Dodonée publia fut son *Introduction à l'étude de l'astronomie et de la géographie,* qu'il dédia à Joachim Hopper (1548). Deux ans après, il mettait la main à un autre travail, destiné à l'instruction de quelques élèves auxquels il donnait des leçons de médecine. C'étaient ses tableaux synoptiques de physiologie, qui ne furent imprimés qu'en 1581 [5].

[1] Ch. Van Swygenhoven, dans l'*Album biographique des Belges célèbres,* t. I, p. 99 et 100.

[2] Id., p. 100.

[3] Id., p. 100 et 101.

[4] Goethals, t. II, p. 138 et 139.

[5] Van Swygenhoven, p. 104.

Jusqu'à Dodonée, la botanique, considérée comme une partie de la médecine et réduite à la recherche des plantes usuelles, n'était qu'une partie de la matière médicale. On pense avec raison que ce fut le contemporain de Dodonée, Conrad Gessner, qui le premier conçut l'idée de diviser les plantes en classes, en genres et en espèces, et qui a la gloire d'avoir cherché le premier, dans la fleur et dans le fruit, les caractères distinctifs les plus essentiels des classes et des genres. Mais Dodonée déplorait aussi la confusion où se trouvait cette science ; il abandonna la méthode alphabétique et en imagina une plus conforme à la nature. Ce fut en 1552 qu'il publia son *Histoire des fruits*, qui n'était que le prélude de son *Herbier* ; il y avait ajouté deux lettres scientifiques, destinées à piquer la curiosité du public et à faire désirer son grand ouvrage. L'*Herbier* parut en 1554, dédié à Marie de Hongrie, gouvernante des Pays-Bas, et fut rapidement épuisé. Écrit en flamand, il eut l'honneur d'une traduction française, anglaise et latine. Le produit de la vente permit à l'auteur de s'acheter une maison, située rue des Augustins, à Malines ([1]).

Une année avant la publication de son *Herbier* ou *Histoire des plantes*, Dodonée avait mis au jour les planches dépourvues de texte des trois premiers livres de cette œuvre immense. Ces planches, dont la seconde partie ne parut qu'après, sont gravées sur bois, accompagnées d'une synonymie officinale grecque, latine, allemande, flamande, française, et dédiées au magistrat de Malines ([2]).

Ces travaux jetèrent tant d'éclat sur le nom de Dodonée, que l'université de Louvain lui offrit une chaire de médecine, mais la lésinerie et les prétentions exagérées de la régence de cette ville, qui concourait à la rétribution du nouveau pro-

----

([1]) GOETHALS, p. 141, 143 et 144. — VAN SWYGENHOVEN, p. 105 et 106. — VAN MEERBEECK, *Recherches historiques sur la vie et les ouvrages de Dodonée.* Malines, 1841, p. 25 et 26.

([2]) VAN SWYGENHOVEN, p. 106.

fesseur, privèrent le haut enseignement d'une acquisition brillante (1557) (¹).

En 1568, Hopper, qui se trouvait à la cour de Madrid en qualité de maître des requêtes et de conseiller de Philippe II, et à qui Dodonée venait de dédier une autre partie de son *Histoire des plantes*, ne négligea rien pour l'attirer en Espagne, où la place de médecin du roi était devenue vacante par le départ de Vésale. Mais Dodonée, si heureux dans sa ville natale, ne jugea pas à propos de s'expatrier à son âge (il avait 51 ans), avec sa femme et ses enfants, pour aller occuper, dans un pays lointain, une position, brillante sans doute, mais peu lucrative et dans laquelle il serait en butte à la jalousie des médecins espagnols, qui avait causé la perte de Vésale (²).

En 1558, il avait fait imprimer à Anvers un almanach. Le titre était illustré d'une gravure sur bois. Les premières pages contenaient : l'explication du comput ecclésiastique, applicable aux évêchés de Cambrai, Liége, Tournai, Utrecht; les signes employés pour faire connaître les foires en Allemagne, Flandre, Frise, Hollande, Zélande, Brabant, Hainaut et dans le pays de Liége; ceux du lever et du coucher du soleil; des marées; des jours propices à l'emploi des saignées et des purgatifs, et enfin l'annonce et la figure d'une éclipse de lune visible le 1er avril. A la sixième page, on voyait une gravure représentant un homme nu, entouré des signes du zodiaque, qui régissaient les différentes parties du corps humain (³).

Le goût pour la botanique et l'horticulture, qui paraît inhérent au sol fertile de la Belgique, était déjà répandu alors dans nos provinces. Du temps de Dodonée, on rencontrait journellement des plantes nouvelles, ou que l'on croyait

----

(¹) Van Swygenhoven, p. 107. — *Annuaire de l'université de Louvain*, 1841, p. 151-153. — Van Meerbeeck, p. 27-33.

(²) Van Meerbeeck, p. 39, 40, 255 et 258.

(³) Broeckx, *Annales de l'Académie d'archéologie de Belgique*, t. XIX, p. 7-10.

telles, dans l'impossibilité de les retrouver dans les ouvrages anciens. Le premier en Belgique, il entreprit de coordonner les découvertes modernes avec les descriptions des anciens, de rechercher et de discuter quelles étaient les espèces actuellement connues qui avaient été décrites par eux, et quelles étaient celles qui n'étaient pas parvenues à leur connaissance. Il décrivit les plantes indigènes qui n'avaient pas été décrites avant lui ou qui l'avaient été mal, et pour rendre son ouvrage plus utile à un plus grand nombre d'horticulteurs, il les décrivit en flamand.

« Ce que Vésale avait fait pour Galien, Dodonée osa le faire pour Pline, Dioscoride et d'autres écrivains de l'antiquité. Il osa les accuser quelquefois d'erreur et de négligence. Il ne fut pas seulement le premier d'entre les Belges qui publia une histoire des plantes, ce fut encore celui qui, par ses nombreux ouvrages, fit faire le plus de progrès à la botanique, en soutint le goût et provoqua un élan général en sa faveur. De l'Escluse, de Lobel, qui le suivirent à quelques années de distance, profitèrent de ses découvertes et n'eurent plus les mêmes difficultés à vaincre ; ils pouvaient donner beaucoup plus de soins à la description des plantes, parce qu'ils n'avaient plus, comme le botaniste malinois, à coordonner celles qui étaient connues avec les descriptions vraies ou fausses des anciens. Cette direction imprimée aux études de Dodonée leur a donné ce caractère spécial qui fait dire à tort à Dupetit-Thuars [1] que l'auteur se montre, dans ses écrits, plutôt médecin érudit que savant naturaliste, et que, comparé à de l'Escluse et de Lobel, il ne mérite que la seconde place [2]. »

Dodonée fut loin de s'occuper exclusivement de botanique ; il s'était appliqué aux langues, à la littérature, aux mathématiques et principalement à la médecine [3].

[1] Dans la *Biographie universelle*, article DODONÉE.
[2] VAN MEERBEECK, p. 92-95.
[3] VAN SWYGENHOVEN, p. 126.

Vers le milieu du xvie siècle, une réaction scientifique portait les médecins à recourir directement à l'antiquité, à consulter eux-mêmes Hippocrate et à observer comme lui, pour en croire leur expérience personnelle. C'est à cette école qu'appartient Dodonée.

Autant l'érudition de Dodonée était étendue, autant son style était clair, précis et correct. Ces avantages lui ont valu de devenir plus populaire que ses émules. En cosmographie, en astronomie et en géographie, il suivit le système de Ptolémée et n'inventa rien. La zoologie lui est redevable d'un écrit sur l'*Elan*, considéré plutôt sous le point de vue historique que sous celui de la science des animaux. En médecine, il devint un des créateurs de l'anatomie pathologique, titre que la France et l'Italie lui contestent. Mais Dodonée en revendique l'honneur pour la Belgique, et la date et la valeur de ses opinions sont là pour attester que ses droits sont imprescriptibles [1].

Après Dodonée, nous trouvons naturellement de l'Escluse [2] et de Lobel. Après avoir reçu sa première instruction à Gand, Charles de l'Escluse fut envoyé à Louvain, en 1546, pour y continuer ses études. Il suivit pendant deux ans les cours de la faculté de droit, non que son goût le portât vers cette carrière, mais pour obéir au vœu de ses parents. De là, il alla en Allemagne et fréquenta pendant quelque temps l'université de Marbourg, où il s'appliqua plus particulièrement à la philosophie. Il paraît que sa véritable vocation ne s'était pas encore révélée alors. Le désir de connaître Mélanchthon le conduisit ensuite à Wittenberg. Ce fut sans doute à la persuasion de ce réformateur qu'il adopta les doctrines nouvelles.

En 1550, il visita Francfort, Strasbourg, la Suisse, Lyon, et s'arrêta à Montpellier, où il étudia la médecine. Lorsqu'il

---

[1] Morren, *Les Belges illustres*, t. III, p. 41 et 42.

[2] Né en 1526, à Arras, de Michel de l'Escluse, seigneur de Watines, conseiller au conseil d'Artois. Cette famille tirait son origine de la Flandre zélandaise.

eut pris, en 1555, le grade de licencié, il retourna dans sa patrie et y demeura jusqu'en 1560, occupé du soin de ses premières publications. Il se rendit ensuite à Paris, où il passa deux années. Les dissensions religieuses de la France l'en ayant éloigné, il se retira à Louvain, puis il visita Augsbourg et, l'année suivante (1564), il entreprit un voyage en Espagne et en Portugal, dans l'intention surtout d'étudier la flore de ces contrées. Il parcourut tout le pays jusqu'à Cadix. Près de Gibraltar, une chute de cheval faillit lui coûter la vie; il eut la jambe cassée. Ce fut vraisemblablement pendant les loisirs forcés de sa convalescence qu'il traduisit de l'espagnol en latin plusieurs ouvrages de botanique. Il les publia à son retour dans sa patrie. Il rapportait de son voyage une riche collection de plantes, dont il donna plus tard la description [1].

Pendant son séjour en Belgique, de l'Escluse habita tour à tour Bruges, Bruxelles, Malines, Anvers, Louvain. Il préférait cette dernière ville à Anvers, où l'on était trop occupé de commerce[2], tandis que Louvain était un centre d'études[3], malgré l'obscurantisme des moines, dans lesquels il ne voyait que des réceptacles d'hypocrisie [4]. Les professeurs lui semblaient cependant beaucoup inférieurs à ceux de Paris (1562) [5]. Ce qui l'épouvantait, c'était l'anabaptisme, qui ne faisait que grandir en Flandre (1566) [6]. L'année d'après, son oncle, un vieillard de 70 ans, fut brûlé vif pour crime d'hérésie. Malgré son âge avancé, il subit le dernier supplice avec un courage et une résignation qui ne se démentirent pas

[1] HAAG, *La France protestante*. Paris, 1846-59, t. VII, p. 26.

[2] *Caroli Clusii ad Thomam Redigerum et Joannem Cratonem epistolæ*, dans les *Bulletins de la Commission d'histoire de Belgique*, t. XII, p. 15.

[3] « Potius quam illic inter mercatores, qui perpetua de suis mercibus confabulantur, vivamus. » *Ibid.*, p. 40.

[4] *Ibid.*, p. 12.

[5] *Ibid.*, p. 43.

[6] « Anabaptistarum item seminarium in nonnullis Flandriæ locis pullalares incipit, quibus nisi mature resistatur, verendum est ne latius malum serpat. » *Ibid.*, p. 54

un instant. La situation de la Belgique paraissait tellement alarmante au savant, qu'il désespérait de son présent et de son avenir. En 1571, il s'embarqua à Calais pour l'Angleterre. Deux ans après son retour sur le continent, Maximilien II l'appela à Vienne, lui confia la direction de ses jardins et l'admit au nombre de ses familiers. En 1593, les curateurs de l'université de Leyde le nommèrent à la chaire de botanique, qu'il remplit jusqu'à sa mort (4 avril 1609) [1].

C'est à la cour de Rodolphe II, successeur de Maximilien, que de l'Escluse avait reçu de Busbecq, ancien ambassadeur de Ferdinand Ier à la cour ottomane, les premières tulipes, qu'il expédia sans retard en Belgique. Il nous avait déjà donné : la scorsonère et le haricot d'Espagne; le citronnier, inconnu avant lui dans notre pays; le jasmin d'Arabie, le lis martagon, les anémones, les renoncules; beaucoup de lis et de plantes à bulbes; le platane, que nous avions perdu, quoique importé chez les Morins du temps de Pline; le laurier-cerise, le marronnier, que Christophe de Wex avait rapporté d'Orient, en 1587. Mais de toutes ces introductions, la plus utile faite vers cette époque est celle d'une plante du Pérou. C'était un tubercule précieux, dont de l'Escluse fut appelé à faire connaître le premier la figure, les caractères et la culture, et qui bientôt se multiplia pour nourrir pauvre et riche, et réduire les fréquentes famines. Il avait reçu, en effet, en 1580, de Philippe de Sivry, seigneur de Walhain et gouverneur de Mons, deux pommes de terre, avec leurs fruits. Ce fut de ces deux plantes que sortirent celles qu'il réexpédia de Vienne à ses amis de Belgique, de Francfort et de Padoue. Ce seul bienfait suffirait à immortaliser un homme [2].

Il est vrai que plus d'un siècle devait s'écouler avant que la pomme de terre fût cultivée en grand chez nous. Un préjugé vulgaire la faisait regarder comme un poison. Ce ne fut

[1] Haag, p. 27.
[2] Ch. Morren, *Les Belges illustres*, t. III, p. 69 et 70.

que vers 1713, pendant la guerre des alliés contre Louis XIV, que nos compatriotes, voyant des soldats anglais en manger, comprirent qu'elle n'avait rien de nuisible et commencèrent à l'utiliser.

De Lobel était né à Lille, en 1538. Établi successivement à Anvers et à Delft, il devint médecin du prince d'Orange, Guillaume le Taciturne. Plus tard, il passa en Angleterre, où Jacques Ier l'attacha à sa maison en qualité de botaniste. Il mourut à Highgate, près de Londres, le 3 mars 1616.

Il fut l'émule de Dodonée et de de l'Escluse et, grâce à lui, la science de la nature salue, au xvie siècle, en Belgique, un véritable triumvirat du progrès. Leurs descriptions et leurs dessins éclairaient et sollicitaient la science [1], et ces trois hommes préparaient la voie à Linnée, à Buffon, à Cuvier, qui leur ont rendu pleine justice. A considérer surtout l'importance des introductions de plantes, l'effet des découvertes sur l'état de la société et les résultats obtenus, on ne peut, dit Morren, refuser de donner la palme à de l'Escluse. Dodonée et de Lobel étaient médecins et botanistes ; de l'Escluse a fait autant pour la zoologie que pour la botanique. Cuvier n'hésite pas à le nommer le plus savant homme de son temps. Linnée, Haller, Sprengel ont ratifié sa prééminence : c'est le plus grand naturaliste que le sol belge ait produit [2].

Après ces grands noms, peut-on citer Joseph Casabona, né en Flandre vers le commencement du xvie siècle, mort à Florence en 1595 ? Casabona, appelé aussi quelquefois Benincasa, eut le titre de botaniste du grand-duc de Toscane, François de Médicis, et fut garde du jardin botanique de Florence. Il avait fait un voyage en Crète, où il avait recueilli beaucoup de plantes. Il se proposait de publier ses observations, mais la mort l'en empêcha. On lui devait la connaissance d'une belle espèce du genre des chardons. Pour la désigner brièvement, quelques auteurs lui donnèrent pour

[1] Haag, p. 104.
[2] Ch. Morren, *Les Belges illustres*, p. 66 et 67.

épithète le nom du botaniste. Linnée l'a adopté pour nom spécifique, et la plante est universellement appelée aujourd'hui *Carduus Casabonæ* (¹).

En invoquant des créateurs comme Dodonée, de Lobel et de l'Escluse, nous ne devons pas oublier leur précurseur : Remacle Fusch, de Limbourg (²). Ses travaux ont eu peu de retentissement, et leur importance est surtout dans leur ancienneté ; mais rien ne justifie l'oubli dans lequel sa mémoire était laissée (³).

Rappelons aussi deux autres de leurs prédécesseurs, Isaac et Jean Hollander, nés à Stolkwyk, en Hollande, mais originaires de la Flandre. Vivant au xv⁰ siècle, ils avaient fait de si grandes découvertes en chimie et en botanique, qu'au xvɪᵉ siècle, Paracelse, et au xvɪɪᵉ, Bayle furent accusés de plagiat à leur égard (⁴).

(¹) *Biographie universelle*, article Casabona.

(²) Né dans les premières années du xvɪᵉ siècle; mort à Liége comme médecin-chanoine, le 21 décembre 1587.

(³) Il a été vengé de cet oubli par MM. Ch. et Ed. Morren, dans les *Bulletins de l'Académie de Bruxelles*, t. XVI, 2ᵉ série, p. 645-671.

(⁴) Van der Aa, t. IX, p. 33 et 34.

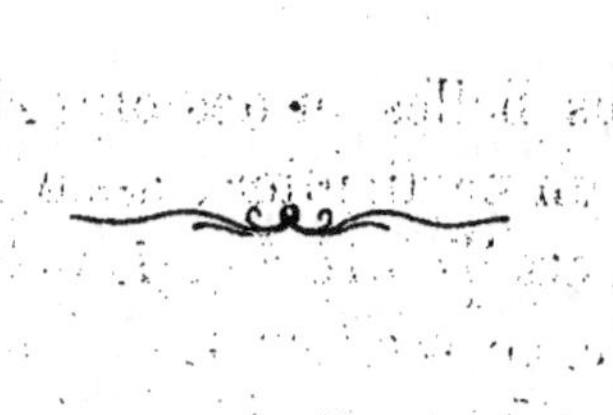

CHAPITRE XV

On dit avec raison que le lien qui tenait étroitement unis les trois grands botanistes du xvie siècle, Dodonée, de l'Escluse et de Lobel, était Christophe Plantin. Cet illustre imprimeur avait, en 1550, adopté la Belgique pour patrie, et jamais il ne consentit à la quitter, malgré les invitations du roi de France à venir se mettre à la tête de son imprimerie de Paris, et malgré les troubles même qui désolèrent la ville où il avait établi le principal siège de son industrie et le forcèrent plus d'une fois à suspendre ses publications les plus importantes([1]).

Christophe Plantin était né en 1514, à Mont-Louis, près de Tours. On s'accorde à dire que son habileté et son extrême diligence ne tardèrent pas à lui faire une grande réputation et à lui procurer une belle fortune.

Sa maison était l'asile de tous les savants, attirés chez lui par les facilités qu'il leur procurait pour l'impression de leurs ouvrages, faisant de fortes avances à ceux dont il n'achetait pas immédiatement les productions ; leur donnant accès à une des plus belles et des plus riches bibliothèques que pût posséder un particulier ; assurant des traitements honorables à plusieurs d'entre eux pour les retenir chez eux et les occuper à la correction des textes qu'il imprimait ; ayant toujours à sa table quelques-uns des hommes de lettres les plus distingués de cette époque si fertile en grands talents. Pour se faire une idée du mérite des hommes qu'il employait comme correcteurs, il suffit de mentionner ceux dont

([1]) Van Hulst, *Christophe Plantin*, p. 7 et 8.

Mirœus a rappelé les noms : Victor Giselin ([1]), également distingué comme médecin et comme littérateur; Théodore Poelman, sur lequel je reviendrai; Corneille Kilian, de Duffel, auteur de l'excellent *Etymologicum teutonicœ linguœ* et qui traduisit en flamand les *Mémoires de Commines* et la *Description des Pays-Bas* de Guichardin ; François Van Ravelinghen, né en 1539, le grand orientaliste, qui étant venu d'Angleterre à Anvers pour acheter des livres chez Plantin, y fut retenu quelques jours par sa charmante hospitalité et devint un de ses correcteurs et bientôt son gendre ([2]).

En 1560, parut chez Plantin un joli volume imprimé en petit romain et comparable aux plus beaux elzévirs : il ouvrait toute une série de livres classiques, d'une forme portative, collationnés sur manuscrits, enrichis de notes marginales, revus et corrigés par des hommes instruits, et surtout par Théodore Poelman. C'est ce que nous appellerions aujourd'hui une bibliothèque de poche. Poelman (*Pulmannus*) ([3]), que ses rudes travaux de foulon n'empêchaient pas de s'occuper de l'étude des belles-lettres, étant correcteur chez Plantin, lui avait suggéré l'idée de cette collection. C'est lui qui, le premier en Belgique, se livra à la critique paléographique des auteurs latins. Il publia ainsi, l'une après l'autre, des éditions soigneusement annotées de Virgile, Prudence, Lucain, Juvénal, Perse, Horace, Ausone, Claudien, Aviène, Suétone, Boèce, Térence, Catulle, Ovide et autres ([4]).

En 1555, Plantin avait conçu le projet de composer un dictionnaire flamand, mais il y renonça quand il apprit que

---

([1]) Né près d'Ostende le 23 mars 1543 et mort à Berg-Saint-Winoc en 1591.

([2]) A. Thiele, dans le *Bibliophile belge* de 1869, p. 141 et 142. — Van Hulst, p. 10-12, et la *Biographie du royaume des Pays-Bas*, par Delvenne. Pour compléter l'excellente notice de M. Van Hulst sur Plantin, je renvoie à un article de M. Vincent, dans le *Bulletin du Bibliophile belge*, t. VI, 2, p. 157 et suiv. ; aux *Annales de l'imprimerie plantinienne*, publiées par MM. De Backer et Ruelens dans le même bulletin, t. V, 2, et suiv.; enfin, à une notice de Reiffenberg, dans l'*Annuaire de la Bibliothèque royale de Belgique*, 1845, p. 219-225.

([3]) Né vers 1530, à Cranenbourg, au pays de Clèves.

([4]) Ruelens et De Backer, *Annales plantiniennes*, première partie, p. 32.

Gabriel Meurier avait un travail de ce genre prêt à paraître, et qui parut, en effet, en 1557 [1].

Meurier était d'Avesnes, où il naquit en 1520. Doué par la nature d'une grande facilité pour l'étude des langues, il s'était rendu familiers le flamand, l'anglais, l'italien et l'espagnol. Il a donné des grammaires de toutes les langues qu'il savait [2]. Ses ouvrages sont très recherchés des amateurs de linguistique; ils renferment une grande quantité de proverbes et de distiques populaires sur la température, les mois de l'année, les usages de l'agriculture, etc.; sa grande habitude des langues et de l'enseignement l'entraîna à devenir un pédagogue universel. Il fit des livres pour les petites filles, pour leurs mères et pour les pères de famille. Ses *Doctrinaux*, empreints d'une couleur locale parfaite, sont aujourd'hui très recherchés, parce qu'ils sont une peinture vraie, naïve, quelquefois plaisante, mais toujours curieuse, des mœurs intérieures des familles flamandes au xvi⁰ siècle [3].

Le style de Meurier est prétentieux; il vise à l'effet, aux jeux de mots, et il ne se gêne pas pour inventer des termes nouveaux quand la langue ne lui en fournit pas à son gré. Sur ce point, il est de l'école de Ronsard. Le maître d'école perce à chaque ligne, mais c'est un maître toujours moral et de bon conseil [4]. Malheureusement, il était d'un caractère emporté et il ne craignit pas de s'attaquer à des colosses de science, tels que Kilian [5]. Il eut aussi des difficultés avec

---

[1] Sous le titre de *Vocabulaire français-flamand*, suivi, en 1563, du dictionnaire flamand-français. — HOFFMANN VAN FALLERSLEBEN, dans le *Bulletin du Bibliophile belge*, t. III, 2, p. 56 et 57. — SERRURE, *ibid.*, t. II, 367.

[2] La Belgique possédait, au xvi⁰ siècle, beaucoup de grammairiens, dont aucun n'approcha de Clénard, de Despautère, de Meurier. Dans le nombre, on doit citer Gérard Conyff, recteur du collège de Bois-le-Duc en 1512. La grammaire latine de Gérard Conyff, sortie des presses de God. Bach, à Anvers, a fait l'objet d'une intéressante notice de M. Van der Meersch, insérée au deuxième volume du *Bibliophile belge*, p. 236-249.

[3] DINAUX, *Archives du Nord*, etc., t. V, 1844, p. 213 et 214.

[4] ID., p. 214.

[5] VAN DER AA, *Biographisch Woordenboek*, lettre *M*, p. 744 et 745.

Édouard-Léon Mellema ([1]), de Leeuwaarden, reçu bourgeois d'Anvers et devenu successivement professeur de mathématiques et de langues dans cette ville, à Haarlem, à Leyde et à Aix-la-Chapelle. On a de ce dernier, entre autres œuvres, un *Dictionnaire ou Promptuaire flameng-françoys, très ample et très copieux*, etc. ([2]).

Heyns, qui était d'abord un des meilleurs amis de Meurier, devint aussi un de ses adversaires.

Parmi les publications de Meurier figure la *Foire des enfants d'Israël*, qui commence par une *Lettre monitoire et dédicatoire aux enfants d'Israël*, signée *Votre père Moïse* et suivie de vers adressés aux *zélateurs du françois* et pleins de jeux de mots et de tours de force qui exigeaient, en effet, de vrais zélateurs.

A cette époque, l'imprimerie n'était pas très commune dans l'Artois; Douai, qui devait produire plus tard tant de livres généralement estimés, ne possédait encore aucune presse; il en était de même d'Arras, de Cambrai, de Saint-Omer. Béthune n'était pas plus heureuse; mais on imprimait à Hesdin, qui devait être quelques années plus tard renversée jusque dans ses fondements par une vengeance de Charles-Quint. La Flandre et le Brabant devancèrent les provinces wallonnes dans l'appréciation des bienfaits de l'imprimerie : à Liége, elle ne s'introduisit que fort tard. Mons n'eut sa première imprimerie qu'en 1580 ([3]); Namur, qu'en 1617 et Verviers, qu'en 1782. Huy et Spa connurent les bienfaits de la nouvelle invention en 1650; Malmédy en 1715, Stavelot

---

([1]) Né en 1544.

([2]) Anvers, 1589, in-4°.

([3]) Helbig, *Messager des sciences historiques de Belgique*, 1847, p. 243-248, et 1856, p. 382 et 384. — Rousselle, *Les Annales de l'imprimerie à Mons*, p. 44. — De Reiffenberg, *Archives philologiques*, t. I, p. 10, 13, 50, et le *Bibliophile belge*, t. I, p. 9 et suiv. — Henne, *Histoire du règne de Charles-Quint*, t. V, p. 8. — Conf. Hénaux, *Messager*, etc., 1843, p. 31 et 39. — Voy. aussi De Reiffenberg (*l. c.*, p. 53 et suiv.), sur le premier établissement de la typographie dans les diverses localités de la Belgique.

en 1778, tandis que Maestricht en avait une en 1552. Hasselt est une des rares villes flamandes qui restèrent en arrière; ses premiers livres imprimés ne datent que de 1670; mais Hasselt relevait alors d'une contrée wallonne (¹).

A Audenarde, en 1480, Arend De Keysere publia successivement trois ouvrages qui ont fort occupé les bibliophiles. Il transporta ensuite ses presses à Gand et publia dans cette ville, de 1485 à 1490, plusieurs livres qui sont d'une grande rareté. Quand il eut quitté Audenarde, cette ville resta sans imprimeur jusqu'en 1751; la raison publique y était tellement en décadence qu'un (²) des deux livres qui y furent édités alors, quoiqu'il fût approuvé par le censeur, le curé de Pamele, et deux récollets, n'en fut pas moins condamné comme sentant l'hérésie. L'auteur, Edm. Helias, fut si épouvanté de cette condamnation, qu'il tomba en démence.

Cependant, alors que la ville de Tournai était encore dépourvue d'un établissement typographique et que le chapitre de cette ville faisait imprimer ses livres d'église à Anvers, à Louvain, à Paris et à Cologne, de courageux Tournaisiens dressaient leurs presses dans des contrées lointaines. Ainsi, Jean de Tournai se distingua, en 1475, comme imprimeur à Ferrare.

A peu près un siècle plus tard, mais à une époque où, selon toute probabilité, il n'y avait pas encore d'imprimeur à Tournai, un autre bourgeois de cette ville, dont la famille n'est pas éteinte, Thomas Guarin, exerçait cette même profession à Bâle (³).

On n'est pas d'accord sur le fait de l'introduction de l'imprimerie en Belgique.

En 1776, un Anversois, Fr. Mols, revendiqua pour sa ville

___

(¹) Van der Meersch, *Les imprimeurs belges et néerlandais à l'étranger.* Gand, 1856, p. 479 et 482.

(²) Ce livre avait pour titre : *Vyf waerheden voorgesteld*, etc., *door* Fr. Edmondus Helias, *religieus der abdy van Baudeloo.*

(³) Lecouvet, *Messager des sciences historiques de Belgique.* 1858, p. 204.

natale la priorité, en s'efforçant de prouver que le corps des imprimeurs devait y avoir existé quelque temps avant 1442 (¹).

En 1862, M. Ed. Van Even, archiviste de la ville de Louvain, fit connaître l'inventaire manuscrit des meubles de Jacqueline de Heinsberg, délaissés au couvent de Béthanie en 1460 par cette sœur de l'évêque de Liége. On y trouve mentionnée « une presse avec son matériel, parmi lequel on désigne 9 planches sur bois pour imprimer des images et 14 planches gravées sur pierre destinées au même usage » (²).

D'après de nombreux auteurs, cependant, aucune impression à lettres mobiles n'avait été faite en Belgique avant l'année 1473, dans laquelle Thierry Martens imprima des ouvrages à Alost (³).

C'était Thierry Martens, d'Alost (⁴), le plus savant, le plus spirituel et le plus jovial de nos imprimeurs, qui avait apporté son art de Venise en Belgique. Ses chefs-d'œuvre font encore l'admiration des curieux et des érudits, mais, par un préjugé antinational, dont Martens se plaint avec aigreur (⁵), les Belges d'alors préféraient les éditions faites à l'étranger.

Sans vouloir trancher la question de savoir si réellement Thierry Martens fut le premier imprimeur de la Belgique (⁶), nous ne devons pas oublier la présence à Louvain, dès l'an 1473, d'un imprimeur connu et autorisé, venu d'Allemagne, Jean de Westphalie, ainsi appelé du nom de son pays natal (⁷). Il devint imprimeur de l'université, et son premier

---

(¹) Voyez le *Bibliophile belge*, t. I, p. 72.

(²) *Etoile belge* du 6 mai 1862.

(³) DE GAND, *Recherches historiques et critiques sur la vie et les éditions de Thierry Martens*. Alost, 1845, p. 16 et 17. — VAN ISEGHEM, *Biographie de Thierry Martens*. Malines, 1852, p. 59 et suiv.

(⁴) Né dans cette ville vers 1450 et mort le 28 mai 1534.

(⁵) DE GAND, p. 127.

(⁶) Sur cette question controversée, voy. AUG. BERNARD, *Origine et débuts de l'imprimerie en Europe*. Paris, 1853, t. II, p. 401 et suiv. — LAMBINET, *Origine de l'imprimerie*. Paris, 1810, t. II, p. 1 et suiv. — VAN DER MEERSCH, *Messager des sciences historiques de Belgique*. — DE RAM, *Bulletins de l'Académie de Bruxelles*, t. XXI, 1, p. 362 et 363.

(⁷) Il était né à Aken, diocèse de Paderborn.

ouvrage parut à Louvain en 1474. Pendant une résidence d'environ vingt-quatre ans, il livra au public plus de cent vingt ouvrages, dont les exemplaires conservés sont mis au nombre des plus curieux monuments de la typographie naissante (¹).

Mais si Jean de Westphalie rendit de grands services à la propagande des lettres à Louvain, la mémoire de Thierry Martens doit être placée bien plus haut. Qu'on le suppose associé de Jean de Westphalie dès l'année 1473 ou bien élève de cet illustre Allemand (²), qui, après avoir imprimé tout d'abord à Alost, lui aurait laissé un nombre suffisant de caractères pour continuer sa profession, il n'en faut pas moins le considérer comme le typographe belge le plus éminent de l'époque. Avec quelle persévérance n'a-t-il pas perfectionné son art! Il avait acquis une érudition qui le rapproche de la savante dynastie des Alde. Il connaissait parfaitement l'hébreu et le grec, et parlait avec une égale facilité le latin, l'italien, le français et l'allemand. On disait de lui qu'il aurait pu provoquer au combat saint Jérôme lui-même. Après avoir imprimé à Alost, à Anvers et à Louvain, Martens se fixa définitivement dans cette dernière ville en 1512; il y installa tout son matériel d'imprimerie et y déploya en même temps son art de graveur en caractères, qui servit à l'impression de ses belles et nombreuses éditions de classiques, secondant ainsi les efforts littéraires des Érasme, des Vivès et de tant d'autres humanistes, proscripteurs du jargon barbare du moyen âge. Des livres portatifs commodes par leur format, corrects dans leur texte et vendus à bon marché, voilà ce qu'on lui doit (³).

Van Dorp, Gérard de Nimègue, Rutger Rescius et Érasme lui servirent de correcteurs. Il aimait surtout le philosophe de

---

(¹) NÈVE, *Mém. sur le collège des Trois-Langues*, p. 19 et 20.

(²) Dans une savante dissertation sur Thierry Martens, M. Holtrop s'est efforcé de démontrer que notre illustre compatriote n'a pas appris l'art typographique à Venise et que Jean de Westphalie a imprimé avant lui en Belgique.

(³) *Erasmi Opp.*, t. III, f. 331. — VAN ISEGHEM, p. 89-100 et 151. — NÈVE, p. 21 et 22.

Rotterdam, et imprima quelques-uns de ses volumes avec une telle rapidité, qu'on aurait dit qu'il y avait lutte entre l'un et l'autre à qui ferait chaque jour le plus de travail.

Quand Thierry, octogénaire et sans postérité, se retira de Louvain en 1529, pour passer, dans la retraite du couvent des Guillelmites de sa ville natale, les derniers jours d'une vie agitée (¹), Rescius se vit dans la nécessité d'ériger lui-même une imprimerie grecque en remplacement de celle qu'abandonnait l'illustre vieillard; il eut pour associé dans cette entreprise le célèbre Jean Sturm (²).

L'ouverture du collège des Trois-Langues était venue donner un nouvel essor aux presses de Martens; ce fut avec l'aide des professeurs de cet établissement qu'il publia une partie de ses belles éditions grecques et latines, parmi lesquelles figurent la plupart des œuvres de Lucien, l'*Iliade* et l'*Odyssée* d'Homère, des tragédies d'Euripide, le *Plutus* d'Aristophane, les *Idylles* de Théocrite, les *Fables* d'Ésope, des dialogues de Platon, des traités d'Aristote, des discours de Démosthènes, quelques opuscules de Plutarque, l'histoire d'Hérodien et la *Cyropédie* de Xénophon.

Quelquefois, dans la préface de ses éditions, il s'adresse en vrai littérateur au public et parle de l'élan des études littéraires ainsi que de l'enthousiasme avec lequel la jeunesse s'y applique.

Dans une épître dédicatoire du *Plutus* (texte grec) aux étudiants de l'université de Louvain, il fait un éloge mérité et plein de goût de l'ancienne comédie d'Athènes, en même temps qu'il paye un juste tribut de regrets à la perte de Ménandre (³).

« La plupart des imprimeurs, dit-il, dédient leurs publications ou aux grands du siècle, ou à leurs intimes amis. Pour moi, qui n'ai qu'un désir, celui d'activer, selon mes

---

(¹) Il mourut le 28 mai 1534, à l'âge d'environ 85 ans.
(²) Van Iseghem, p. 90, 99, 106 et 107. — Nève, p. 334 et 335.
(³) Nève, p. 23, 301-303.

moyens, les études de cette florissante université, c'est à vous,
excellents jeunes gens, que j'ai résolu de dédier toutes les
productions de mon art. »

Une autre fois, Martens recommande aux étudiants en droit
un ouvrage de Nicolas de Heems, de Bruxelles, sur le code
Justinien.

Au bas d'une apologie d'Érasme, il mit en tête d'un errata
ce curieux avis :

« Thierry Martens, d'Alost, aux étudiants, salut et béné-
diction typographique.

« Quoique nous ayons soigneusement surveillé la correction, de manière à nous servir des deux yeux et à négliger
souvent, dans l'intervalle, notre ami Bacchus, cependant, il a
été impossible de ne pas laisser échapper quelques fautes.
Les voici ([1]). »

Pour seconder les leçons d'hébreu qui se donnaient au
collège des Trois-Langues, Martens s'occupa de la formation
d'un double alphabet hébraïque des points-voyelles et réunit
les matériaux d'un dictionnaire qu'il tira des rudiments
hébraïques de Reuchlin ([2]).

Martens n'aimait pas les disputes théologiques, si animées
à cette époque et si étrangères à ses études classiques. Aussi
refusa-t-il constamment d'imprimer des ouvrages de contro-
verse sur les questions de dogme ; il ne s'écarta de cette règle
qu'en faveur d'Érasme, qui, dans cette circonstance, donna
un illustre exemple de tolérance et de magnanimité. C'était
en 1516, lors de l'impression du Nouveau-Testament, traduit
du grec et annoté par le philosophe. Édouard Lee, docteur
anglais résidant alors à Louvain, et qui fut plus tard aumô-
nier de Henri VIII, puis archevêque d'York (1531), écrivit une
violente diatribe, où il prétendait relever jusqu'à trois cents
erreurs d'Érasme. Lee sollicitait vainement Martens d'imprimer sa critique ; Erasme engagea son ami à accepter

<hr>

([1]) Van Iseghem, p. 161.
([2]) Nève, p. 313.

le manuscrit du docteur anglais et se chargea même de payer les frais d'impression (¹).

Une autre fois (1520), Martens n'avait pas voulu imprimer une réfutation des doctrines de Luther par Jean Driedo ou Driedoens, de Turnhout, curé de Saint-Jacques, professeur de théologie à Louvain, d'un zèle aussi éclairé qu'ardent pour les doctrines de l'Église et un des rares théologiens dont Érasme n'eut pas à se plaindre. Aussi persuada-t-il Thierry de la faire paraître, précisément parce que l'auteur traitait ces matières non avec des injures, mais avec des arguments.

« Comme je n'approuve point, dit-il, que l'on combatte Luther par des cris et des cabales, de même je souhaite de tout mon cœur qu'on le réfute victorieusement avec des textes de l'Écriture sainte et par de bonnes raisons (²). »

Malgré sa prudence, Martens encourut une peine académique. L'université avait défendu aux imprimeurs et aux libraires d'acheter, sans l'autorisation du recteur, des livres aux élèves âgés de moins de 25 ans, sous peine d'une amende de trois carolus. Martens, ayant contrevenu à cette ordonnance, fut condamné à demander pardon au recteur, à genoux, les mains jointes et tête nue, en face du bâtiment de l'université (³).

Du moment où les humanistes possédèrent une grande abondance de textes originaux, la philologie grecque prit à Louvain une importance presque égale à celle de la philologie latine (⁴).

Ce fut en 1516 que parut dans cette ville la fameuse *Utopie* du célèbre Thomas Morus. Cette publication se fit (⁵) par les soins de Pierre Gillis (*Petrus Ægidius*), greffier d'Anvers, romaniste et littérateur distingué, qui joignit au texte des

(¹) Van Iseghem, p. 121, 122 et 126.

(²) *Ibid.*, p. 127 et 128.

(³) Molanus, t. II, p. 821 et 915.

(⁴) Nève, p. 303.

(⁵) Sous ce titre : *Libellus vere aureus, nec minus salutaris, quam festivus de optimo reipublicæ statu deque nova insula Utopia, authore clarissimo viro Thoma*

échantillons de la langue et de la poésie utopiennes, avec des vers et des lettres de différents auteurs à l'éloge de l'ouvrage.

Grâce aux progrès qu'il venait d'accomplir, l'art typographique devint populaire chez nous, de sorte que dans le dernier quart de ce grand siècle, on ne comptait pas moins de 21 villes belges qui jouissaient des avantages de la presse, tandis que toute l'Italie n'en comptait que 72; toute l'Allemagne, 55; la France, 50; l'Angleterre, 4; l'Espagne, 17, et le Portugal, 2 [1].

M. Van der Meersch a fait connaître les imprimeurs belges établis à l'étranger. Parmi ceux que le vénérable patron de la typographie vénitienne avait accueillis dans sa maison, figure notre grand Érasme, qui fut, dans la suite, très choqué de passer pour avoir été correcteur aux gages d'un imprimeur. Il prit beaucoup de peine à assurer que, chez Alde, il n'avait jamais revu que ses propres ouvrages, ou des éditions dont il était entièrement chargé comme éditeur, et non pas comme simple correcteur [2].

Martens eut un digne rival dans un élève des hiéronymites de Gand, qui mourut un an après son illustre compatriote. Je veux parler de Josse Bade (*Jodocus Badius*), né en 1462, à Assche, gros bourg entre Bruxelles et Alost. Après avoir approfondi l'étude de la langue grecque et de la langue latine à Ferrare, il se rendit à Lyon où il professa l'une et l'autre avec les plus brillants succès. Dans ses moments de loisir, il se délassait, à l'exemple de tant d'autres savants de son siècle, en corrigeant des épreuves d'imprimerie. Bientôt il s'adonna tout entier à l'art typographique, et devint, pour les éditions des auteurs latins, ce que fut Alde Manuce pour

---

Moro, inclytæ civitatis londinensis cive et vice comite, cura Petri Ægidii, Antverpiensis et arte Theodori Martini, Alostensis, typographi almæ Lovaniensium Academiæ nunc primum acuratissime editus (in-4°).

[1] NÈVE, p. 303. — VAN DER MEERSCH, *Messager des sciences historiques de la Belgique.* 1843, p. 441.

[2] RENOUARD, *Annales de l'imprimerie des Alde.* Paris, 1803-12, t. III, p. 24 et 25.

celles des auteurs grecs, c'est-à-dire un des imprimeurs les plus célèbres. En 1499, il s'établit à Paris, où il fut nommé professeur de littérature ancienne à l'université. Mais loin de renoncer au grand art dans lequel il avait si heureusement débuté, il s'appliqua à le perfectionner et y réussit. Il remplaça par ce qu'on nomme aujourd'hui les caractères romains le caractère gothique, presque exclusivement employé jusqu'alors. De là date cette fameuse imprimerie connue sous le nom de *Praelum Ascensianum*, qui lança dans le public un si grand nombre d'ouvrages classiques, ornés des notes et des commentaires de Bade, ainsi que les meilleurs livres modernes et les siens propres. Il mourut en 1535 [1].

Bade avait eu pour collègue et pour rival, comme professeur et comme imprimeur, un de ses compatriotes, Gérard Morrhe (Morrheus) ou Deschamps, de Kampen, qui, de retour dans sa patrie, s'établit à Louvain ; puis, dégoûté de ses querelles avec les théologiens de cette ville, se retira dans son lieu natal; il y vivait encore en 1556 [2].

Josse Bade eut un fils, Conrad, qui embrassa la profession de son père, auquel il succéda en 1535. Les persécutions religieuses qui marquèrent les débuts du règne de Henri II l'ayant forcé, en 1549, à chercher sa sûreté à l'étranger, il se réfugia à Genève, où il devint ministre de l'Évangile et où on lui donna la bourgeoisie, en 1555.

Conrad Bade s'associa d'abord à Jean Crespin, d'Arras, également réfugié, et travailla avec lui jusqu'à l'arrivée de son beau-frère, Robert Estienne. Tous les deux montèrent alors (1552) une imprimerie qui donna le jour à un grand nombre d'ouvrages, aussi remarquables par la beauté des types que par la parfaite correction du texte.

On doit à Conrad Bade d'abord l'*Alcoran des Cordeliers, tant*

---

[1] *Biographie universelle,* article BADIUS, et la notice de M. Hoyois dans les *Mémoires de la Société des sciences, des arts et des lettres du Hainaut,* t. II, 1, p. 195-205.

[2] VAN DER AA, *Biogr. Woordenboek.*

en latin qu'en françois, etc. Cette traduction d'une compilation latine, due à Erasme Albère, fut imprimée pour la première fois en 1556; l'original latin y est attribué à Luther, qui avait mis une préface à celle de Wittenberg; mais dans les éditions suivantes, un avis de l'imprimeur prémunit le lecteur contre cette erreur.

Quelques années après (1560), Bade jugea à propos d'extraire du livre des *Conformités* la matière d'un second volume, dont il donna la traduction en réimprimant le premier. Ce livre des *Conformités* (*Conformitatum sancti Francisci ad vitam Christi*), composé par le cordelier Barthélemy Albizzi, de Pise, servit de texte à la verve licencieuse de Bade. « Ce maudit et exécrable livre, dit-il, est tel que, quand tous les diables de l'enfer et tous les hommes aussi auroient amassé en un tas les blasphèmes et mensonges qu'ils sauroient jamais dégorger à l'encontre de Dieu, de Jésus-Christ, des saints et de la sacrée parole de Dieu, ils n'en sauroient plus dire qu'il en est là contenu ([1]). »

Il ne ménageait pas, comme on le voit, les gros mots. De nos jours, un livre tel que celui de Barthélemy de Pise n'attirerait que le ridicule.

Conrad Bade est plus connu par cette traduction que par ses poésies, publiées sous le titre de *Les vertus de notre maistre Nostradamus*, où il tance rudement ses ineptes prophéties ([2]). On lui a aussi attribué les *Satyres chrétiennes de la cuisine papale*, sorties de son imprimerie en 1560. D'une violence extrême et remplies d'obscénités, elles ne sont pas seulement dirigées contre les abus de l'Église, mais encore contre ses dogmes et ses cérémonies.

> Je cognoy, cagots, que mes livres
> Vous sont fascheusement nouveaux.
> Brulez, vous en serez délivres.....

Robert Estienne, l'immortel auteur du *Thesaurus linguæ*

([1]) Haag, *La France protestante*, t. IV, p. 210.
([2]) Voir : De Villenfagne, dans l'*Esprit des journaux*, t. XI, nov. 1783, p. 243.

latinæ, l'homme à qui, suivant l'expression de de Thou, le monde chrétien doit plus de reconnaissance qu'aux plus grands capitaines, entra dans la famille de Josse Bade en épousant une de ses filles, femme d'un rare mérite, qui enseignait elle-même le latin à ses enfants et à ses domestiques, de telle sorte que tout le monde, dans cette maison, où se réunissait l'élite des savants, parlait avec élégance et facilité la langue de Térence et de Cicéron.

Leur fils Henri Estienne devait égaler, sinon surpasser les mérites et le savoir de son père [1]. Cette alliance du sang belge avec le sang français permet à la Belgique de revendiquer une place dans l'illustration de cette dynastie des Estiennes [2].

Un ami de Conrad Bade, Jean Crespin ou Crépin (*Crispinus*), fils de Charles Crespin, avocat d'Arras, vint à Paris après avoir étudié le droit à Louvain pendant cinq ans, et entra en qualité de secrétaire chez le célèbre jurisconsulte Ch. Du Moulin. Reçu avocat au parlement de Paris, il se lia d'amitié avec Théodore de Bèze, le plus illustre disciple de Calvin, dont il partageait les opinions religieuses et qu'il accompagna à Genève, en 1548. Leur intention commune était de monter une imprimerie dans cette ville; mais Bèze renonça bientôt à ce projet et laissa Crespin suivre seul sa vocation [3].

Rival des Estiennes par la beauté et la correction de ses éditions, Crespin ne négligeait rien pour rendre les produits de sa presse dignes de l'approbation des savants. Versé dans le grec et le latin, il les enrichit de notes précieuses et de préfaces. Il mourut de la peste en 1572, laissant un nom avantageusement connu à la fois dans la librairie et dans les lettres [4].

---

[1] *Biographie universelle,* article ROBERT ESTIENNE et la notice de M. Hoyois, p. 206-215.

[2] Voy. RENOUARD, *Annales de l'imprimerie des Estienne ou histoire de la famille des Estienne.* Paris, 1837, et PASSOW, dans le *Historisches Taschenbuch von Raumer,* t. IV, p. 47 et suiv.

[3] HAAG, *La France protestante,* t. IV, p. 118.

[4] ID., *ibid.*

Comme on vient de le voir, Crespin n'était pas un simple marchand de livres, c'était un savant qui surveillait une imprimerie et qui, en même temps, se livrait à d'importants travaux littéraires, parmi lesquels figurent en première ligne ses *Actes des Martyrs protestants.* Crespin et son continuateur Goulart ne se bornent pas à raconter les souffrances et la mort des héros de l'Église dissidente; ils publient un grand nombre de pièces authentiques pleines d'intérêt, comme confessions de foi, lettres, discours, arrêts de tribunaux, etc. On prétend que c'est moins une histoire qu'un panégyrique. C'est un jugement hasardé : il serait très facile de prouver que Crespin a travaillé sur des relations beaucoup plus sûres et beaucoup plus authentiques que les hagiographes catholiques. Ses récits sont pleinement confirmés, non seulement par des historiens protestants, comme Bèze, La Popelinière, les *Mémoires* de Charles d'Aubigné, mais par de Thou, et, ce qui est une preuve plus convaincante encore de sa sincérité, par les pièces qu'on a retrouvées dans les bibliothèques et dans les archives [1].

D'autres faits honorent encore notre pays dans les annales de la typographie en France. En 1473, le Gantois Pierre De Keysere imprimait à Paris. En Hollande, vers 1541, un petit-fils du célèbre Pierre Schoiffer, Jean Schoiffer, s'établit comme imprimeur à Bois-le-Duc, où sa postérité continua d'exercer cet art jusqu'à la fin du siècle dernier [2]. En Angleterre, cet art vint aussi de Belgique [3]. Député à la cour de Bourgogne par le roi Édouard IV, William Caxton fut accueilli avec distinction par Philippe le Bon et par sa belle-fille Marguerite; il avait entrepris, sur les ordres de cette princesse, la traduction anglaise d'un livre alors à la mode et composé par Raoul Lefebvre, chapelain du duc de Bour-

----

[1] HAAG, p. 119 et 120.

[2] VAN DER MEERSCH, *Messager des sciences historiques de Belgique.* 1846, p. 378. — HELBIG, *ibid.*, p. 433 et 434.

[3] PHILARÈTE CHASLES, *Études sur le XVIe siècle.* Paris, 1848, p. 415.

gogne, sous le titre de *Recueil des histoires troyennes*, dont il commença à Bruges l'impression, qu'il acheva à Cologne en 1471. C'est, assure-t-on, le premier livre qui ait été imprimé en langue anglaise. Non content de ces importants résultats, Caxton se munit d'un matériel complet d'imprimerie, retourna en 1471 ou 1472 dans son pays natal et établit ses presses dans l'abbaye de Westminster. Ce fut là, en 1474, que parut le premier ouvrage anglais imprimé dans ce pays, du moins par Caxton. A compter de cette époque jusqu'à sa mort (1491), Caxton fit paraître près de cinquante à soixante ouvrages ([1]).

Il avait été initié à l'art typographique à Bruges, par un imprimeur nommé Colard Mansion. Cet homme remarquable y naquit dans une famille de calligraphes et d'enlumineurs; jeune encore, il se distingua par ses études, fut admis dans la confrérie de cette profession, dont il devint doyen en 1471. Mais l'art nouveau venait de surgir, et la calligraphie était menacée d'une dangereuse concurrence. Mansion, dans toute la vigueur de l'âge et dans toute la ferveur de l'enthousiasme, quitta Bruges de 1455 à 1458 pour s'instruire dans la typographie et se procurer les objets nécessaires à cette nouvelle profession.

De retour dans sa ville natale, il fit la connaissance de Caxton, à qui il communiqua les procédés nouveaux, en attendant qu'il pût trouver un bailleur de fonds qui le mît à même de s'occuper d'une publication importante; il n'y réussit qu'en 1472, lorsqu'il eut trouvé un collaborateur dans Ghislain De Croock et un Mécène dans un riche bibliophile à qui il était réservé d'avoir pour historien un des meilleurs bibliographes de l'Europe ([2]), né, comme lui, dans cette Flandre qui a tant fait pour les lettres. Ce Mécène était Louis

---

([1]) *Bulletin du Bibliophile belge*, t. II, 2, p. 410. — DE REIFFENBERG, *Le Bibliophile belge*, t. I, 9, p. 229-232. — C. CARTON, *Annales de la Société d'Émulation pour l'étude et l'histoire de la Flandre*, t. V, 2, p. 342-351. — DÉODDÉ, *Répertoire universel*, t. V, p. 187-188.

([2]) M. VAN PRAET, *Recherches sur Louis de Bruges*. Paris, 1831.

de Bruges, seigneur de la Gruthuyse, prince de Steen-
huyse, etc., seigneur flamand, habile dans la guerre et dans
les négociations. Les manuscrits qu'il avait rassemblés à
grands frais, et qui passèrent après sa mort (1492) dans la
bibliothèque de Louis XII, se conservent encore aujourd'hui,
à un très petit nombre près, dans la Bibliothèque nationale
de Paris (¹).

Cette bibliothèque était, après celle des ducs de Bourgogne, la plus belle et la plus nombreuse de toute la Flandre.
Louis avait fait exécuter lui-même, à Bruges et à Gand, par
des calligraphes et des enlumineurs habiles, qui se trouvaient en grand nombre, à cette époque, dans ces deux villes,
la plus grande partie des manuscrits qu'elle renfermait.
La grandeur des volumes, la beauté du vélin et de l'écriture,
la richesse et la quantité des miniatures et des ornements
dont ils sont décorés; le luxe des reliures, qui, à en juger
par celles que l'on voit encore, étaient généralement en
velours de diverses couleurs, garnies de coins, de clous et
de fermoirs de cuivre doré, attestent que rien de ce qui
pouvait rendre un livre précieux n'avait été épargné par le
seigneur de la Gruthuyse (²).

Colard Mansion était déjà connu comme libraire et comme
traducteur, lorsqu'il devint l'objet de la protection toute particulière de ce seigneur. Toutefois, cet homme, dont les
impressions sont placées aujourd'hui au premier rang, ne fut
pas heureux. En 1484, il se vit forcé de quitter Bruges,
parce qu'il se trouvait dans l'impossibilité de faire honneur à
ses affaires : il venait d'achever la traduction et l'impression
d'un ouvrage considérable, dont la vente n'avait pas couvert
ses frais. Tel était son état de gêne qu'il n'avait pas de quoi
payer le loyer de sa boutique, c'est-à-dire la somme modique

(¹) M. VAN PRAET, *Recherches sur Louis de Bruges*, préface; et *Notice sur Colard
Mansion*, p. 1-3. — C. CARTON, *Colard Mansion*. Bruges, 1848, p. 321, etc —
DE REIFFENBERG, *Annuaire de la Bibliothèque royale*. 1840, p. XXII.

(²) VAN PRAET, *Recherches sur Louis de Bruges*, p. 81.

de 24 livres parisis annuellement pour une chambre du pourtour de l'église de Saint-Donatien. Quant à sa demeure, elle était tout aussi modeste. Comme son imprimerie seule n'avait jamais suffi à le faire vivre, il avait été forcé de copier des manuscrits (¹). Il est probable que Mansion chercha un refuge en France, où il avait de puissants amis.

On trouve dans quelques imprimés de Mansion de curieuses notes sur l'état de la société et l'esprit du temps où ils parurent : ainsi, au verso de l'avant-dernier feuillet d'une traduction française de Boèce, on lit un épilogue plein de réflexions douloureuses sur l'année 1477, si féconde en agitations de toute espèce. L'auteur de ces réflexions gémit sur les commotions populaires : la ruine de beaucoup de nobles en Hollande, Zélande, Hainaut, Artois, Flandre; le trouble de tous les États de l'Europe; l'Église et ses suppôts irrévérencieusement traités; le peuple égaré et ne sachant plus à qui donner sa confiance (²). Dans son *Quadrilogue* d'Alain Chartier, imprimé la même année, il reprend des doléances non moins vives : « Nous voions la Sainte Mère eglise estre irreveramment traittie par les mesus d'aucuns des suppoz diable. »

Au chapitre XV de *l'Évangile des Quenoilles*, il parle d'une cigogne que Dais van Triere avait rencontrée en hiver sur le mont Sinaï, et qui l'été « faisoit son nyd en Flandres sur un hostel » à Bruges.

En revanche, il publia les *Advineaux amoureux*, ouvrage composé de demandes énigmatiques avec réponses, pour être faites en société et servir d'amusement.

On se plaît à enregistrer ici les bienfaits que la typographie amena avec elle dès son apparition en Belgique : les améliorations artistiques, industrielles et sociales. En premier lieu, il faut placer la librairie, encouragée par nos souverains, les nobles et les corporations religieuses; on

(¹) C. Carton, p. 351-372.
(²) Van Praet, *Notice sur Colard Mansion*, p. 33.

lui doit la formation de nouvelles bibliothèques et l'extension des anciennes, jusqu'alors composées de manuscrits (¹).

Les libraires belges du XVIᵉ siècle étendirent rapidement leur commerce ; ils correspondaient avec toutes les contrées du monde, et leurs livres trouvaient des débouchés en Allemagne, en Espagne, en Portugal, en Pologne, même en France et en Russie. Les Indes et d'autres contrées lointaines recevaient presque exclusivement de nos mains leurs livres religieux.

La librairie belge fournissait amplement aux foires importantes de l'étranger, et particulièrement à celles de Leipzig (²). Cette industrie fut alors une des plus importantes du pays.

A l'imprimerie se rattachent aussi la fabrication du papier, qui eut de vastes dépôts, les ateliers de graveurs, de fondeurs en caractères et de relieurs, qui furent considérables et produisirent des artisans et de vrais artistes; enfin, les arts plastiques eux-mêmes, qui concouraient à l'illustration des livres. Cette heureuse alliance engendra une nouvelle école d'artistes dessinateurs et graveurs qui embellirent nos livres et, en honorant leur patrie, s'honorèrent eux-mêmes. L'histoire, la numismatique, la géographie, la botanique et d'autres sciences reçurent ainsi un complément indispensable à l'intelligence de leurs textes. Les livres s'enrichirent d'une grande diversité d'ornements, de cadres emblématiques, d'ingénieux frontispices, dont la forme prenait le cachet national. Ce fut mieux encore lorsque, aux

---

(¹) Vincent, *Bulletin du Bibliophile belge*, t. VIII, 2, p. 226.

(²) Voici le relevé du nombre d'ouvrages que la Belgique envoya aux foires de Francfort et de Leipzig pendant la dernière moitié du XVIᵉ siècle :

Anvers exposa	1,071 ouvrages.
Louvain —	150 —
Liége —	63 —
Bruges —	11 —
Bruxelles —	8 —
Gand —	4 —
Total. . .	1,307 ouvrages.

caractères d'impression, vinrent se joindre les types mobiles de la musique, qui firent leur apparition dans un livre imprimé en 1542, à Anvers, par Guillaume Vissenaken. Cette nouvelle branche de l'art fut bientôt exercée par une dizaine d'imprimeurs belges, tels que Hubert Waelrant, Jean Delaet, Tilman et Jacques Susato, Christophe Plantin, Jacques Batins, Servais Sassenus, Pierre Phalesius, qui répandirent la typographie musicale dans tout le pays (¹).

Ainsi, pas un des nouveaux moyens de propagande scientifique et littéraire n'était négligé pour donner au pays une grande impulsion intellectuelle.

(¹) Vincent, p. 226-228.

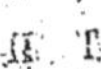

CHAPITRE XVI.

ÉRASME ET LUTHER.

L'imprimerie nous ramène à Érasme. Le philosophe avait appris à la connaître en contractant une étroite amitié avec Gérard Leeu, imprimeur célèbre de Gouda et d'Anvers, qui avait conçu pour lui l'affection la plus vive, à cause de la franchise de son caractère et de sa gaieté caustique et inépuisable (¹).

C'est en 1519 qu'Érasme avait atteint l'apogée de sa gloire. Trois jeunes rois, les plus grands de l'Europe, montés sur le trône à peu près à la même époque, François Ier, Charles-Quint, Henri VIII, se disputaient à qui l'aurait pour sujet volontaire. Les papes lui écrivaient pour lui mander leur avènement et lui offrir l'hospitalité publique à Rome. Les petites royautés, à l'exemple et à l'envi des grandes, les provinces et les villes, à l'instar des royaumes, le conviaient à venir dans leur sein, jouir d'un repos glorieux. Tout le monde le flattait, même Luther.

Qu'on se figure, dans sa jolie maison de Bâle, où il s'est retiré depuis 1521 et où la mort vint l'atteindre le 15 juillet 1536, ce bel esprit *français* du xviiie siècle, portant le capuchon monastique du xvie?

Sous un moine batave, un bel esprit français,

dit Reiffenberg; ce petit homme blond, avec son visage fin et lumineux, son front pensif, ses yeux bleu clair, à demi fermés,

---

(¹) Van der Meersch, *le Bibliophile belge*, t. III, p. 455 et suiv.; t. IV, p. 249 et suiv.

ses lèvres armées du génie ironique de Socrate ; qui savait allier les grâces d'Aristophane à la grandeur de Platon ; à qui les peuples et les rois brûlaient de l'encens, tressaient des couronnes (¹) ; qui, malgré la timidité de son caractère, avait fait chanceler Luther lui-même, et qui l'aurait renversé, si Luther avait pu l'être. Sa santé était de verre, il avait des vapeurs comme une femme, et frissonnait au moindre souffle (²). Dans sa jeunesse, le mot de mort lui donnait un tremblement convulsif (³). Les moines et les théologiens lui en voulaient plus encore qu'à Luther, apparemment parce qu'il était à la fois lettré et docteur. Les universités, foyers de toutes ces haines, où se perpétuait l'ignorance bavarde et intolérante des thomistes et des scottistes, poursuivaient ce grand homme de leurs bulles et de leurs cris. Les ordres de tous les noms, franciscains, dominicains, prêcheurs, mendiants, lâchaient contre lui tous leurs prédicateurs. Les chaires retentissaient de bouffonneries haineuses, auxquelles le peuple applaudissait, et presque chaque sermon se terminait par une scène où on lacérait un de ses livres, à défaut de l'auteur. La Belgique tout entière était soulevée par les harangueurs de Louvain, de Tournai, de Bruges, d'Anvers. C'était tantôt un dominicain, tantôt un frère mineur, qui déclamait pendant plusieurs heures contre les deux ennemis de l'Église, Érasme et Luther, les appelant tour à tour bêtes, ânes, grues, souches, et surtout hérétiques (⁴).

Comment ne se seraient-ils pas échauffés contre un prêtre qui voulait, des enfants parvenus à l'âge de raison, la ratification des engagements du baptême (⁵) ; qui conseillait au

---

(¹) RANKE, t. I, p. 265. — NISARD, *Éloge de la folie*, p. 40. — *Revue britannique*, 1836, t. I, p. 119 et suiv.

(²) *Beati Rhenani epistola dedicatoria Carolo V, Imperatori*, en tête de l'édition de Bâle, 1540.

(³) ÉRASME, *B. Rhenano*, lettre 357.

(⁴) NISARD, *Éloge de la folie*, p. 69 et 70. — Cf. DE BURIGNY, II, 107.

(⁵) DE BURIGNY, t. I, p. 342 et 343.

pape d'accorder le calice aux laïques et le mariage aux prêtres[1]; qui critiquait le jeûne, les indulgences, les jours de fêtes, le culte des images, les vœux monastiques et la confession auriculaire[2]; qui se prononçait pour la dissolubilité du mariage [3]; qui se moquait de l'immaculée conception de la Vierge [4]; qui, plaidant la cause de l'arianisme, avait émis des doutes sur la divinité du Christ et sur la très sainte Trinité [5] et qui avait nié l'éternité des peines [6] ?

Érasme s'était surtout attiré le reproche de luthéranisme pour avoir attaqué les abus de la confession auriculaire. Il se défendit en soutenant qu'il y avait de grands théologiens qui ne faisaient pas difficulté d'affirmer que Luther n'avait rien enseigné qu'on ne pût soutenir par l'autorité des docteurs éprouvés [7].

« Dans mon petit livre de la manière de se confesser, dit-il, je ne détruis pas l'usage de la confession, mais je tâche de la rendre utile. Je ne pouvais exécuter ce dessein qu'en rapportant des inconvénients que je n'attribue pas à la confession même, mais aux défauts des confesseurs. Cependant, quoique le monde soit plein aujourd'hui des infamies commises à l'ombre du confessionnal, on s'irrite contre moi, parce que j'en ai touché quelques-unes avec beaucoup de modération, et l'on ne considère point que, pour ne pas blesser la prudence chrétienne, j'ai supprimé un grand nombre d'exemples dont le seul récit pourrait souiller l'esprit des lecteurs. Mais ce n'est point par amour pour la piété que les moines insistent si fort sur la nécessité de la confession; c'est parce que, sous ce prétexte, ils moissonnent les richesses et règnent dans les familles, après en avoir

---

[1] De Burigny, t. I, p. 401, 484 et 485.
[2] Id., t. I, p. 468, 482-488, 503; t. II, 514, 515, 518 et 519.
[3] Id., t. II, p. 521.
[4] Walch, *Luther's sammtliche Werke*, t. XVIII, p. 2522.
[5] De Burigny, t. I, p. 460-461 et 503. — Walch, *ibid.*, p. 2189.
[6] *Erasmi Enchiridion militis christiani*, can. 20. — Cf. De Burigny, t. II, 539.
[7] Il écrivit ceci en 1520. Voy. liv. XV, lettre 18.

découvert les secrets, et qu'ils se trouvent auprès des mourants et leur arrachent des testaments lucratifs [1]. »

Un des controversistes les plus célèbres du XVIe siècle, Josse Clichthove de Nieuport [2], publia, en 1519, un écrit intitulé *Propugnaculum fidei*, où il reprochait à Érasme de rejeter la loi canonique qui imposait au clergé la continence. Érasme lui fit une courte et prompte réponse, où il soutint que l'Église pouvait permettre le mariage à ceux des ecclésiastiques auxquels il n'était pas possible de vivre dans le célibat [3].

Josse Clichthove reprochait aussi à Pierre Lombard, l'un des pères de la scolastique, d'avoir altéré les sources de la philosophie divine en y faisant couler « les ruisseaux bourbeux » de ses *Questions*, et il commenta la plupart des écrits philosophiques du fameux Jacques Lefèvre d'Estaples [4], qui eut le privilège de préparer la Réforme par ses travaux sur l'Écriture sainte.

Clichthove partageait l'opinion de Lefèvre sur la grave question de la foi et des œuvres, si violemment soulevée par Luther. Lefèvre cherchait partout à réunir Paul et Jacques et à montrer qu'il n'y a aucune contradiction entre eux :

« Il y avait autrefois deux partis, dit-il, dont l'un se fiait aux œuvres, l'autre à la foi sans les œuvres; l'apôtre Jacques réfute celui-ci, Paul celui-là. Et toi, si tu as la sagesse de

---

[1] Beausobre, *Histoire de la Réformation*, t. II, p. 142-144.

[2] Né vers 1466, il commença très jeune à professer la philosophie à Paris. Après y avoir réussi dans le collège du cardinal Le Moine et dans celui de Navarre, Clichthove se fit recevoir docteur en théologie (1506) et devint plus tard curé de l'église Saint-Jacques à Tournai et chanoine de Chartres, où il mourut vers 1543. Il publia de nombreux ouvrages sur la théologie, la philosophie et certaines branches de mathématiques.

[3] Voy. *Erasmi Opera*, t. IX, f. 811 et *ibid.*, 105. — Bayle, t. II, f. 377.

[4] Petit port de mer dans le département du Pas-de-Calais. Cet écrivain fut célébré à l'envi par les humanistes comme le restaurateur de la philosophie, le promoteur de la renaissance des lettres et des sciences au sein de l'université de Paris. — Herminjard, *Correspondance des réformateurs dans les pays de la langue française*, Genève, 1866-72, t. I, p. 3, 4 et 20. — Graf, *Essai sur la vie et les écrits de Jacques Lefèvre d'Étaples*, p. 10 et suiv. Strasbourg, 1842.

l'esprit, n'aie confiance ni dans la foi, ni dans les œuvres, mais en Dieu; cherche d'abord à obtenir le salut de Dieu par la foi, d'après Paul, et ajoute les œuvres à la foi, d'après Jacques, car elles sont le signe d'une foi vivante et féconde [1]. »

Et cependant Clichthove fut un des premiers qui combattirent Luther. Si la critique et la science des langues ne lui avaient manqué, il aurait été mis au rang des meilleurs controversistes. On peut lire encore ses ouvrages avec fruit. Érasme, qu'il avait attaqué, les appelle une source abondante de bonnes choses [2].

Comme lui, Clichthove signalait sans ménagement, dans ses sermons, les vices les plus honteux des moines, et les flagellait avec une sévérité extrême. En 1515, il écrivit à Jean Gozthon de Zelesthe, évêque et comte de Pannonie : « Votre Paternité, enflammée de l'amour de la maison de Dieu, a dès longtemps déploré que la plus profonde ignorance se soit introduite dans l'Église de Dieu, et que ceux qui sont employés à servir l'autel et à chanter les louanges divines soient tombés dans une telle ineptie, qu'il ne s'en trouve qu'un bien petit nombre qui comprennent exactement et complètement ce qu'ils lisent et ce qu'ils chantent [3]. »

L'affaire capitale de la Réforme, la question des indulgences, occupa aussi Érasme.

Les indulgences n'étaient, au commencement, qu'une simple modération de la pénitence imposée par l'Église à ceux qui l'avaient scandalisée de leurs crimes. Ces grâces s'accordaient à la recommandation des saints pour lesquels on avait une vénération particulière. Mais l'usage en fut bientôt corrompu, et la discipline ecclésiastique entièrement altérée.

Au xvie siècle, on colportait les indulgences papales de province en province, comme une denrée; on les endossait

[1] *Apud* GRAF, p. 66 et 67.
[2] *Biographie universelle*, article CLICHTHOVE.
[3] *Apud* HERMINJARD, p. 21.

au peuple par artifices et par impostures. Il est vrai qu'on parlait encore de repentir, de pénitence ; mais, dans le fond, et même pour le pardon des plus grands crimes, on n'exigeait que de l'argent, ou tout au plus quelques pratiques extérieures, dont même il était permis de se racheter. Érasme, dans sa préface sur la première Épître aux Corinthiens, nous apprend que la rémission des péchés du purgatoire se vendait publiquement et qu'on forçait de l'acheter ceux-là mêmes qui n'en voulaient pas ([1]). Est-il étonnant, après cela, que les théologiens de Louvain l'aient traité de porte-étendard de la faction luthérienne, de libre-penseur qui faisait le même cas de l'habit d'un moine que du manteau d'un coquin ([2]) ; qui aurait donné toute la scolastique pour un seul livre de Cicéron ([3]) et qui eut de la peine à ne pas dire : « Saint Socrate, priez pour moi ([4]) ? » Est-il étonnant que ces théologiens l'aient poursuivi jusque dans la tombe ?

Quand Luther poussa son premier cri de guerre (1517), les écrits d'Érasme avaient déjà gagné aux idées de la Réforme tous les hommes instruits et tous les prêtres éclairés de l'Europe. Aussi, tandis qu'on lui vouait une haine à mort, il pouvait compter sur l'appui de ce qu'il y avait de plus éminent dans le monde littéraire : c'était Guillaume Budé, qui, par son commentaire de la langue grecque, fraya les voies à Henri Estienne ; qui, par sa revision des Pandectes, éclaircit la législation des anciens ; qui, par son savant traité de l'As, porta, le premier, le flambeau de la critique dans les ténèbres de l'archéologie ([5]) ; c'était Thomas Morus, le plus parfait modèle de la haute magistrature, un des esprits les plus distingués de la Renaissance, un des créateurs de l'éloquence politique. C'était Gabriel Mudée, le grand jurisconsulte dont j'ai déjà

([1]) Beausobre, p. 11 et 12.
([2]) De Burigny, t. I, p. 518.
([3]) Id., t. II, p. 539.
([4]) Id., t. II, p. 540.
([5]) Cf. Nisard, p. 63.

parlé plus haut ; c'était Martin Van Dorpe, qui unissait avec tant
de succès l'étude de l'antiquité classique à celle de l'Écriture
sainte ; qui, à la manière d'Érasme, décocha plus d'une flèche
aux abbés et aux moines ; qui, dans ses discours académiques,
invoquait Jupiter et tous les autres dieux, à la manière du
cardinal Pierre Bembo, favori de Lucrèce Borgia, secrétaire
intime de Léon X, amant de la belle Morosina, historiographe de Venise, restaurateur de la belle latinité ; c'était
Jean Louis Vivès, tête encyclopédique, formée à l'école de
Cicéron et de Sénèque ([1]) ; c'était Wilibald Pirkheimer,
homme de guerre et philologue, patricien et jurisconsulte,
qui, par son activité, son intelligence et ses livres, exerça sur
toute l'Europe une influence pratique aussi considérable que
l'influence littéraire d'Érasme ([2]) ; c'était un des hommes les
plus étonnants et les plus étranges du xvie siècle, le fameux
Paracelse, sophiste, charlatan, théosophe. Il avait voyagé
en Bohême et à Constantinople pour s'initier aux mystères
de l'Orient et observer les merveilles de la nature. Il se
vantait d'avoir parcouru l'Espagne, le Portugal, la Prusse,
la Pologne et la Transylvanie et de s'y être mis en rapport
avec les médecins, les vieilles femmes, les bateleurs et les
magiciens. Il assurait n'avoir pas ouvert un livre dans
l'espace de dix ans. Il passait les nuits dans les cabarets,
portait toujours un habit et une culotte écarlates, des bas
rouges et un chapeau rouge. Il prétendait qu'il voulait
créer de petits hommes, qu'il était sur le pied le plus
familier avec les esprits invisibles des éléments ; que les
cordons de ses souliers en savaient plus qu'Avicenne et
Galien, et que toutes les universités, tous les écrivains du
monde étaient moins instruits que les poils de sa barbe ([3]) ;
c'était la sœur de François Ier, Marguerite d'Angoulême,
esprit rêveur et pratique à la fois ; mêlée à toutes les grandes

([1]) NISARD, *Éloge de la folie,* p. 65.
([2]) HAGEN, t. I, p. 476.
([3]) Voir le bel article PARACELSE dans la *Biographie universelle de Michaud.*

affaires de son temps et cultivant la poésie; savante et légère; mélancolique et rieuse; platonique et rabelaisienne; caractère multiple, résumant tous les contrastes de son époque, mais applaudissant aux réformateurs et disant de Dieu [1] :

> ... Par eux, veult que la loi confirmée
> Soit, et aussi l'Église réformée.

Enfin, c'étaient tous les partisans des idées nouvelles en Allemagne : le doux et modeste Mélanchthon, le fougueux Karlstadt, l'enthousiaste et profond Reuchlin, OEcolampade, d'une éloquence à séduire les élus mêmes [2], le chevalier de Hutten, un des principaux rédacteurs des fameuses *Lettres des hommes noirs*, qui portèrent son nom aux extrémités de l'Europe et eurent un immense retentissement en Belgique (1516 et 1517).

De tous ces écrivains, belges et bataves, célèbres dans la Renaissance et dans la Réforme, aucun n'a égalé Érasme, aucun n'a rendu à la civilisation d'aussi éclatants services.

Beaucoup de circonstances concoururent à éloigner Érasme de la réformation, après qu'elle fut entrée dans une voie plus ardente. Attaché aux principes qu'il avait puisés à Deventer, il n'approuva jamais les opinions dogmatiques de Luther. Il avait surtout été offensé de ses théories sur le serf-arbitre de l'homme, sur la peccabilité absolue de sa nature, sur la réhabilitation par la grâce seule. Il ne renia jamais les convictions qu'il avait manifestées dès le principe; il y resta fidèle, au contraire, jusque sous les glaces de l'âge. Mais cette position de neutralité qu'il avait voulu toujours garder entre les deux opinions extrêmes finit par lui aliéner l'une comme l'autre [3]. Son livre sur le libre arbitre, qui parut dans l'été de 1524, le brouilla tout à fait avec Luther, bien que,

---

[1] TAXILE DELORD, *Revue nationale et étrangère*, t. II, p. 541 et 542.
[2] Expression d'Erasme.
[3] HAGEN, t. II, p. 65-67.

dans cet ouvrage, il se fût placé sur un terrain plus large, et qu'il eût suivi une marche beaucoup plus libérale que les sectaires de la Réforme. Les petites Églises luthériennes qui venaient de se constituer et qui étaient fort intolérantes en matière de foi, mais bien humbles sous le joug des princes, augmentèrent de jour en jour les antipathies d'Érasme pour Luther et ses partisans. Il était trop indépendant et trop habile pour voir dans leurs doctrines le salut du présent et de l'avenir; il avait rêvé une tout autre réforme : le développement pacifique du christianisme par un progrès correspondant des sciences et des lettres. Qu'importait à lui, libre-penseur, que les anciens dogmes fussent remplacés par d'autres? Ne pouvant entrer dans aucune des Églises nouvelles, il préféra rester dans l'ancienne, malgré la réaction à laquelle elle se laissait entraîner.

« Je ne suis jamais, disait-il, entré dans leurs églises (des évangéliques), mais je les ai souvent vus revenir de leurs sermons : il semblait que le démon se fût emparé d'eux; la colère et la fureur étaient peintes sur leurs visages. Ils ont aboli les jeûnes; mais ils donnent dans la crapule... Ils ont rejeté les cérémonies sans que la religion y ait gagné. Les chefs de ce parti, qui sont encore bien loin d'avoir les richesses et la considération des évêques, ont tant d'orgueil que, si on ne me laissait d'autre choix, j'aimerais encore mieux dépendre des évêques que d'eux. Le gouvernement de l'empereur est plus doux que celui de quelques-uns de ces magistrats évangéliques...

« Si les vices chrétiens vous scandalisent, faites-nous voir que votre Église est sans tache et sans ride, et nous y entrerons [1]. »

Il parle aussi ouvertement des orthodoxes : « Il était permis autrefois d'agiter diverses questions sur le pouvoir du pape et sur les indulgences ; présentement, il y a du

____

[1] DE BURIGNY, t. II, p. 311-314.

danger à hésiter sur des choses qui ne sont ni vraies ni
pieuses. Autrefois, on ne chagrinait pas beaucoup ceux qui
mangeaient de la viande les jours maigres, pourvu que ce fût
en particulier; maintenant, quiconque mange un œuf dans le
carême, même par raison de santé, est mis en prison comme
hérétique, et court risque de la vie. On pouvait autrefois
se moquer impunément des moines et des théologiens; on les
a présentement rendus si puissants qu'il est dangereux de
dire la moindre chose contre eux (¹). »

Que l'on se garde cependant de croire qu'Érasme eût
renié ses idées d'autrefois. Il est vrai qu'il vécut et mourut
dans le catholicisme; mais cela ne l'empêcha pas de penser
et d'écrire tout ce qu'il voulait, et toujours dans le même
esprit. Voilà pourquoi il fut attaqué avec une égale fureur
par les moines et par les réformateurs; des deux côtés, on
lui reprochait de mépriser toute espèce de religion, et
particulièrement le christianisme (²).

Ce qu'il y a de certain, c'est qu'en fait de doctrines philosophiques, Érasme avait de beaucoup dépassé la réformation. Toutefois, s'il se montrait sévère à l'égard des évangéliques, il ne ménageait pas les reproches à leurs adversaires.
Il craignait que Luther une fois anéanti, le monde ne fût
envahi par un nouveau pharisaïsme. Le triomphe exclusif de
l'un ou l'autre système religieux lui paraissait un danger
pour le véritable christianisme. Il aurait désiré qu'un prince
supérieur, dominant les deux partis, eût pu les ramener à
l'unité. Mais pour atteindre un but pareil, il aurait dû
nécessairement se charger du rôle que Luther avait joué dans
l'origine, faire un énergique appel à tous les principes de
liberté, s'appuyer sur les masses, exiger de haute lutte la des-

---

(¹) De Burigny, t. II, p. 314 et 315.
(²) De Wette, *Luther's Briefe*, etc., t. III, p. 427 et 461. — Walch, t. XVIII,
p. 2509, 2515 et 2516. — *Corpus reformatorum*, t. I, p. 1083. — Sur les derniers
moments d'Erasme, voy. *Annuaire de l'Université de Louvain*, 1852, p. 251-256;
1853, p. 245-261.

truction des abus et le rétablissement de l'Église universelle
sur les bases les plus larges de l'Évangile illuminé des splendeurs de la Renaissance. Sa nature s'opposait à ce qu'il prît
une position si décisive; ses idées étaient bien avancées,
mais, pour en assurer le succès, il n'aurait voulu blesser personne, et moins que tout autre les puissances de la terre.
Aussi, il ne se donna jamais cette mission et se tint dans une
œuvre de juste milieu, qui répondait mieux à son caractère
et à ses idées d'équilibre (¹).

Il y avait longtemps que le parti catholique sollicitait le
philosophe de se prononcer. Tous ceux qui avaient écrit
contre Luther l'avaient fait avec peu de succès. On ne voyait
plus qu'Érasme qui pût sauver l'Église romaine. Adrien VI,
son ami et son compatriote, l'avait interpellé directement
par deux lettres consécutives (²).

Il avait toujours fait très peu de cas de Luther et de sa
science; lorsqu'il était encore cardinal, il les avait traités
avec un dédain suprême dans une lettre adressée aux théologiens de Louvain; il pensait que l'abolition des abus de
l'Église suffirait pour faire rentrer Luther dans le néant (³).
Maintenant, il en appelait à Érasme. Son silence dans une
querelle qui intéressait l'Église le rendait suspect d'hérésie,
disait-il, et il le conjurait de dissiper ce soupçon. Il ajoutait
mille louanges pour le gagner, l'appelant l'unique et la dernière espérance de l'Église, qui n'attendait plus que de lui
son salut. Il l'invitait à venir à Rome, d'où il lancerait avec
plus d'autorité ses apologies catholiques, du pied de la chaire
de Saint-Pierre. Le cardinal Campèze se joignit au pape. De
toutes parts, on écrivait à Érasme qu'il devait se hâter de
courir au secours de la nacelle du Christ, presque submergée
sous les flots de l'hérésie (⁴).

(¹) HAGEN, t. III, p. 247-258. — C. JORTIN, t. I, p. 274-277.
(²) La première lettre est du mois de décembre 1522; la seconde, du 23 janvier 1523.
(³) BURMANNUS, *Analecta*, p. 447. — GERDESIUS, *Historia evangelii renovati*, t. I,
p. 170.
(⁴) BEAUSOBRE, t. III, p. 129. — NISARD, *Éloge de la folie*.

A toutes les sollicitations, Érasme répondait par des défaites, s'excusant sur son âge et sur la prévention des savants aussi bien que du peuple en faveur de Luther. Il craignait de déchaîner sur sa tête un adversaire « qui n'était ni sans dents ni sans poignets, et qui avait du foin dans sa corne ». Le vrai est qu'il connaissait parfaitement les abus et qu'il ne pouvait se résoudre à les autoriser ni à les défendre, en écrivant contre un homme qui travaillait à les corriger. Il déclina donc comme inutile et dangereuse la mission dont Adrien VI voulait le charger, en protestant contre toute espèce de solidarité avec Luther, mais aussi en blâmant la marché suivie contre le réformateur par ses antagonistes, en condamnant les moyens employés contre les protestants : la prison, la torture, les confiscations, l'exil, la mort [1].

Cette abstention qu'Érasme voulait garder lui causa un vrai supplice. Attaqué des deux côtés, il y perdait le repos et la gloire : on parlait de son impuissance et de sa peur, et la position devenait insupportable. Excité par le roi d'Angleterre, irrité par la hauteur méprisante de Luther [2], il résolut d'en sortir en attaquant le point faible de la théologie luthérienne, et il publia, non sans crainte [3], un traité sur le libre arbitre contre l'augustinisme de Luther, critiqué, du reste, par beaucoup de protestants de l'époque [4] comme destructif de toute raison, de tout droit et de tout mérite.

Luther, qui eût été bien aise de n'avoir rien à démêler avec un savant de cette réputation, essaya de le détourner d'une entreprise qui les allait commettre l'un avec l'autre. Il lui écrivit pour le prier de garder le silence, mais il le fit en homme qui, ayant beaucoup d'estime pour son adversaire, ne se défiait ni de ses forces, ni de sa cause. Il lui reprochait,

<hr>

[1] BURMANNUS, p. 493 et suiv. — DANZ, *Analecta critica de Hadriano VI*, Jena, 1813, p. 9. — BEAUSOBRE, p. 130.

[2] *Erasmi Opera*, t. III, 1, f. 771 et 1056. — DE WETTE, t. II, p. 498. — NISARD, p. 102.

[3] *Ibid.*, t. III, 1, f. 773, 816 et 819.

[4] *Ibid.*, t. IX, f. 1215 et suiv.

en termes assez polis, d'avoir tâché de regagner l'affection des moines en glissant dans ses livres et dans ses lettres des choses injurieuses pour sa personne et pour ses doctrines. Il ajoutait qu'il n'avait pas voulu les relever, de peur d'en venir à une guerre ouverte avec lui, et il le priait de demeurer neutre. Puisque Dieu ne lui avait pas donné assez de courage pour s'opposer aux superstitions, il ne devait pas, au moins, prendre en mains leur défense. Lui, qui parlait toujours de modération, n'en avait guère montré dans son apologie contre Hutten ; ce qu'il nommait prudence et modestie pourrait bien être dissimulation ou timidité. S'il l'avait épargné jusqu'alors, c'était parce qu'il ne voulait combattre que des adversaires opiniâtres et mal intentionnés ; cependant, si le philosophe se joignait à tant d'autres adversaires de la Réforme, la bonne cause n'en serait pas plus menacée [1].

Cette lettre était quelque peu mortifiante pour un homme que tous les savants de l'Europe regardaient comme leur maître. Érasme y répondit [2]. Après s'être justifié des reproches de dissimulation et de timidité, il se vantait d'avoir plus contribué au progrès de l'Évangile que ceux qui se glorifiaient d'en avoir été les apôtres. Il insinuait le dessein qu'il avait d'écrire contre Luther et avançait qu'en écrivant contre lui, il rendrait peut-être un plus grand service à sa cause que tant de mauvais auteurs qui avaient écrit pour sa défense, et dont les ouvrages faisaient tant souffrir les esprits équitables qu'ils ne pouvaient rester simples spectateurs de la tragédie [3].

La dissertation d'Érasme parut. Il ne la dédia à personne, pour ôter, disait-il, aux luthériens le prétexte de dire qu'il avait été gagné pour la publier. Cet écrit porte les caractères d'un esprit flottant, qui marche entre deux écueils, ménage également les amis et les ennemis, et semble craindre de

---

[1] BEAUSOBRE, p. 130 et 131.

[2] La réponse d'Érasme est datée de Bâle, 5 mai 1524. On la trouve dans les archives de Saxe, dans la bibliothèque d'Iéna et ailleurs.

[3] BEAUSOBRE, p. 131 et 132.

trahir autant la vérité en combattant l'un des partis qu'en défendant l'autre. Érasme lui-même ne se sentait pas à l'aise dans la diatribe (¹). Il adressa à Mélanchthon une longue lettre (²), où il vantait la modération qu'il avait gardée dans son ouvrage et insistait sur la nécessité dans laquelle il s'était trouvé d'écrire contre Luther ou de passer pour hérétique et de s'attirer les colères de la cour de Rome (³).

Dans sa dissertation (⁴), Érasme traitait une question qui, depuis la dispute de Leipzig, avait été souvent agitée entre les catholiques et les protestants. Il reconnaissait que l'intelligence de l'homme est impuissante à établir exactement les rapports de la grâce et de la liberté; il pensait que le meilleur parti à prendre, c'était de partir de cette vérité pratique que nous avons à nous imputer à nous seuls le mal et qu'à Dieu revient le bien. Il passe en revue trois manières de voir en ce qui concerne le libre arbitre et il se prononce pour celle qui attribue le plus au libre arbitre en le laissant subsister comme une faculté capable de suivre la grâce ou d'y résister. De ce point de vue, qui fut adopté en 1548 par Mélanchthon et son école, Érasme fut conduit à attaquer les paradoxes de Wiclef, renouvelés par Luther, sur la nécessité pure et simple de tout ce qui arrive. Le philosophe les signala comme contraires à l'Écriture sainte et comme dangereux pour le peuple. Érasme avait dit qu'il avait une telle répugnance pour tout ce qui était dispute et agression, qu'il n'aimait pas même la vérité présentée sous cette forme; et cependant voilà qu'il se lançait contre Luther dans la plus orageuse des discussions. Luther avait fait de l'homme l'esclave de Dieu. Érasme lui répond : « Si Dieu a fait le mal,

---

(¹) « Se dum diatriben scriberet in sua arena non esse versatum. » *Epist. ad Joan. Roffens, episc.*, lib. XVIII.

(²) *Epist. ad Melancht*, t. XIX, édition de Bâle.

(³) BEAUSOBRE, p. 132 et 133.

(⁴) *De libero arbitrio* Διάτριβη, *sive Collatio Desiderii Erasmi. Roterod. Primum legito, deinde judicato. Basileœ, apud Joannem Frobenium. Anno MDXXIIII. Mense septembri*, et dans ses œuvres, t. IX, f. 1215 et suiv., éd. de Leyde.

Dieu est méchant. » Au lieu de répondre directement, Luther bondit, tonne et s'abîme dans son fatalisme au point d'admettre que Judas devait de toute nécessité trahir le Christ (¹). C'est ce qu'il osa soutenir dans le livre du serf-arbitre, publié au mois de décembre 1525, en réponse à celui d'Érasme sur le libre arbitre. Puis, se laissant aller à toute sa fougue, il s'évertuait à prouver que « l'homme est le serf de sa passion ; qu'en tout temps, sous tous les drapeaux et pour toutes les causes, il aime la liberté pour lui et la hait dans les autres ; que la liberté victorieuse devient bientôt le despotisme ; que si lui, Luther, ne rallumait pas le bûcher de Jean Hus pour y brûler Érasme, c'était qu'il n'avait pas sous ses ordres l'armée de bourreaux de Henri VIII, le grand admirateur du traité du libre arbitre ».

Quant au fond même de la question, il entassait de la contre-érudition théologique en réponse à l'érudition d'Érasme ; il tourmentait les textes et détournait les autorités, avec grand accompagnement d'invectives (²).

La conception du serf-arbitre amena Luther à soutenir que les païens, avec leur destin, possédaient une idée plus vraie et plus juste que les théologiens chrétiens avec leur prétendu libre arbitre. Le diable ne pouvait pas manquer d'intervenir ici : « La volonté de l'homme, dit Luther, est un coursier qui chevauche le démon, jusqu'à ce que Dieu, étant le plus fort, désarçonne ce chevalier. » Quoique le démon soit considéré par lui comme l'instrument avec lequel Dieu pousse la volonté de l'homme au mal, il ne prétendait cependant pas que Dieu inspire à l'homme des desseins particulièrement dirigés vers le mal.

Il croyait que Dieu, ayant besoin, dans l'économie générale de l'univers, du mal comme du bien, du péché comme de la vertu, se sert, lorsqu'il veut le péché ou le mal, soit du

(¹) *Revue britannique*, 1836, t. I, p. 132 et 133, *Érasme et son époque*. J'ai mis à profit ailleurs encore cette belle étude.

(²) Nisard, p. 98 et 99.

démon, soit d'un homme. Cet homme, qui déjà de sa nature ne peut rien que pécher, est alors poussé par Dieu ou par l'intermédiaire du diable à accomplir telle ou telle action déterminée. Mais que cette action soit justement un mal ou un péché, cela dépend de l'homme, qui, n'étant point touché de la grâce, ne peut que pécher; car ce qui importe, ce n'est pas la nature de l'œuvre, c'est la nature de la volonté.

Dans le feu de la discussion, Luther avait été jusqu'à affirmer sans réserve l'impuissance de la volonté pour le bien : l'homme ne peut faire que le mal. Donne-t-il à manger à qui a faim, il fait le mal; — à boire à qui a soif, le mal; — un vêtement à qui souffre du froid, toujours le mal. Mais alors, disait Érasme, à qui la faute? A Dieu, sans doute. Cela est vrai, répond Luther; la faute n'est pas à la volonté manifeste de Dieu, mais à sa volonté secrète, qu'il faut bien se garder de scruter. Et alors, il jette à son adversaire le passage de Moïse (I, 9) où Dieu endurcit le cœur de Pharaon. Érasme réplique que toute parole du Livre saint ne doit pas être prise à la lettre; autrement, l'apôtre ne serait qu'une pierre, et le Christ qu'une vigne. — Poison, riposte Luther, poison que tout sens figuré. — Mais, ajoute Érasme, saint Paul ne nous recommande-t-il pas de nous amender? — Oui, sans doute, saint Paul dit qu'il faut dépouiller le vieil homme; mais c'est un précepte désespéré qu'il énonce. L'apôtre, en le formulant, pensait : Faites-le, si vous le pouvez; mais vous ne le pourrez pas [1].

Depuis Kant, cette question n'est plus pour nous cet abîme sans fond qu'elle était pour les générations antérieures. Depuis que l'incomparable philosophe de Kœnigsberg l'a présentée sous un aspect tout à fait nouveau, en donnant aux vérités morales le fondement solide de la raison pratique, cette discussion abstraite n'a plus de raison d'être. L'homme sent qu'il est libre [2].

[1] DÖLLINGER, *La Réforme*, t. III, traduct. d'Unger.
[2] BERTHELOT, *Revue des Deux Mondes*, t. XVIII, 1863, p. 448.

Luther devait garder un long souvenir de cette querelle, et, même à son dernier jour, le nom de son redoutable adversaire se mêle, dans sa bouche, aux malédictions contre les blasphémateurs du Christ : « Érasme était un homme très léger, qui se riait de toutes les religions, comme Lucien, son modèle (¹). »

Il s'indignait surtout de l'apparente modération d'Érasme, qui, n'osant attaquer à sa base l'édifice du christianisme, semblait vouloir le détruire lentement, pierre par pierre. Ces détours n'allaient point à l'énergie de Luther : « Érasme, ce roi amphibole qui siège tranquille sur le trône de l'amphibologie, nous abuse par ses paroles ambiguës et bat des mains quand il nous voit enlacés dans ses insidieuses figures, comme une proie tombée dans ses rêts... Voyez-le s'avancer en rampant comme une vipère, pour tenter les âmes simples, comme le serpent qui sollicita Ève au doute et lui rendit suspects les préceptes de Dieu (²). »

Cette querelle causa à Luther, quoi qu'il en dise, tant de tourments, qu'il finit par refuser le combat et empêcha ses amis de répondre pour lui : « Quand je me bats contre de la boue, vainqueur ou vaincu, je suis toujours sali, dit-il (³). »

« Je ne voudrais pas, écrit-il à son fils Jean, au prix de 10,000 florins, me trouver devant Dieu dans la position périlleuse où sera Jérôme et encore moins dans celle d'Érasme.

« Si je reprends de la santé et de la force, je veux pleinement et librement confesser mon Dieu contre Érasme. Je ne veux pas vendre mon cher petit Jésus. »

Un jour de la Trinité, il dit : « Je vous prie, vous tous pour qui l'honneur du Christ et de l'Évangile est une chose sérieuse, de vouloir être ennemis d'Érasme. »

Une autre fois, il dit encore : « Je vous recommande, comme

(¹) MICHELET, t. II, p. 215, 216 et 340.
(²) ID., t. II, p. 216.
(³) ID., t. II, p. 216 et 217.

ma dernière volonté, d'être terrible pour ce serpent. Dès que je serai revenu à la santé, j'écrirai contre lui, avec l'aide de Dieu, et je le tuerai (¹). »

En 1534, il allait beaucoup plus loin : désespéré de n'avoir pu attacher à sa cause ce puissant génie, il accusa ouvertement Érasme d'athéisme (²).

Quoique Érasme fût vivement ému des violences de Luther (³), il l'était davantage encore de la perfidie de certains théologiens de Louvain, notamment de Lutomus et de Coppin, qui ne faisaient qu'exciter contre lui Egmont et d'autres fous : ils ne se doutaient guère qu'en agissant ainsi, ils ne faisaient que servir les haines de Luther (⁴). Il est vrai que Charles-Quint leur avait imposé silence; mais ils étaient plus forts que César et ne respectaient pas les ordres qu'il leur avait donnés de ménager un homme qui avait tout fait pour la renaissance des lettres et pour « le salut de la vraie religion (⁵) ».

Érasme était d'autant plus contrarié, que les moines d'Espagne lui faisaient une guerre plus terrible encore que ceux de Belgique; bravant à la fois l'empereur et deux puissants prélats, Alphonse Manriquez, archevêque de Séville, et Alphonse de Fonseca, archevêque de Tolède, ils disaient qu'ils préféraient Luther à Érasme, parce qu'ils aimaient mieux un ennemi déclaré qu'un ennemi couvert du masque de l'amitié (⁶).

Érasme soupçonna et publia que Melanchthon et autres partisans de Luther avaient collaboré à son *Cerf-Arbitre.* Mélanchthon s'en défendit dans des lettres à ses amis intimes. Quant à Luther, il considérait ce livre comme un de ceux

(¹) MICHELET, t. I, p. 217-218.
(²) WALCH, t. XVIII, p. 2304 et 2305. — SEEKENDORF, l. I, f. 77.
(³) *Erasmus Mercurino Gattinario,* 3° cal. maias 1526, apud HELFFERICH, *Zeitschrift für die histor. Theol.,* t. XXIX, p. 593.
(⁴) « Pro Luthero pugnat quisquis impugnat Erasmum. » HELFFERICH, p. 593.
(⁵) *Ibid.,* p. 593 et 594.
(⁶) *Ibid.,* p. 601 et 602.

qui méritaient le plus d'estime [1]. Des écrivains protestants très orthodoxes n'en jugent pas ainsi; ils y ont trouvé des expressions fort peu mesurées, des pensées fausses et plus propres à scandaliser qu'à édifier, des passages de l'Écriture mal appliqués, le choix des élus confondu avec la justification, la réprobation avec la damnation; enfin, tout leur semble outré dans cet ouvrage, où, à force de vouloir élever l'autorité de Dieu dans le gouvernement du monde et d'anéantir les forces de la volonté humaine pour saper l'Église catholique, Luther n'a pas pris garde qu'il faisait disparaître la justice et la miséricorde divines, etc. Mélanchthon s'en aperçut et commença à s'éloigner de la doctrine du maître pour rétablir les droits du libre arbitre.

Érasme, qui représentait cette école de libres-penseurs à laquelle la cour de Rome avait témoigné une tolérance unique dans ses annales, se montrait conséquent en défendant la cause de la liberté morale de l'homme; mais, au lieu de se laisser aller à des débats sans issue, il aurait eu mieux à faire en s'appliquant à inculquer aux masses ses idées de liberté et de tolérance, et en prenant une position plus énergique pour forcer la main à l'empereur en ce qui concernait l'Inquisition, qu'il avait sévèrement blâmée [2]. Il pouvait beaucoup, car la royauté qu'il exerçait sur son siècle lui donnait pour appuis tous les hommes éminents et véritablement libéraux de la Renaissance, de la Réforme et du catholicisme [3]. Au lieu de penser à ce grand rôle, il commit la faute de répondre encore (20 février 1526) à Luther par ses *Hyperaspistes diatribæ adversus servum arbitrium Mart. Lutheri* [4], où, à côté de quelques bonnes vérités contre l'intolérance des réformateurs, il compromit sa placidité habituelle par une

---

[1] « *Nullum agnosco meum justum librum nisi forte de Servo arbitrio.* » (Lettre de Luther à W. Capiton du 9 juillet 1537.)

[2] BUCHOLTZ, *Gesch. der Regiening Ferdinand I.* Wien, 1831, t. II, p. 363.

[3] NISARD, p. 128-132.

[4] T. X, f. 1249 et suiv. de ses œuvres.

polémique d'injures qui allait à Luther, qui y était passé maître, mais qui défigurait l'atticisme de verve et l'élégance de style d'Érasme. Qu'en pouvait-il recueillir? Pour certains catholiques, son traité du *Libre arbitre* venait trop tard; pour d'autres, il était trop modéré. Pour les moines, il était trop rationaliste. Quoi qu'il fît, Érasme était toujours pour ces irréconciliables ennemis le père de Luther. Il ne trouva de la reconnaissance pour avoir défendu la liberté humaine que chez quelques catholiques sincères et chez quelques esprits littéraires [1].

Luther, qui se sentait fortement atteint, dans les côtés faibles de sa dissertation, par l'argumentation incisive de son adversaire, lui adressa une lettre pour le calmer par des badinages et l'adoucir par des cajoleries. Il rejetait ses grossièretés et ses injures sur la véhémence de son esprit, dont il n'était pas le maître. Érasme lui répondit le 11 avril 1526, et dans cette réponse, on trouve à regretter, parmi quelques traits dignes et nobles, un déplorable effort pour n'être pas en reste d'injure. « Je te souhaiterais un meilleur esprit si tu n'étais pas si content du tien ! » etc., etc. [2].

L'année d'après (septembre 1527), Érasme publia une diatribe encore plus violente [3], dans laquelle il reprochait à son adversaire d'avoir torturé ses paroles ou de les avoir mal comprises. Tandis que Luther traitait le libre arbitre d'invention du diable, faite pour tromper les simples, le philosophe en revendiquait fièrement les droits. Il ne demandait pas, d'ailleurs, que l'on fût de son avis, comme le demandait Luther pour lui-même, mais que l'on se laissât instruire par l'Église [4].

Jusqu'après la mort d'Érasme, Luther récrimina encore

---

[1] *Revue britannique*, p. 133. — Nisard, p. 111-113.
[2] Nisard, p. 120-123.
[3] C'était la seconde partie de ses *Hyperaspistes*. Voy. *Opp.*, t. X, f. 1337 et suiv. Cf. Ep. dcccxcw, 10 sept. 1527.
[4] Chlebus, *Zeitschrift für die historische Theologie*, Gotha, t. XV, p. 72, 74 et 75.

contre lui ; on l'accusait d'avoir quitté cette vie en libre-penseur, comme on dirait aujourd'hui, c'est-à-dire sans prêtre et sans sacrement ([1]). Aussi le considérait-il comme le plus grand ennemi que le Christ eût jamais eu, comme un homme qui ne voyait dans la religion chrétienne qu'une farce uniquement inventée pour tenir le peuple en bride ([2]).

Malheureusement, des répressions violentes poussaient les esprits aux révolutions, et les hommes de révolution suivaient Luther. Érasme n'était pour eux qu'une trompette sans bannière. Il s'était d'ailleurs condamné lui-même en disant qu'il n'avait pas plus les hauts goûts du bourreau ([3]) que la grâce du martyre et que jamais il ne ferait pour la vérité le sacrifice de sa vie ([4]). Sans doute, les conseils qu'il donnait étaient empreints d'une haute sagesse ; mais les crises sociales veulent l'action et non pas de simples conseils, alors surtout que ces conseils sont, comme quelques-uns d'Érasme, trop timides ou même trop équivoques pour être mis en pratique. Ainsi, quand l'électeur Frédéric de Saxe le consulta sur la Réforme, il répondit par des figures ; quand le pape demanda son avis sur les moyens de rétablir la paix dans l'Église, il lui traça le plan d'un concile impossible ; quand la ville de Bâle l'invita à lui communiquer ses idées sur la liberté de la presse, il déclara que, les opinions étant partagées en Suisse sur un sujet aussi grave, il ne convenait pas à un étranger de se prononcer, mais qu'il dirait sa pensée quand il quitterait la ville ([5]).

Du reste, traité par Luther d'épicurien, de sceptique, de blasphémateur et d'athée, Érasme ne daigna pas relever ces épithètes. Toujours conséquent avec lui-même, il disait : « Je

---

([1]) LUTHER, *Colloquia oder Tischreden*, éd. Aurifaber, Frankf., 1567, f. 392.

([2]) CHLEBUS, p. 81.

([3]) « *Procul abest ab ingenio meo quidquid sapit carnificinam.* » HELFFERICH, t. XXIX, p. 610.

([4]) « *Vereor autem ne, si quid inciderit tumultus, Petrum sim imitaturus.* » *Apud* JORTIN, t. II, p. 395, et *ibid.*, t. I, p. 235.

([5]) MATTER, *Histoire de la philosophie.* Paris, 1854, p. 143-145.

voulais renverser la tyrannie des pharisiens et non la
remplacer par une autre. Servir pour servir, j'aime mieux
être l'esclave des pontifes et des évêques, quels qu'ils soient,
que de ces grossiers tyrans, plus intolérables que leurs
ennemis [1]. »

D'un autre côté, tout en rompant avec Luther, Érasme fut
loin de démentir les principes de tolérance qu'il avait toujours
professés et il continua de recommander à l'égard des protestants l'emploi de la persuasion, jamais de la contrainte [2].

Dans l'opinion générale de ses contemporains, Érasme était
plus haut placé que Luther. La postérité semble en avoir jugé
autrement. A-t-elle bien fait? C'est aux générations présentes
de le dire, c'est à elles de se prononcer entre Luther, condamnant le libre arbitre et remplaçant à beaucoup d'égards les
superstitions anciennes par des superstitions nouvelles, et
Érasme, revendiquant et défendant à la fois contre les catholiques et les protestants cette liberté de conscience que
Luther voulait confisquer au profit exclusif du protestantisme [3].

Luther, d'ailleurs, en était encore au catholicisme d'Alexandre VI et de Jules II, quand déjà Érasme avait fait la guerre
à toutes les superstitions de son siècle et même touché
à tous les points de croyance où les protestants devaient se
séparer de la mère Église. Suivant lui, la confession à Dieu
seul suffisait; le choix des mets et des vêtements, le jeûne, les
prières pour pénitence, les solennités publiques des jours de
fête, lui paraissaient du judaïsme. Il exaltait ces temps de la
primitive Église, où l'on se contentait d'un seul prêtre pour
célébrer la messe, au lieu de cette foule d'ecclésiastiques que
la religion d'abord et plus tard le lucre avaient tant multi-
pliés. Il ne voulait pas que le peuple baisât les sandales des

---

[1] NISARD, p. 106 et 107.

[2] HESS, t. II, p. 577. — VAN KAMPEN, *Beknopte geschiedenis*, t. I, p. 60. —
GIESELER, t. III, p. 184-187.

[3] NISARD, p. 73 et 74.

saints, et plus que personne il osa prendre la défense du divorce (¹).

C'est que, tout en restant dans le catholicisme, il n'en était pas moins un des esprits les plus libéraux de son siècle (²). Et comme il était un ami sincère et déclaré de la tolérance (³), il représentait beaucoup mieux que Luther et son parti le grand mouvement réformiste du xvi° siècle (⁴).

A coup sûr, personne plus que lui n'aurait pu dire avec Voltaire :

> J'ai fait plus, en mon temps, que Luther et Calvin.
> On les vit opposer, par une erreur fatale,
> Les abus aux abus, le scandale au scandale ;
> Parmi les factions ardents à se jeter,
> Ils condamnaient le pape et voulaient l'imiter...

Érasme ne prit aucune part à la lutte des scolastiques contre Reuchlin, mais il constata que l'incroyable acharnement des ennemis de Luther s'attaquant à cette école d'humanistes profita considérablement au parti du réformateur. Il se borna à recommander Reuchlin au pape et aux cardinaux, mais sans se déclarer pour la cause qu'il défendait et qui, néanmoins, était la sienne. Il est vrai qu'il écrivit à Reuchlin lui-même et à Hoogstraeten, mais pour les exhorter à user l'un envers l'autre de plus de douceur et de charité chrétiennes. Après la mort de Reuchlin, il fit son apothéose (⁵).

Ce fut Ulric de Hutten qui se chargea du rôle qu'aurait dû prendre Érasme. Aîné d'une famille équestre du pays de Fulde, Hutten eut une des existences les plus agitées du siècle. Mais jamais il ne perdit courage. Couronné comme poète par l'empereur, il ne vivait que dans les combats littéraires.

(¹) Nisard, p. 75-77.
(²) Bretschneider, *Corpus reformatorum*, t. I, p. 685.
(³) *Epistolæ Erasmi*, p. 2095 et suiv.
(⁴) Hagen, t. III, p. 86, 247 et 258.
(⁵) Elle se trouve dans le premier volume des œuvres d'Érasme.

Il fournit à Reuchlin et à ses disciples toutes les armes de
son indignation et de son ironie et leurs meilleures victoires
sur les dominicains, qu'il flagellait en latin et en allemand,
en prose et en vers, en invectives oratoires et en satires dia-
loguées (¹). Il avait préludé à la publication de ses fameuses
Epistolæ obscurorum virorum par une attaque contre le duc
de Wurtemberg, qui avait assassiné son cousin, Jean de
Hutten. L'Allemagne tout entière avait poussé un cri d'horreur contre ce forfait; elle accueillit avec enthousiasme les
Catilinaires et les *Déplorations* de Hutten (1515). Ces admirables philippiques, écrites à cheval, en voyage, toutes palpi-
tantes de vie et de sentiment, le firent proclamer le Démosthène et le Cicéron de l'Allemagne (²).

La victoire remportée sur les dominicains de Cologne par
Reuchlin, Hutten et leurs amis, rendit furieux leurs adversaires, qui n'eurent plus assez d'injures et d'anathèmes pour
les humanistes. Ils voulaient même livrer Érasme à l'Inquisition; mais ni leurs violences, ni leurs intrigues ne préva-
lurent; partout, au contraire, dans les villes, dans les universités, dans les cours, les idées nouvelles avaient gagné du
terrain. C'était donc une guerre à mort. Les théologiens ne
se tinrent pas pour battus. Fort de l'appui des universités
de Paris, d'Erfurt, de Louvain, de Mayence, Hoogstraeten se
tourna vers le pape et partit pour plaider à Rome la cause
de la vieille théologie scolastique contre les humanistes.
L'embarras de Léon X fut grand : comment acquitter Reuchlin
sans blesser ces puissantes universités et ces ordres religieux, dont le concours était si nécessaire pour la vente des
indulgences? Mais comment condamner le grand humaniste,
dont il partageait les opinions, sans soulever une tempête qui
aurait des suites incalculables? Le pape exigea un sursis,

<hr>

(¹) RANKE, t. I, p. 426-428. — MERLE D'AUBIGNÉ, *Histoire de la Réformation*,
Paris, 1862, t. I, p. 165, et une remarquable étude de M. Spach, dans le *Répertoire
universel des sciences, des lettres et des arts*, t. XIV, p. 366.

(²) RANKE. — SPACH, p. 366 et 367.

mais au fond, les humanistes avaient vaincu (1516) (¹). Hutten et son bouillant ami Herman Van den Bussche chantèrent la victoire avant qu'elle fût remportée. Le *Triomphe de Capnion* (Capnion était le nom savant de Reuchlin) est l'une des plus remarquables productions de ces deux écrivains. Après l'éloge du vainqueur, il leur fallait, comme dans les triomphes antiques, un cortège des vaincus : avec une énergie sauvage, ils peignent la corruption des ennemis de toute vérité, de toute liberté, leur ignorance, leur superstition, leur barbarie. Ils font leurs portraits, par exemple, celui de Hoogstraeten : « Parle-t-on de Dieu, de la religion, soudain il s'écrie : « Au feu! au feu! » Écrit-on quelque livre : « Au feu, le livre et l'auteur! » Dis-tu vrai? « Au feu! » Faux? « Au feu! » Au feu, pour une action juste ! pour une action injuste, au feu! telle est sa première et sa dernière parole (²). »

La lutte de Reuchlin contre les théologiens de Cologne fut un fait immense dans le grand mouvement de la Renaissance. Jusqu'ici, les anciennes et les nouvelles tendances de la littérature s'étaient bornées à quelques escarmouches, sans produire une bataille. Nulle part on n'avait créé un parti qui eût de la fixité. Depuis Reuchlin, dont les commencements remontent à 1509, les hostilités isolées, passagères, furent remplacées par une mêlée générale (³), dont les principaux combattants sortaient de l'université d'Erfurt.

Ce fut en 1516 que parut cette satire puissante, connue sous le nom d'*Epistolæ obscurorum virorum*, qui a fait tant de mal aux moines et à la papauté et qui eut pour principaux rédacteurs Crotus Rubeanus, Hutten, Petrejus Operbach,

----

(¹) Von der Hardt, *Aurora in Reuchlini senio*, Helmstadt, 1719, in-4°, et *Historia literaria Reformationis*, Francf., 1727, pars II, f. 16-156. — *Conciliabulum theologistarum Germaniæ. Coloniæ celebratum*, 16, Kal. Maj. (1520). — Chauffour-Kestner, *Études sur les Réformateurs*, etc. Paris, 1853, t. I, p. 45-47. — Strauss, p. 211-214.

(²) Meiners, *Lebensbeschreibungen berühmter Männer*, t. III, p. 68 et 69. — Chauffour-Kestner, t. I, p. 47 et 48.

(³) Kampschulte, *Die Universität Erfurt*, t. I, p. 149-157.

Eobanus, Hesse, Herman von dem Busch et Jacques Fuchs, doyen de Bamberg (¹). Ce sont des lettres supposées écrites par des moines et des théologiens (quelques-unes par des juristes ou des médecins) à Ortuinus Gratius (Ortwin de Graes), qui était, avec Hoogstraeten et Arnold de Tongres, à la tête des persécuteurs de Reuchlin. Rédigées dans le mauvais latin qui était la langue usuelle des moines de cette époque, ces lettres emploient les tournures de phrases et les sentences familières à ces derniers représentants de la scolastique. Elles dévoilent, avec une naïveté pleine de finesse, l'histoire secrète des ordres mendiants, leurs vices, leur haine pour toute instruction sérieuse, leur ignorance, leurs brigues contre Reuchlin et les partisans des humanistes. La grande perfection de ce livre, c'est la vérité, tellement que ceux qu'il couvrait de ridicule le prirent d'abord au sérieux.

« Il est curieux de voir, disait Morus, combien les *Lettres des hommes noirs* plaisent aux savants et aux ignorants. Quand ceux-ci nous voient rire à cette lecture, ils s'imaginent que nous rions seulement du style, qu'ils consentent à ne pas défendre ; mais, sous cette langue un peu barbare, disent-ils, quelle abondance de maximes excellentes ! C'est dommage que ce livre n'ait pas un autre titre ; il se passerait cent ans que ces imbéciles ne comprendraient pas jusqu'à quel point ils sont joués. »

Érasme raconte de même que, dans le Brabant, un prieur des dominicains acheta un grand nombre d'exemplaires pour en faire hommage à ses supérieurs, ne doutant pas que l'ouvrage n'eût été écrit en l'honneur de leur ordre ! « Et voilà, dit-il, les Atlas qui se croient destinés à soutenir l'Église militante ! » De fait, il fallut qu'une bulle du pape vînt leur dessiller les yeux (²).

<hr>

(¹) Voir les preuves dans KAMPSCHULTE, p. 192-226.

(²) *Erasmi Opp.*, t. III, 2, f. 1110. — DE REIFFENBERG, *Nouveaux mémoires de l'Académie de Bruxelles*, t. VII, p. 49. — CHAUFFOUR-KESTNER, t. I, p. 51-54. — KAMPSCHULTE, p. 186-192.

Les moines d'Allemagne ne s'y trompèrent pas comme ceux d'Angleterre et de Brabant; ils sollicitèrent du pape un bref qui ordonnât de brûler le livre et ses auteurs quand ils seraient connus, car ces pamphlets avaient paru sans nom d'auteur (¹).

Sous cette caricature du mauvais latin des scolastiques, les théologiens et les inquisiteurs de Cologne sont particulièrement maltraités. On y rencontre un prêtre, type de l'époque, borné, vulgaire, plein d'une sotte admiration de lui-même. Il y a là, sans grand génie poétique, une vérité pleine de traits frappants et de fortes couleurs. Des moines, adversaires de Reuchlin, s'y entretiennent à leur façon des affaires du temps et des sujets théologiques. Ils adressent à leur correspondant les questions les plus niaises et les plus inutiles; ils lui donnent les marques les plus naïves de leur ignorance, de leur incrédulité, de leur superstition, de leur esprit bas et vulgaire, de la gloutonnerie grossière avec laquelle ils font de leur ventre un Dieu, et en même temps de leur orgueil et de leur zèle fanatique et persécuteur. Ils lui racontent plusieurs de leurs aventures burlesques, de leurs excès, de leurs dissolutions et divers scandales de la vie d'Hoogstraeten, de Pfefferkorn et d'autres chefs de leur parti (²).

Ces lettres étaient faites pour plaire à Voltaire : aussi en a-t-il inséré une notice dans un de ses innombrables pamphlets (³). Il ne doute nullement que Rabelais ne les ait eues sous les yeux en écrivant son *Gargantua* et son *Pantagruel;* en effet, c'est souvent, à la langue près, le même style et le même tour de pensée. Et ce qui ajoute un nouveau poids à cette conjecture, c'est que Rabelais semble avoir voulu, à son tour, ridiculiser le héros des *Epistolæ obscurorum virorum*, lorsque, au chapitre VII du *Pantagruel,* il place le livre suivant

(¹) DE REIFFENBERG, *l. c.*, p. 52.
(²) MERLE D'AUBIGNÉ, p. 166. — RANKE, t. I, p. 278. — DE REIFFENBERG, *ib.*
(³) *Mélanges littéraires.* Paris, 1827, t. I, p. 294.

dans la bibliothèque de Saint-Victor : *Callibastratorium caffardiæ auctore M. Jacobo Hochstraten hæreticometra.* Ici, les allusions personnelles et le latin des lettres, rien ne manque.

Comment s'étonner de la hardiesse de ces pamphlets, lorsque la catholique Italie en avait fourni les modèles ? Ange Politien n'avait-il pas dépassé Hutten et Luther, en attaquant les moines ? Et que dire de Pontano, directeur de l'académie de Naples, qui, dans ses satires, évoquait de sombres d'évêques et de cardinaux pour les faire se confesser avec une effronterie que Pétrone n'aurait pas osé employer aux soupers de Trimalchion (¹) ? Ce n'est pas sans motifs qu'on a dit que les *Lettres des hommes noirs* annoncent Voltaire. Elles ont l'esprit incisif et la liberté de langage. Deux siècles avant Voltaire, l'ironie, au service du bon sens, avait triomphé et les ordres mendiants ne s'en sont jamais relevés.

On les a revendiquées quelquefois pour Reuchlin et pour Érasme ; mais, dès le premier moment, amis et ennemis furent d'accord pour reconnaître, dans une partie au moins, la main qui avait écrit le *Triomphe de Capnion*, et la critique moderne a mis le fait hors de doute (²).

Ortwin de Graes, à qui ces lettres étaient adressées, était dans le pays de Munster (448). C'était un prêtre éclairé, qui, dans les Pays-Bas, jouissait de l'estime et de la confiance du public. Il se fâcha tout rouge contre les auteurs anonymes du terrible pamphlet et se posa carrément en face de ces obscurs vauriens et de leurs scandaleuses épîtres (³). .

Ortuinus Gratius se perdit en se plaçant à côté de Pfefferkorn, dont on disait qu'il avait rédigé les écrits des moines

______

(¹) Audin, *Vie de Léon X*, t. II, p. 41-43, 45-57.

(²) Strauss, p. 263 et 264. — Ernst Münck, dans son édition des *Epistolæ*, p. 3 et suiv. de l'introduction. — Chauffour-Kestner, t. I, p. 56. Strauss a démontré que Hutten a principalement collaboré à la seconde partie des pamphlets.

(³) *Ego Orthuinus a Græs, ex antiqua Gratiorum familia, diœcesis Monast. id propter obscuros nebulones et fœdas eorum epistolas, a sede Apostol. jam pridem condemnatas non sine causa dixerim*, etc. Apud de Reiffenberg, *l. l.*, p. 51. Voy. Van der Aa, *Biog. Woordenboek*, t. VII, p. 374.

partisans de l'ancienne école. Il appartenait cependant bien plus à l'école de Reuchlin, car il expliquait à Cologne les classiques anciens et en édita même plusieurs. Son style n'a absolument rien de commun avec le style des *Epistolæ obscurorum virorum*; s'il est, comme on le suppose, l'auteur du *Fasciculus rerum expetendarum et fugiendarum*, il appartient beaucoup plus aux libres-penseurs qu'aux hommes noirs. Il est vrai que, vivement irrité contre les *Epistolæ*, il appela les foudres de l'Église sur la tête de leurs auteurs; il est vrai encore qu'il écrivit contre eux ses *Lamentationes* [1] dans la langue des *Epistolæ*; mais pour le juger avec impartialité, il est nécessaire de tenir compte de l'état d'excitation où l'avaient mis des attaques imméritées [2].

Il est permis de penser que le jugement du pape fut moins sensible aux auteurs que celui d'Érasme. Tant que les lettres furent manuscrites, le philosophe y avait pris goût plus que personne; mais quand elles furent publiées et que la tempête éclata, il se hâta d'écrire que ces lettres lui déplaisaient fort, qu'il en appréciait la fine ironie, mais que toute personnalité lui était odieuse [3].

Le motif de cette conduite d'Érasme fut, sans doute, que la lutte s'était engagée au-dessus de la tête de Reuchlin et des humanistes, en ce sens que Hutten s'était laissé emporter à des récriminations contre ce qu'ils avaient ménagé jusqu'ici et ce qu'Érasme ménagea toujours : la papauté même [4].

La lutte soulevée par les *Epistolæ* dura jusqu'en l'an 1520, où les dominicains de Cologne furent forcés par Sickingen de se soumettre à la sentence de l'évêque de Spire; puis elle se perdit dans les combats tout autrement orageux de la réformation luthérienne [5].

---

[1] *Lamentationes obscurorum virorum Epistola D. Erasmi Roterodomi, quid de obscuris sentiat*, etc. Cologne, 1549.

[2] Mohnike, *Zeitschrift für die historische Theologie*, t. XIII, p. 114-122.

[3] Chauffour-Kestner, t. I, p. 57.

[4] Munch, *Œuvres de Hutten*, t. II, p. 407 et suiv. — Chauffour, t. I, p. 57 et 58.

[5] De Wette, t. I, p. 196 et suiv. — Gieseler, t II, 4, p. 535-537.

Au fond, c'était la même querelle : une chicane de biblio-graphie ou de grammaire pouvait conduire à la guerre contre le vieux catholicisme monacal, et, par conséquent, soulever la question de la réforme; mais quand vinrent les scandales de la vente des indulgences, le combat s'engagea ouverte-ment.

En 1520, Hutten dédia à l'archiduc Ferdinand, frère de Charles-Quint, contre Grégoire VII, un écrit qu'il avait trouvé dans la poussière de la bibliothèque de Fulde. Plus que jamais il était décidé à combattre Babylone. Il s'imaginait que Charles-Quint lui-même devait être hostile au pape, qui avait favorisé de toute son influence François Ier, son compétiteur à l'Empire, son rival détesté. Décidé à frapper un grand coup, il publia sa *Triade romaine*. « Trois choses, dit-il, main-tiennent le renom de Rome : la puissance du pape, les reliques et les indulgences. Trois choses sont rapportées de Rome par ceux qui y vont : une mauvaise conscience, un estomac gâté, une bourse vide. Trois choses ne se trouvent pas à Rome : la conscience, la religion, la foi au serment. Les Romains se rient de trois choses : la vertu des ancêtres, la papauté de Saint-Pierre, le jugement dernier. Trois choses sont en abondance à Rome : le poison, les antiquités, les places vides. Trois choses y manquent complètement : la simplicité, la modération et la loyauté. Les Romains vendent publiquement trois choses : le Christ, les dignités ecclésias-tiques et les femmes. Ils ont horreur de trois choses : le concile général, la réforme de l'Église et le progrès des lumières. Trois choses peuvent guérir Rome de tous ses vices : la disparition de la superstition, la suppression des offices romains et le renversement de toute l'organisation de la curie. Trois choses sont communes à Rome : la volupté, le luxe et l'orgueil. Rome a trois sortes de citoyens : Simon le magicien, Judas Iscariote et le peuple de Gomorrhe [1]. »

(1) Ranke, t. I, p. 429 et 430. — Chauffour-Kestner, t. I, p. 91-105. — Spach, p. 568 et 569.

Cette publication produisit une immense sensation en Allemagne et aux Pays-Bas ; mais elle brouilla son auteur avec l'archevêque de Mayence, qui jusqu'alors s'était montré son protecteur. Hutten se rapprocha de Luther, qu'il avait d'abord dédaigné ; puis, comptant toujours sur Charles-Quint, il partit pour Bruxelles, où se tenait l'archiduc Ferdinand, dans l'attente de l'empereur (1520). Il lui paraissait impossible que Charles, élu malgré le pape, et qui semblait vouloir porter fièrement toutes les couronnes réunies sur sa tête, ne saisît pas cette occasion, unique dans l'histoire, de terminer à son profit la guerre séculaire du sacerdoce et de l'Empire. La faveur dont Sickingen jouissait à la cour impériale augmentait encore ses espérances, car personne n'ignorait les engagements pris envers les novateurs par le bouillant chevalier du Palatinat. Mais où Hutten voyait un encouragement donné au fervent sectateur des idées de réforme, il n'y avait qu'un calcul politique.

Charles-Quint avait voulu s'attacher un homme qui représentait l'ancienne chevalerie avec éclat, et que la noblesse saluait en Allemagne comme son modèle. Quant au pape, si Charles-Quint n'avait été qu'empereur d'Allemagne, il l'aurait peut-être franchement accepté comme ennemi [1], sauf à préserver l'institution même de la papauté ; car, sur ce point, son catholicisme et sa politique, qui avaient pour base les pays les plus catholiques de la terre, l'Italie, l'Espagne et son monde colonial, l'auraient empêché de prêter l'oreille à des projets destructifs. En ce moment, d'ailleurs, il avait besoin de ménager le pape, parce qu'il lui était utile dans ses desseins sur l'Italie.

Hutten ne put rester longtemps à Bruxelles. Dès son arrivée, on l'avait averti que les légats de Léon X en voulaient à sa vie. Il résista longtemps ; mais enfin il fut obligé de partir en toute hâte. Il rencontra, dit-on, Hoogstraeten

[1] CHAUFFOUR-KESTNER, t. I, p. 120-122.

sur le grand chemin; l'inquisiteur, effrayé, tomba à genoux
et recommanda son âme à Dieu et aux saints. « Non, dit le
chevalier, je ne souille pas mon glaive de ton sang. » Il lui
donna quelques coups du plat de son épée et le laissa aller
en paix (¹).

Quant au grand débat soulevé auparavant par Reuchlin, il
s'était terminé, le 23 juin 1520, par une décision pontificale
en faveur de Hoogstraeten, dont Reuchlin appela au pape,
mieux informé. Mais les théologiens de Cologne se conten-
tèrent de remporter la victoire sans en tirer parti, et cette
issue du procès ne nuisit pas plus à la gloire du condamné
qu'à la cause dont il était le représentant. Reuchlin mourut
(30 juin 1522) comme il avait vécu, en catholique, et même,
sur la fin de ses jours, il s'était fait recevoir dans l'ordre des
Augustins (²). Comme tant d'autres, en travaillant à la Renaissance, il avait préparé la Réforme.

Le nouveau mouvement imprimé à la littérature et à la
religion depuis tant de siècles avait, dès le commencement
du xvie, pris une telle extension qu'il dominait l'opinion
publique. Le principe fondamental de ce mouvement était
la liberté, un effort immense pour l'affranchir du joug où la
tenaient enchaînée l'Église et l'école. Ce que l'on voulait,
c'était de remplacer la vieille et creuse idole de la scolastique
par une science vivace, fondée sur l'étude des lettres grecques et latines; c'était de substituer aux superstitions du
moyen-âge l'Écriture sainte comme source unique de la
doctrine chrétienne; c'était une réforme de l'Église et du
clergé; c'était la diminution du pouvoir exorbitant du sacerdoce sur les laïques et le triomphe des gouvernements
nationaux sur le despotisme de Rome. Aussi l'ancien système
fut-il attaqué tout à la fois par une triple opposition littéraire, religieuse et populaire.

(¹) MEINERS, *Beschreibungen*, etc., t. III, p. 198-200. — MERLE D'AUBIGNÉ,
p. 168. — CHAUFFOUR-KESTNER, p. 120-123.
(²) GEIGER, p. 149, 150, 452 et 453.

Cependant, quoique les hommes de cette opposition fussent généralement d'accord pour admettre l'Écriture comme base de la religion, il existait de grandes divergences, même parmi les plus chauds partisans des idées nouvelles, relativement à certaines questions religieuses. Les uns demandaient une amélioration ou une transformation de l'Église conformément aux principes évangéliques, mais en tenant compte de ses traditions et de ses institutions, de son passé et de son présent; ils désiraient la réforme des abus et non une révolution radicale, que les autres, au contraire, provoquaient de toutes leurs forces. Aux premiers appartenait Érasme, aux seconds, Luther [1], qui finit par l'emporter. Or, malgré la grandeur de son génie et l'étendue de ses forces, Luther était loin d'être à la hauteur de l'esprit de réforme préparé par trois siècles de lumière. Son mysticisme, ses théories de la peccabilité des actions humaines, du servage de la volonté, de la justification par la foi, étaient même en opposition formelle avec les tendances philosophiques et politiques de cet esprit moderne. Aussi, pour lui, les philosophes de ce temps n'étaient que des épicuriens, des libertins, et leur représentant le plus distingué, le grand Érasme, que le prince des épicuriens et des libertins [2]. Et quant aux questions politiques, les paysans devaient apprendre à leurs dépens l'étroitesse de ses idées, la petitesse de ses sentiments et la violence de ses haines.

En terminant ce livre sur la Renaissance dans les Pays-Bas, nous pouvons en embrasser l'ensemble. On y voit se révéler l'esprit d'un peuple qui produira Grotius et Van Helmont, Rubens et Spinoza; Rubens, qui dérobera aux cieux les pensées les plus sublimes du catholicisme et les traduira sur la toile en leur donnant une forme animée et vivante, avec cette richesse de génie et cette magie de pinceau qui firent de lui

[1] HAGEN, t. I, p. 304 et 305.
[2] DE WETTE, t. III, p. 439. — BRETSCHNEIDER, *Corpus reformatorum*, t. I, p. 1083, et surtout HAGEN, t. II, p. 1-5. — Conf. KAMPSCHULTE, t. II, p. 9.

un artiste de premier ordre ; — Spinoza, qui, répudié par
la seule femme qu'il aimât, maudit par la synagogue, excom-
munié comme hérétique, couvert d'outrages par des rabbins
et des lévites, poursuivi par le poignard d'un de ses anciens
coreligionnaires, forcé d'apprendre un métier pour pourvoir
à sa subsistance, continuera jusqu'à sa mort à vivre solitaire,
exclusivement voué à l'étude, au sein de la plus grande
pauvreté, et enfantera un des plus grands systèmes de la
philosophie moderne (¹).

(¹) SACHER MASOCH, p. 36.

TABLE DES MATIÈRES.

CHAPITRE VIII.

PÉDAGOGUES ET JURISCONSULTES.

CHAPITRE IX.

LOUIS VIVÈS.

CHAPITRE X.

MARGUERITE D'AUTRICHE ET LA RENAISSANCE DANS LES PAYS-BAS.

CHAPITRE XI.

CORNEILLE AGRIPPA ET SES DISCIPLES.

Pages.

CHAPITRE XII.

LA SATIRE POPULAIRE.

CHAPITRE XIII.

LES HISTORIENS, les GÉOGRAPHES ET LES NUMISMATES.

CHAPITRE XIV.

L'ANATOMIE ET LA BOTANIQUE.

CHAPITRE XV.

L'IMPRIMERIE AUX PAYS-BAS.

CHAPITRE XVI.

ÉRASME ET LUTHER.

ERRATA.

Page 20, ligne 29, *au lieu de* : sont,   *lisez* : son.
— 31, — 16,   —   Martins,   —   Martius.
— 34, — 17,   —   Bousbecque,   —   Boesbecq.
— 44, — 9,   —   Scevola,   —   Scævola.
— 44, dernière ligne, —   Fabre,   —   Favre.
— 45, ligne 2,   —   sans,   —   sous.
— 49, — 28,   —   ânes,   —   âmes.
— 49, note 1,   —   Verfassung,   —   Verfassungen.
— 51, ligne 4,   —   s'était,   —   il s'était.
— 124, note 1,   —   in,   —   im.
— 152, — 2,   —   vereignit in,   —   vereinigten.
— 247, ligne 26,   —   Dupetit-Thuars,   —   Dupetit-Thouars.
— 249, note 6,   —   pullalares,   —   pullutare.
— 255, — 1,   —   van Fallersleben,   —   von Fallersleben.
— 262, — 5,   —   aurens,   —   aureus.
— 270, ligne 21, *lisez* : du diable.
— 275, note 4, *au lieu de* : sammtliche, *lisez* : saemmtliche.
— 290, ligne antépénultième, *au lieu de* : cerf-arbitre, *lisez* : serf-arbitre.
— 291, note 2, *au lieu de* : Regiening,   *lisez* : Regierung.
— 292, — 3,   —   DCCCXCW,   —   DCCCXCVII.
— 298, ligne 1,   —   Eobanus, Hesse.   —   Eobanus Hesse
— 300, — 8,   —   de sombres,   —   des ombres.
— 300, — 23, *retranchez* : dans le pays de Munster (1448). C'était.
— 304, note 2, *lisez* : Geiger, Johann Reuchlin (Leipzig, 1871).

Tome II.